U0585684

湛江市霞山区革命老区发展史

湛江市霞山区革命老区发展史编委会　编

SPM 南方出版传媒·广东人民出版社
·广州·

图书在版编目（CIP）数据

湛江市霞山区革命老区发展史／湛江市霞山区革命老区发展史编委
会编. —广州：广东人民出版社，2022.4
（全国革命老区县发展史丛书·广东卷）
ISBN 978-7-218-15713-9

Ⅰ．①湛…　Ⅱ．①湛…　Ⅲ．①区（城市）—地方史—湛江
Ⅳ．①K296.54

中国版本图书馆 CIP 数据核字（2022）第 054483 号

ZHANJIANG SHI XIASHAN QU GEMING LAOQU FAZHANSHI

湛江市霞山区革命老区发展史

湛江市霞山区革命老区发展史编委会　编　　版权所有　翻印必究

出 版 人：肖风华

责任编辑：梁　晖
装帧设计：张力平等
责任技编：吴彦斌　周星奎

出版发行：广东人民出版社
地　　址：广州市越秀区大沙头四马路 10 号（邮政编码：510102）
电　　话：（020）85716809（总编室）
传　　真：（020）85716872
网　　址：http://www.gdpph.com
印　　刷：广州市浩诚印刷有限公司
开　　本：715mm×995mm　1/16
印　　张：21.25　　插　　页：8　　字　　数：265 千
版　　次：2022 年 4 月第 1 版
印　　次：2022 年 4 月第 1 次印刷
定　　价：85.00 元

如发现印装质量问题，影响阅读，请与出版社（020–85716849）联系调换。
售书热线：（020）85716826

微信扫描二维码
您立即获得**本书主要内容/**
丛书介绍。

广东省编纂《革命老区县发展史》丛书
指导小组

组　长：陈开枝（广东省老区建设促进会会长）

副组长：林华景（广东省老区建设促进会常务副会长）

　　　　宋宗约（广东省农业农村厅二级巡视员、广东省老区建设促进会副会长）

　　　　刘文炎（广东省老区建设促进会副会长）

　　　　郑木胜（广东省老区建设促进会副会长）

　　　　姚泽源（广东省老区建设促进会副会长兼秘书长）

　　　　谭世勋（广东省老区建设促进会副会长）

　　　　廖纪坤（广东省农业农村厅总经济师）

办公室

主　任：姚泽源（兼）

副主任：韦　浩（广东省农业农村厅扶贫协作与老区建设处处长）

　　　　柯绍华（广东省老区建设促进会副秘书长）

　　　　伍依丽（广东省老区建设促进会副秘书长）

《湛江市霞山区革命老区发展史》编纂委员会

主　　任：李志锋

执行主任：陈　云　李荣泽　吴华财

副 主 任：周　君　李胜春　郑洪亮

委　　员：周锦山　刘　勤　梁　亮　张师明　符国龙

　　　　　陈家全　谢其平　刘　涛　金晓华　王俊瑾

　　　　　赵志锋　张素珍　赵先良　符小艳　陈志彬

编辑部

主　　编：曾继房

编　　辑：李上池　林光前　林秋福　陈友兴　林　山

工作人员：林良霞　冯春斐

在举国欢庆新中国成立 70 周年前夕，中国老区建设促进会王健会长请我为《全国革命老区县发展史》丛书作序，作为一名在老区战斗过并得到老区人民生死相助的老兵，回首往事，心潮澎湃，感慨万千，深感义不容辞，欣然应允。

中国革命老区，是以毛泽东为代表的中国共产党人在领导人民推翻帝国主义、封建主义和官僚资本主义三座大山，争取民族独立和人民解放伟大斗争中建立的革命根据地，在这片红色的土地上，诞生了无数可歌可泣的革命英雄儿女，为后人树起了一座不朽的丰碑，她是新中国的摇篮，是党和军队的根。

在艰苦卓绝的战争年代，老区人民把自己的命运与中华民族的命运紧紧地联系在一起，与中国共产党和人民军队的命运紧紧地联系在一起，他们生死相依，患难与共。我曾亲历过战争年代，并得到过老区红哥红嫂的救助，切身感受到发生在身边的一幕幕撼天动地的革命故事，在那极其艰难的条件下，老区人民倾其所有、破家支前，不怕艰难困苦，不怕流血牺牲。"最后一碗米送去做军粮，最后一尺布送去做军装，最后一件老棉袄盖在担架上，最后一个亲骨肉送去上战场"，这是当时伟大的老区人民为建立新中国做出巨大牺牲的真实写照，它将永远镌刻在中国共产党、中国人民解放军、中华人民共和国的历史丰碑上。他们的光辉业绩永载史册，他们的革命精神必将影响一代又一代的革命新人，造就一代又一代的民族脊梁。

在社会主义革命和建设时期，革命老区和老区人民响应党的号召，面对落后的面貌、脆弱的经济、恶劣的生态环境，他们本色不变，精神不丢，自力更生，艰苦奋斗，干一行爱一行。始终坚持"革命理想高于天"，自觉做共产主义远大理想的坚定信仰者和忠实实践者，勇于向恶劣的自然环境和贫穷落后宣战，他们在各条战线上为国建功立业，用平凡的双手创造了一个又一个不平凡的奇迹，彰显了老区人的崇高精神和人格力量。

在改革开放的伟大进程中，老区人民解放思想，勇于创新，发奋图强，攻坚克难，老区的经济社会建设取得了辉煌成就。特别是在改变中国的面貌、中华民族的面貌、中国人民的面貌、中国共产党的面貌的伟大实践中发挥了至关重要的作用。老区人民既是改革开放的参与者，也是改革开放的推动者。

艰苦练意志，危难见精神。老区人民在近百年的革命战争、社会主义建设和改革开放的伟大实践中，孕育形成了伟大的老区精神：爱党信党、坚定不移的理想信念；舍生忘死、无私奉献的博大胸怀；不屈不挠、敢于胜利的英雄气概；自强不息、艰苦奋斗的顽强斗志；求真务实、开拓创新的科学态度；鱼水情深、生死相依的光荣传统。这是党和人民宝贵的精神财富、丰厚的政治资源，是凝心聚力、振奋民族精神的重要法宝，也是社会主义核心价值观的重要内容。

中国老区建设促进会怀着强烈的政治责任感和历史使命感，组织全国各地老促会人员克服困难，尽心竭力编纂《全国革命老区县发展史》丛书，记录老区的光辉历史和辉煌成就，传承红色基因，弘扬老区精神，是功在当代、利及千秋的一件大事。手捧这部丛书的部分书稿，读着书中的故事，倍感亲切，深感这部丛书具有资政、育人、存史的社会功能，有着重要的时代和历史价值。它是不忘初心、牢记使命的源头活水，是赞颂共产党、讴歌老区人民的一部精品力作，是弘扬老区精神、传承红色记忆的丰厚载体，是一项继承优秀传统文化、弘扬革命文化、发展社会主义先进文化，坚定"四个自信"的宏大文化工程。它必将成为一种文化品牌，为各界人士了解老区宣传老区支持老区提供一部有价值的研究史料。希望读者朋友们能从中了解并牢记这些为党和民族的利益不断奉献的老区人民，从中得到教益，汲取人生奋斗的精神动力。

新时代赋予新使命，新起点开启新征程。让我们更加紧密地团结在以习近平同志为核心的党中央周围，坚持以习近平新时代中国特色社会主义思想为指导，增强"四个意识"，坚定"四个自信"，做到"两个维护"，弘扬老区精神，铭记苦难辉煌。为实现"两个一百年"奋斗目标，实现中华民族伟大复兴的中国梦作出新的更大的贡献！

边清田

2019 年 4 月 11 日

2017 年 6 月，中国老区建设促进会组织全国各地老促会启动编纂《全国革命老区县发展史》丛书，按照"建立中国共产党、成立中华人民共和国、推进改革开放和中国特色社会主义事业"三大里程碑的历史脉络，系统书写革命老区百年历史，深入挖掘革命老区红色文化资源，这对于充实丰富中国革命史籍宝库、在新时代传承红色基因、弘扬革命精神、强固根本，对于激励人们在新的历史条件下夺取中国特色社会主义伟大胜利，实现中华民族伟大复兴的中国梦具有重要意义。

丛书编纂以习近平新时代中国特色社会主义思想为指导，以《中国共产党历史》《中国共产党的九十年》等重要文献为基本依据，以党的领导为核心，以老区人民为主体，以老区发展为主线，体现历史进程特征，突出时代发展特色，坚持辩证唯物主义和历史唯物主义相统一、历史真实性与内容可读性相统一的原则，书写革命老区从站起来、富起来到强起来的光辉革命史、不懈奋斗史、辉煌成就史，把老区人民的伟大贡献、伟大创造、伟大成就、伟大精神充分展示出来，形成一部具有厚重历史特征和鲜明时代特色的精品力作。这是一部培根铸魂、守正创新，既为历史立言，又为时代服务，字里行间流淌着红色血脉、催生着革命激情的传世之作。丛书的编纂出版将成为讴歌党讴歌人民讴歌时代、传播红色文化、为革命老区和老区人民树碑立传的重要载体。

　　丛书按照编年体与纪事本末体相结合、以编年体为主的编写体例确定框架结构；运用时经事纬、点面结合的方式记述史实；坚持人事结合、以事带人的原则处理人与事的关系；采取夹叙夹议、叙论结合以叙为主的方法展开内容。做到了史料与史论、历史与现实、政治与学术统一，文献性、学术性、知识性相兼容。

　　为编纂好《全国革命老区县发展史》丛书，打造红色文化品牌，中国老区建设促进会认真组织积极协调，提出政治立场鲜明、史料真实准确、思想论述深刻、历史维度厚重、时代特色突出、编写体例规范、篇目布局合理、审读把关严格、出版制作精良的编纂出版总要求，力求达到革命史籍精品的精神高度、思想深度、知识广度、语言力度，增强丛书的权威性和社会影响力。各省（区、市）、市（州、盟）、县（市、区、旗）老促会的同志，以强烈的使命感、责任感和紧迫感，勇于担当，积极作为，认真实施，组织由老促会成员、专家学者等参加的十余万人编纂队伍。编纂工作主体责任在县，省、市组织协调、有力指导、审读把关。各方面人员以高度负责的精神和科学严谨的态度，满腔热情地投入工作，为丛书编纂出版做出了重要贡献。丛书编纂工作还得到了党和国家有关部委、地方各级党委政府及有关部门的大力支持和积极参与，社会各界也给予了热情帮助。中共中央政治局原委员、中央军委原副主席、原国务委员兼国防部长迟浩田上将，对老区人民怀有深厚感情，对革命老区建设发展十分关注，欣然为《全国革命老区县发展史》丛书作总序。

　　丛书由总册和 1599 部分册（每个革命老区县编纂 1 部分册）组成，共 1600 册。鉴于丛书所记述的史实内容多、时间跨度长和编纂时间紧，不妥之处，敬请批评指正。

中国老区建设促进会

● 魅力之区 ●

海湾明珠——霞山区城区一角

长廊观海——湛江八景之一

与海湾相拥的月亮湖

绿满荷塘——绿塘河国家级湿地公园一角

港湾览胜——湛江八景之一

红岛风光——湛江八景之一

三岭叠翠——湛江八景之一

● 繁华之都 ●

霞山区鼎盛广场

霞山区人民大道南商业圈

湛新商圈购物中心——大信新都汇

粤海饲料集团股份有限公司总部

石化集团——湛江东兴公司俯瞰

霞山区水产品批发市场

霞山区法式风情街夜景

高新企业——渤海粮油公司总部

建设在霞山辖区内的中国移动（广东湛江）数据中心

霞山文体馆

● 交通枢纽 ●

坐落在霞山西面的湛江火车南站

坐落在霞山西北面的湛江民航机场

坐落在霞山南面的湛江港

四通八达的霞山城区交通网络

● 美丽乡村 ●

革命老区村庄菉塘村新貌

革命老区村庄特呈岛小绿苑

革命老区村庄岑擎村乡村小公园

革命老区村庄边坡村乡村小公园

革命老区村庄
调罗村俯瞰

革命老区村庄
石头村俯瞰

革命老区村庄
东纯村俯瞰

● 乡村振兴 ●

革命老区村庄菉塘村办企业——嘉励国际酒店

革命老区村庄新村村办企业——海新钢材市场

革命老区村庄特呈岛旅游度假村

革命老区村庄西厅无公害蔬菜基地

革命老区村庄陈铁村节瓜种植基地

革命老区村庄深田村养鹅基地

革命老区村庄边坡村火车庄园

微信扫描二维码
您立即开展本书的
延伸阅读。

革命老区是中国革命的摇篮，艰苦卓绝的战争年代，老区人民在中国共产党的领导下，不怕艰难困苦，不怕流血牺牲，浴血奋斗，为中国革命的胜利作出了卓越的贡献。为传承红色基因，按照中国老促会和广东省老促会的统一部署，我们组织编纂《湛江市霞山区革命老区发展史》，记录和反映霞山革命老区人民在中国共产党的领导下，开展革命斗争，进行社会主义建设，推进改革开放，谱写新时代篇章的光辉历程。

霞山是一个具有革命斗争光荣历史的英雄城区。1898 年，法国强占广州湾，以时属雷州府遂溪县的海头港、霞山村、南柳村等村为主的霞山人民揭竿而起，拿起大刀长矛与法国侵略者进行斗争，揭开了广州湾民众抗法斗争的序幕。随后龙画村、石头村、宝满村、调罗村、菉塘村、新村等 20 多个村庄纷纷响应，组织抗法义军，共同抗击法军，守护家园，有力地打击了法国侵略者的嚣张气焰。抗日战争时期，霞山人民发扬光荣的革命斗争传统，再次高举反帝反侵略的旗帜，积极投身抗日救亡运动。1939 年，西营（今霞山城区）首个党组织——中共广州湾支部在菉塘村成立。在中共广州湾支部的领导和组织下，近郊各村纷纷建立起农会、妇女会、姊妹会、自治自卫团、游击小组，利用各种有利条件开展对日斗争。与此同时，党组织在菉塘等村建立了一批交通站，为革命武装力量传递情报，输送物资，确保南路特委、琼崖特委与上级党组织的沟通联系，为抗日战争的胜利作出历史性贡献。解放战争时期，霞山人民在各级党组织的领导下，在各个领域与反动势力开展斗争。菉塘、新村、北月、木兰、调罗、陈铁、楼下、南山、坛上、坛坡等村成立"白皮红心"两面政权，配合党组织开展对敌斗争，各村动员近百名青年参加南路地区人民武装部队，打击敌人。在解放湛江的战斗打响后，各村群众纷纷献粮，筹款筹物，组织后勤服务队，支援前线战斗，为解放湛江作出积极贡献。

中华人民共和国成立后，人民当家做主，在中国共产党的领导下，霞山人民豪情满怀地投入到社会主义建设大潮中，全区上下团结一心，艰苦奋斗，克服一个又一个困难，在建设的道路上不断向前迈进，老区面貌发生翻天覆地的变化。20 世纪 80 年代，霞山区乘改革开放的东风，勇立潮头，锐意改革，大胆创新，利用区位优势，建设大港口，发展大商埠，各项事业上了一个新台阶。尤其是进入新时代，霞山区委高举习近平新时代中国特色社会主义思想伟大旗帜，创新发展之路，全力打造港产城联动的滨海魅力中心城区，实现了经济社会发展的全面提升，魅力霞山成为一张响亮的名片。

《湛江市霞山区革命老区发展史》翔实地记录霞山革命老区的革命斗争足迹和发展轨迹，既是一部革命斗争史，又是一部发展史。历史是一面镜子，通过这面镜子，我们能更清晰地了解昨天，更清醒地认识今天，更有信心地面向明天。生逢盛世，大有作为，新时代是一个日新月异、开拓创新、共创辉煌的时代，让我们进一步弘扬光荣革命传统，传承红色基因，不忘初心，牢记使命，砥砺前行，不断开创霞山发展新辉煌。

1

第一章

四海通衢　魅力之区

第一节 辖区沿革

霞山区位于广东省湛江市中部，地理坐标东经 110°18′～110°30′，北纬 21°01′～21°17′。东隔麻斜海与坡头区相望，北与赤坎区接壤，西与麻章区毗邻，南拥湛江港湾，全区土地面积 120.9 平方千米，是湛江市经济、文化和交通中心。

霞山区域在历史上有过多次变革，清代，以湛江海湾为界，霞山东南部海岛（特呈岛）属高州府吴川县，西部陆地及相关村落属雷州府遂溪县。当时，渔民打鱼回来，在海湾西部海边售卖鱼货，久而久之便形成集市，史称海头汛，清政府在海头汛设立兵营炮台，驻兵镇守附近海防。

清光绪二十四年（1898 年），法军强行在海头汛一带登陆，占领广州湾，并于次年（1899 年）强迫清政府签订《广州湾租界条约》，将麻斜海与周边原属吴川、遂溪两县的部分陆地及海岛划为法国租借地。

法军在广州湾东西两边建兵营驻军，东部军营在麻斜，史称"东营"，西部军营在海头汛，史称"西营"（即今霞山城区）。法国侵略者在西营建设公使署，对广州湾实施近半个世纪的殖民统治。1943 年，日本侵略军占领广州湾，取代法国在广州湾的殖民统治，并在西营设立伪政权机构——广州湾自治区。抗日战争胜利后，国民政府于 1945 年 9 月 21 日收回广州湾，1946 年 1 月 16 日成立湛江市政府。湛江市政府机关设在西营原法国驻广州湾公使署，西营从此隶属湛江市。中华人民共和国成立后，1953年，设立西营街道中心办事处。1958年，撤销雷东县，特呈岛并入湛江市郊区，是年，"西营"更名为"霞山"。1960年，原属郊区的石头、龙画、霞山、兴隆、谢屋、坎坡等村划归霞山街道中心办事处管辖。1967年，成立霞山区军事管制委员会。1968年，撤销霞山区军事管制委员会，成立霞山区革命委员会。1970年8月，撤销湛江市郊区，原属郊区的海头人民公社划归霞山区管理。1971年8月24日，原南三人民公社特呈生产大队划归霞山海头人民公社管辖。1973年1月，恢复湛江市郊区管理体制，海头人民公社复归湛江市郊区管辖，特呈岛随之归属。1980年9月，经广东省委批准，成立中共湛江市霞山区委员会。同年12月成立霞山区人民政府，辖5个街道办事处36个居民委员会。1983年9月，湛江地区与湛江市合并，实行市领导县新体制。1984年6月25日，广东省人民政府正式批准霞山区为市辖区的县级政权建制。同年8月，湛江市郊区管辖的海头区公所及其所属的特呈、海滨、后坡、陈铁、岑擎、南丰、百蓬、宝满、北调等9个小乡，划归霞山区管辖。是年，霞山区下辖解放、爱国、工农、港区（1986年更名为友谊）、海滨、大庆（1987年更名为新兴）等6个街道办事处和1个农业乡——海头乡。2000年，霞山区下辖6个街道办事处和1个镇（海头乡撤乡改镇），54个居民委员会、32个村委会，58个自然村（含原属湛江市郊区，后划归霞山区管辖的特呈岛7个自然村和北月、木兰、调罗等自然村）。

　　2018年霞山区下辖海头、爱国、工农、友谊、新兴、建设、东新、新园、解放、海滨等10个街道办事处，居民委员会38个，村民委员会33个，自然村落64个。全区户籍人口36.94万人，常住人口36.62万人。

第二节 自然地理

霞山区地势总体上西北高东南低，向沿海倾斜。地形以海冲积平原为主，局部为台地，间有丘陵，最高山岭为三岭山，海拔108.0～165.0米。

霞山区位于北回归线以南的热带北缘，属热带季风气候，夏长冬短，日照时间长，气候温和。年平均气温23.1℃，年平均相对湿度82%，年平均降雨量1686.8毫米。每年不同程度地受强对流天气影响，出现强降水、强雷电、雷雨大风。区内主要河流有南柳河和菉塘河（也称绿塘河），均属浅短河。

区内地势较低，土地成带状分布。土壤的成土母质以滨海冲积物和浅海沉积物为主。滨海冲积物发育的土壤分布在沿海地带，浅海沉积物发育的土壤遍及全区，分别占全区陆地面积的51.93%和33.75%。玄武岩土壤和沙质岩土壤约占区域陆地面积的14.32%。土壤类型有水稻土、砖红壤、菜园土、滨海沙土、滨海盐土和滨海盐渍沼泽土等6个土类，土层深厚，耕作方便，土地利用率较高。

湛江港湾平均潮差2.18米，最大潮差4.52米。自湾口上溯到湾顶潮差增大，涨潮历时长于落潮。潮流受地形控制为往复流，最大涨潮流速2节，落潮流速3节。台风暴潮水位高达6米。

环境优势

　　霞山区面临湛江港湾。湛江港湾水面开阔，水深浪静，长年不冻，周围有特呈、南三、东海等岛屿作为天然屏障，有着建设港口、码头的良好条件。2018年已建成中国南方最大的深水良港——湛江港，以及霞山东堤渔商码头、霞山海滨码头和特呈岛码头等一批现代化码头。

　　区域海滩涂广阔，气候、水温、水质良好，海域浮游生物多，海洋生物资源丰富，盛产对虾、龙虾、膏蟹、鲍鱼、珍珠贝、石斑鱼、海蜇、海参、蚝等，发展海洋经济潜力大。

　　霞山区地表水年平均径流量8.95亿立方米。全区地下水资源丰富，允许开采量达5782万立方米/年。境内非金属矿产主要有泥炭土、石英砂、黏土矿等，储量丰富。泥炭土矿可用作饮料添加剂、燃料和提取化学工业原料胡敏酸。

　　区内有国家级红树林自然保护区和国家级海洋公园各1个，有国家级城市湿地公园——绿塘河湿地公园（广东省首个国家级城市湿地公园），有国家级森林公园——湛江市三岭山森林公园。主要旅游景点有"红岛特呈"（特呈岛）、"三岭叠翠"（三岭山森林公园）、"法国遗风"（法式风情街）、"长廊观海"（霞山观海长廊）和"港湾览胜"（湛江港湾），国家级红树林自然保护区、绿塘河湿地公园、三岭山森林公园，是人们休闲、旅游的好去处。

霞山区交通四通八达，是湛江地区重要交通枢纽。黎湛铁路和省道 S373 线通往本区，辖区有湛江市汽车（客运）南站、黎湛铁路终点站——湛江站（南站）和中国民航湛江机场。辖区的湛江港素以天然深水良港著称，是国家原 5 大港口今 12 个主枢纽港之一，是中国西南通往国外的主要出海口，也是中国大陆通往东南亚、非洲、欧洲、大洋洲海上航程最短的重要口岸。

人文文化

霞山区所辖区域历史悠久，文化底蕴深厚。4000 多年前，区域内就有土著人居住，主要从事渔猎活动及"火耕水耨"农业。汉代至五代期间，由于战乱，中原大批居民南迁，带来先进的生产工具和生产技术，农耕文化逐步发展。区域内最早形成的村落在宋朝，元初逐步发展，此时期形成的村落 11 个，点总数的 17% 左右，菉塘村北洋岭保留有宋代窑址，是当时社会和文化发展的见证。明代形成的村落 33 个，占总数的 51.6%；清代形成的村落 20 个，占总数的 31.3%。霞山区域历史上处于高州府和雷州府的交会处，融合了两府文化，大部分村民崇尚妈祖，信仰佛教，特呈岛因地域关系，村民信仰冼夫人文化。各村都有集体祭祖、游神、做社、祈福等传统，尤其是年例，最具本地文化特色。各村年例时间不尽相同，大多数把该村神诞日作为本村年例日。各村年例活动丰富多彩，且各具特色，主要活动有游神、特技表演、舞狮、舞龙等。是时全村男女老少穿戴一新，组成游行长阵，肩扛神像，手擎彩旗，浩浩荡荡沿村巷游行，其间伴有"穿令箭""滚刺床"等民间技艺表演，沿路鞭炮齐鸣，锣鼓喧天，狮舞龙跃，热闹非凡。游毕，各家各户大摆筵席，招待亲戚朋友，全村充满欢乐祥和的节日氛围。

霞山区全区已登记录入不可移动的文物有 59 处，其中广州湾法国公使署旧址为国家级文物保护单位，上林寺为省级重点文物保护单位、全国宗教界爱国主义教育基地，维尔多天主教堂为省级重点文物保护单位，南柳吴氏祖祠（含南柳人民抗法纪念石雕）为省级重点文物保护单位和市级爱国主义教育基地，特呈岛陈氏宗祠为市级文物保护单位和爱国主义教育基地，特呈岛里村冼太庙为市级文物保护单位，海头港天后宫、霞山村辛罗宫、石头村仙姑庙为市级文物保护单位，菉塘林氏宗祠（菉塘世基学校旧址）和菉塘革命烈士陵园为市级爱国主义教育基地，新村革命烈士陵园为霞山区青少年爱国主义教育基地。

随着时代的发展，霞山区重视现代文化建设，着力打造新的文化品牌，加强文化设施建设，为文化发展打下坚实基础。全区建有国家一级文化馆 1 家、国家三级图书馆 1 家、街道文化站 10 个，形成立体公共文化服务网络。同时建有一批营运性影剧院、歌舞厅，为群众提供多层次文化服务。

着力打造群众文化活动品牌，霞山区设立广州湾民俗文化节，每年举办一届，展示广州湾民俗文化的精华，深受群众喜爱，成为全市群众文化活动品牌。

大力开展"德美湛江"建设，开展"湛江好人""道德模范""文明家庭""新时代好少年"等推荐评选活动，全区共评选出"学雷锋标兵"38 名、"美德少年"34 名、"最美南粤少年"101 名。参加湛江市"新时代好少年"评选，获奖 2 人。开展创文行动、诚信建设，文明行业、文明窗口创建。以南柳村为示范带动，开展乡风文明建设，全面修订完善村规民约，全区 33 个行政村和 64 个自然村全部完成村规民约修订工作。开展文明校园创建活动，全区 46 所中小学校创建文明校园活动实现全覆盖。积极开展社会主义核心价值观和我的中国梦主题教育实践活动，抓好社会主义核心价值观进教材、进课堂工作。加强中华优秀传统文化教育，实现爱国主义教育基地和公益性文化设施免费接纳未成年人参观学习。开展好家风好家训专题活动以及"最美家庭"
"平安家庭"评选活动，表彰"平安家庭"示范户19户、"最美
家庭"17户。树立海纳百川、兼容并蓄、求真务实、开拓创新的
霞山文化新形象。

第五节 经济社会

清代，霞山区域是散落海湾周边的若干小村落，经济落后，村民以半渔半农为生。1899 年，法国强租广州湾，在西营（今霞山城区）建兵营，开马路，并建起首条商业街贝丁街，霞山有了商业的雏形。20 世纪 30 年代，法国殖民者为猎取更大利益，将西营辟为自由贸易港，西营的工商业开始起步，但发展缓慢，只有一些经营航运和为航运服务的商铺，以及几家规模不大的洋行，工业也只有法国人开办的东洋电灯公司西营支公司，以及当地商人开办的绍昌枧厂。抗日战争全面爆发后，内地一些重要城市及香港相继沦陷，不少商家纷纷南逃避难，尤其是香港商人从海上来到西营，造成西营人口骤增，商业和航运业随之兴盛，当时通往香港、越南的千吨以上轮船就有二三十艘，西营成为特殊时期中国南方的贸易重镇和航运中心，这是西营畸形发展时期。1943 年日军占领广州湾，外来商贾纷纷逃离，西营经济日渐衰落。1945 年，日本无条件投降，抗日战争胜利，广州湾回归祖国，新建立的湛江市行政中心设在西营，但由于战争创伤，加上国民党当局的腐败无能，横征暴敛，西营经济停滞不前。

1949 年 12 月 19 日，湛江市解放，西营经济进入恢复和发展时期。20 世纪 50 年代，国家在湛江建设深水良港湛江港，带动了西营的经济发展，一批国营项目湛江人民机械厂、湛江汽车修制厂、湛江农业机械厂、湛江化工厂落户西营，奠定了西营区域性经济发展基础。区属经济作为独立发展系列，依托区位优势，不断向前发展，20 世纪 50 年代初至 70 年代中，区属经济处于起步阶段，农业及商贸业发展较快，但工业较为薄弱，尤其是"文化大革命"期间，各项建设处于徘徊状态。

1978 年 12 月，中共十一届三中全会胜利召开，确定了"解放思想，实事求是，团结一致向前看"的指导方针，为经济发展带来了一个春天。霞山区按照"调整、巩固、整顿、提高"八字方针，一手抓经营管理，一手抓挖潜改造，工业生产获得恢复性发展。20 世纪 70 年代末，全区大小厂社发展到 48 家，产品 60 多种，其中出口产品 11 种。霞山区的巾钩、密封电炉、台磅、旅行器材、服装、水泥、钢球、色漆、电焊机等享誉一方。1979 年，全区生产总值 1917.48 万元。其中，工业总产值 110 万元，比 1975 年增长 66.7%。

1984 年霞山区晋升为县级建制区，区委、区政府乘改革开放的东风，加快改革开放步伐，在所有制结构、生产、分配和人事制度及行政管理等方面实施全面改革；加强企业管理，进行技术改造，先后与国内一些有实力的企业进行经济技术合作，引进技术和资金，改造一些老企业；推行厂长（经理）负责制，扩大企业自主权，小型国营商业放开经营，改革、简化劳动用工手续，城乡经济得到全面发展。是年，霞山区社会总产值 7686 万元，比 20 世纪 70 年代末翻了一番多。其中，工业总产值 2250 万元，农业总产值 2080 万元，社会商品零售总额 8016 万元，集市贸易成交额 6877 万元。

国民经济和社会发展"七五"计划时期（1986—1990 年）是霞山区经济快速发展的时期，全区经济工作以增强企业活力，提高经济效益为目标，着力调整工业结构，加快发展重工业，建设一批建材、食品、家具制造、造纸、印刷、化工、塑料制品、机械、电子等项目，轻重工业的比重从 8 : 1，调整到 1.7 : 1，逐步趋于合理，工业总产值提升到 17488 万元，比 20 世纪 80 年代初增长 6 倍多。商贸业、交通运输业、建筑业、近郊农业等得到全面发展。

国民经济和社会发展"八五"至"九五"计划时期（1991—2000 年），是霞山区经济发展的重要时期。这一时期，霞山区调整发展思路，确定"依托大港口，建设大工业，发展大商埠"的发展战略，在稳步推进工业发展的同时，着重发展商业、服务业。推动经济的快速发展，先后建成了中纤板、丙纶长丝、聚酯切片、饲料等一批重点项目，实现工业发展的新突破。与此同时，加速商贸及服务业的发展，建设人民大道南商圈、广州湾宾馆商圈，发展百货、饮食、五金、财贸等一批国营商贸企业，建设一批农贸市场、海产品批发市场、建材市场、服装批发市场，全区商贸业服务业发展加速，2000 年全区社会消费品零售总额 23.64 亿元，城乡集市贸易成交额 13.85 亿元。

进入新时代，霞山区认真贯彻落实习近平总书记系列重要讲话精神，紧紧围绕东提西振发展战略，着力推进创新和产业转型升级，打造新的经济增长平台，发展壮大临港产业，国民经济迈上一个新台阶。2016—2018 年累计安排建设重点项目 246 个，完成投资 230 多亿元。2018 年，全区完成生产总值 468.1 亿元，增长 6%；规上工业增加值 194.7 亿元，增长 1.2%；社会消费品零售总额 438.1 亿元，增长 12.8%；外贸进出口 35.6 亿元，增长 10.6%。科技创新水平不断提高，近年全区重点工业企业实施技改项目 80 个，新增产值 80 亿元；取得各类科技成果 17 项，区属企业获评高新技术产品 221 个。

随着经济的发展，城区管理更加精细。建成鼎盛广场、法式风情街等一批体现城市特质的项目，大大提升了霞山的形象。圆满完成"创建国家卫生城市"任务，成功创建文明区，霞山宜居宜商宜业水平进一步优化。

经济的发展，社会管理水平的提升，使人民群众有了更多的获得感和幸福感。2016—2018 年，全区投入民生领域的资金超过20 亿元，群众的收入水平不断提高，2018 年，城区居民人均可支配收入 35000 元，年均增长 10.7% 。成功创建全国义务教育发展基本均衡区、广东省教育强区。全区社会大局和谐、安全、稳定，人民群众安居乐业。

第六节 革命传统

　　霞山人民具有抗击外来侵略，保家卫国的光荣传统。1898 年法军强占广州湾，到处烧杀抢掠，激起西营群众的义愤，海头港、霞山村、南柳村等村民众高举义旗，率先与法军进行抗争，附近的菉塘、石头、龙画、宝满、调罗等 20 多个村庄纷纷响应，组成抗法联盟，抗击法军，守护家园。

　　抗日战争时期，霞山人民发扬光荣革命传统，积极投身到抗日洪流中。在党组织的发动和组织下，近郊农村纷纷建立起农会、妇女会、姊妹会、婶嫂会、国技会、自治自卫团等各种群众组织，开展抗日救亡活动；学校组织学生走上街头，声援前线抗日，举办文化活动，揭露日军暴行，宣传抗日思想；进步青年踊跃参加革命队伍，奔赴前线抗击日军。西营党组织迅速行动起来，建立一批交通站和联络点，沟通南路特委与党中央、广东省委等上级党组织的联系；收集和传递情报，转运抗战物资支援前线；协助琼崖特委开展交通工作；掩护大批党组织负责人、革命工作人员来往广州湾、琼崖之间，护送大批抗战物资到琼崖，为广东南路和琼崖人民的抗日斗争作出重大贡献。广州湾沦陷后，广州湾（西营）党组织迅速调整斗争方式，采取各种形式，组织群众武装和游击小组，开展武装斗争，近郊的调罗、菉塘、新村、陈铁、楼下、特呈等村都建立抗日游击小组。游击小组利用人熟地熟等有利条件，寻找各种机会，与敌伪周旋，成为抗日武装部队的后备军，为抗日战争的最后胜利作出历史性贡献。

解放战争时期，霞山人民革命斗争激情更加高涨，在各级党组织的发动和组织下，在各个领域与反动势力开展斗争。

建立"白皮红心"政权，秘密控制国民党基层组织。西营党组织在菉塘、新村、北月、木兰、调罗、陈铁、楼下、南山、坛上、坛坡等村建立了10多个"白皮红心"两面政权。这些两面政权在履行保甲长应有职能基础上，配合党组织做好为人民武装征税、筹粮、购武器，站岗放哨，通风报信，掩护、接待和营救革命工作者，搜集敌军情报等工作，有力地支持了革命。

开展武装斗争。解放战争时期，西营党组织根据上级党组织的决定恢复武装斗争，组织和发动群众拿起武器，发展武装力量。城区和近郊普遍建立工人游击队、武工队、手枪队等武装队伍，打击反动势力。同时，发动和组织菉塘、调罗、特呈、陈铁、石头、岑擎、霞山、北月等村近百名青年参加南路地区人民武装部队。这些人民武装力量，在各地有力地打击了国民党反动势力。

恢复民间群众组织，开展反"三征"（征兵、征粮、征税）暴政斗争。西营党组织根据斗争需要，发动群众恢复农会、同心会、妇女会、功夫馆等革命群众组织，在"白皮红心"两面政权的配合下，开展反"三征"暴政斗争。抗交粮、抗交税、抗交壮丁，阻碍"三征"暴政的实施。

支持人民武装，为解放湛江贡献力量。1949年下半年，中共中央华南分局作出消灭反动势力，解放华南全境的总体部署。西营党组织带领广大民众积极从人力、物资、情报等方面支持人民武装解放湛江市。各交通情报站人员秘密潜入国民党内部，对国民党的兵力分布和调整进行侦察，为制定袭击湛江的作战方案提供准确情报。解放湛江市战斗打响后，西营党组织发动群众献粮、筹款、筹物，组织担架队、向导队、纠察队、运输队，做好后勤服务，抢救伤员，保护城市设施，支持前线战斗，为解放湛江市作出了积极贡献。

在历次革命斗争中，涌现出大批英雄人物，其中有 43 名优秀儿女为中国革命献出了宝贵生命，被追认为革命烈士。

新中国成立后，国家对革命老区村庄进行评定。1957 年，广东省人民政府评划蒙塘村（含属下蒙塘卜园村、下村、边坡村、边山村、上村、上坡塘村、龙丁村等 7 个自然村）为抗日根据地村庄；1990 年，湛江市人民政府补划新村、陈铁村（含陈铁上村、陈铁大村、陈铁官营村等自然村）、楼下村、调罗村、特呈岛（含东村、里村、新屋、坡尾、后场、北宫、北门等自然村）5 个村庄为抗日根据地村庄。

1993 年，湛江市人民政府评划西厅村（含西厅上村、西厅内村、西厅外村等自然村）、深田村、后坑村、蓬莱村、溪墩村、黄西村、边坡村、坛头坡上村（坛上村）、南山村、南柳村、岑擎村、石头村、后洋村、东纯村等 14 个行政村为解放战争游击根据地村庄。霞山区革命老区村庄占全区自然村总数 55%。

第二章

英勇抗法　守护家园

第一节 法国强占广州湾

法国觊觎广州湾由来已久。1701 年，法国船只"白雅特（BAYARD）"号由安菲特里德船长带领来到中国南海，遇台风，停泊于广州湾海湾。船员乘机登陆窃探，偷测水道，绘制地图，返国后递交法国政府。

法国作为西方的老牌帝国，为了实现其"均势东方"的战略企图，急于在中国南部沿海建立一个新据点，作为长期侵占越南和侵略我国西南各省的基地。法国经过多方观察看中了 100 多年前觊觎的广州湾。这里的海湾水深浪静，适合建港，方便法国人员往来。

1898 年 3 月 11 日，法国政府令驻华代办吕班向清政府递交照会，要求将广州湾作为停船趸煤之所，租与法国。未等清政府同意，法国于 1898 年 4 月 22 日，派遣军舰"巴斯葛"号、"袭击"号和"狮子"号满载士兵，在海头汛（今属霞山城区）登陆，占领海头汛的清军炮台。当时炮台守军只有 70 人，守备松弛，兵员平时嗜赌、吸鸦片，毫无战斗力，加上清政府"恐启衅端"，不令抵抗，法军登陆时，炮台守军一枪不发，狼狈逃跑。法军占领炮台后，举行"升旗庆祝仪式"，鸣炮示威，建立兵营。之后法军又占领了硇洲岛、东海岛和邻近炮台的村庄，并扩大侵占范围，向遂溪内地进犯，炮轰村庄，抢劫财物，焚毁民房，残杀民众，强奸妇女，激起了当地人民的极大愤慨。

　　法国强占广州湾后，于 1899 年 11 月 16 日胁迫清政府签订
《广州湾租界条约》。条约规定"中国国家将广州湾租与法国国
家，作为停船趸煤之所，定期九十九年"，赤坎、西营、坡头、
麻斜、南三、东海、硇洲、新圩、志满等地皆划入租界，准许法
国驻军。租界陆地面积 518 平方千米，海域面积 1612 平方千米，
共 2130 平方千米。从此广州湾开始受法国殖民统治。

第二节 法国统治下的广州湾

广州湾见证了近代列强在中国的殖民统治，是广东近代历史的一段写照。法国侵略者在广州湾的殖民统治长达43年。法国统治广州湾时期，设置了行政、军事及其他附属机构，推行"以华制华"政策。在法国的统治下，广州湾深受资本主义恶俗的影响，长期处于混乱状态，贩毒、娼妓、赌博、土匪和走私五毒泛滥，百姓深受其害。由于独特的地理位置和背景，在抗战时期，广州湾曾成为偏安一隅的避风港，经济和文教事业出现了短暂的繁荣，到日军接管后又走向衰落。

一、设置行政机构

法国侵略者"委托印度支那总督负责广州湾领地的行政管理"，将广州湾纳入法属印度支那联邦的一部分，归属法驻越南总督管辖。法国在广州湾设立公使署（俗称公使堂），是法国在广州湾的最高行政机关，负责推行一切殖民统治政策。法国公使署曾三迁其址。初设于麻斜，改名为"东营"，因招致当地人民反抗而迁至坡头。法国公使署迁至坡头后带来更严重的政治压迫，激起了坡头人民的反法斗争，最后迁至西营（今霞山）。法国公使署设正副总公使各一名，均由法国人担任，直接受法驻越南总督管辖。从1898年4月至1942年4月，先后担任广州湾总公使的官员有39人，有海军舰长司令、舰队参谋长、海军陆战队团长、一至三等民政官（仅一任四等民政官）等。起初几任多由海军长官充任，后逐渐由有等级的民政官担任。任期大多是三四年，最少者则只有两个月。公使署内设有政务人员，约30人左右，大多数是越南人，也有少数是中国人（主要是本地人），负责公使署内的翻译、文书等工作，当地人叫其为"法国师爷"。本地人当"师爷"的有张耀庚（麻斜人）、郑生德（吴川人）等。

法国殖民者以西营为首府，把租界划分为四大行政区管理，即硇洲区、东海区、坡头区、赤坎区，并在这些区建立中层行政机关，每个行政区设一名高等参办，由法殖民当局派员担任。同时在各区的乡镇设立公局，由地方人士推选公局局长，每届任期三年，可连选连任。后来法殖民当局将区的管理范围划小，增设了公局，计有赤坎、西营、龙潮（今海头）、志满、鹿渚、铺仔、木渭（今南三）、坡头、三合窝（今乾塘）、那简（今东简）、东山、水流沟（今民安）、淡水（今硇洲）、太平和麻斜等。公局既是一级政权机构，又是法殖民当局的地方武装组织。公局配有局长、局兵、文书若干人。抗日战争时期，西营公局局长黄衡初，配文书1人，局兵12人，步枪12支。公局下面设一级政权——行政村，以自然村设置，这是公局管辖下的最基层政权。行政村长负责本行政村的行政事务，征收农业税（又叫做"收米粮"）。后为了统一管理，法殖民当局成立了广州湾公局总局，所有公局都归总局管辖，陈学谈任总局局长。

二、建立军队与警察组织

法国在广州湾有红带兵、蓝带兵和绿衣兵（即警察）等三种武装力量，共有兵力900人，武器装备有大炮与机关炮9门，机关枪40挺，步枪580支，短枪驳壳枪262支。

红带兵是法国驻防军，于1899年11月初从越南调派过来，设营级建制。初期兵力是 300 名，后增至 350 名左右，其中法国人 150 名，越南人 200 名。军衔级别依次为四划（团级）、三划（正营级）、二划（副营级）、一划（正连级）、百长（排级）、十长（班级）、五长（副班级）。到 20 世纪 30 年代，法国人逐渐减少，官员只留下三划 1 人、二划 3 人、一划 6 人、百长 20 人，约 30 人左右。其余的 320 名全是越南人，其中有 40 人当十长，其他的 280 人都是士兵。红带兵穿尼龙制服，上衣袖子处缝有黑里金边的布条，有几根布条就知道是几划官。裤子很短，裤脚只盖到膝盖处，头戴钢盔。每逢举行大庆节日（如 7 月 14 日法国国庆节），每人用一条红布从右肩臂横挂到左腰，因而得名"红带兵"。红带兵武器装备比较精良，配有机关枪 20 挺，步枪 290 支，短枪右轮驳壳 60 支。营部设在西营市区（即今工人文化宫）。因为广州湾归属法驻越南总督管辖，所以红带兵也归于法驻越南军队领导。红带兵主要是驻守市区，不到市郊活动。

蓝带兵，是法国殖民者的警备部队。蓝带兵设营级建制，职衔级别与红带兵差不多，最高官员为三划 1 人，二划 3 人，均为法国人，次级官员是越南人（一划 6 人）。中国人一般只当百长、十长和五长，能当上一划的极少。蓝带兵有 300 至 350 人，主要来自越南芒街。中国人当蓝带兵的以当地人为主。蓝带兵配备远程大炮 1 门，扫帚炮 2 门，单响大炮 5 门，高射炮 1 门，机关枪 20 挺，步枪 290 支，短枪右轮驳壳 60 支。中心兵营设在西营（今霞山看守所对面南边，门牌原为 66 号）。同时在淡水、东山、太平、志满、铺仔、坡头、赤坎、新圩仔、西涌尾、烟楼岭、三合窝等地也设有兵营，但不属营级机构。各地配备兵力不等，其中坡头 36 人，淡水、东山、太平各 24 人，赤坎、西涌尾、三合窝、铺仔、志满、新圩仔各 12 人。各地兵营名义上都派二划官员管理，但他们常住西营，很少到兵营，下面的兵营实际上是由百长、十长负责。遇到重大事情，二划才去巡视一下。法国殖民当局配了三艘机船，来往于设有蓝带兵的淡水、太平、南三、三合窝、麻斜、西营等地。蓝带兵穿蓝色制服，裤子长长的，头上戴着用竹编织而成的帽子（有点像清兵的帽子）。蓝带兵的主要任务是维持地方治安，捉拿盗匪。表面上看来蓝带兵是为民除害，但实际上是为法国人效劳，为统治者卖命，最终目的是维护法国殖民统治。

绿衣兵，机关名称为警察署，别称绿衣楼。绿衣兵有兵力100人左右，配备短枪右轮驳壳。分别在西营、赤坎设立两个机关，各有50名警察兵，最大头目二划各1人，由法国人或越南人出任。一划以下乃至士兵全是中国人。当地人吴正聪、黄生曾先后当过西营机关的一划，吴正才当过百长，陈振挺（绰号陈瓜刨）当过赤坎机关的一划。绿衣兵配备短枪（盒子枪）、皮鞭、警棍等武器，主要任务是协助监狱武装人员看守监狱，捉拿犯人。当地人称绿衣兵的头子为绿衣头，士兵叫做绿衣仔。绿衣兵虽然人数不多，但气势很凶，村民很恨他们。个别绿衣兵离队自行活动时，一旦被村民捉住，就会遭打骂。

三、设立监狱与司法机构

法国统治者为了维持其统治地位，奴役中国人民，在广州湾设立审判厅、监狱。审判厅下设陪审员，协助审理一般案件。陪审员有当地人林之阶、吴永庚、吴学瑞、冯凌云、陈卓才、林万里等，均由陈学谈推荐担任。凡属普通司法，初级审判归赤坎审判厅，中级审判归西营公使署，高级审判则归越南总督署裁决。属于普通民事，如租项借约、商业纠纷等，先由商会调解，调解不下，则移交警察署办理，再不服才正式交由司法审判。

法国在西营飞霞路设立"法国监狱"。监狱由40多名越南人充当武装人员，日夜看守，其头目是二划，由法国人担任。这所监狱关押的人大都是无辜受害者，他们中有抗法志士，有为谋生而劫富人财物的穷人，有被认为危害法国人安全的政治犯，有的因负债无钱偿还而被捕入狱，有的是流浪行乞而被捕入狱，有的因误踩法国人种的花草树木而被捕入狱。1927年"四一二"反革命政变后，广东南路党组织杨枝水等8位革命同志被法殖民当局逮捕后，就是关在这所监狱，后经过党组织的营救和狱中同志的英勇斗争，才得以出狱。被捉入监狱的人常常被打得伤痕累累，饿得面黄肌瘦。1927年初夏，监狱里的100多名囚徒，在吴大统（坛头坡村人）、陈×（竹美村人）的策划指挥下，乘被押解到狱外筑路的机会，突然袭击看守犯人的法国警察兵，迅速逃跑、隐蔽。法公使闻讯后命令红带兵和蓝带兵出动追捕。吴大统、陈×带领的一部分人逃至塮头坡村附近的甘蔗地里隐藏，被追上来的法军用机枪扫射。逃到别处的，有的被捉回，有的被枪杀。这次越狱，惨遭枪杀的有60多人。人们把惨遭杀害的同胞埋葬在海头岭上，海头岭记载着法国侵略者屠杀中国人民的血债。

法国殖民者为了维护商业等行业正常营业，保护当地商人、豪绅以及法国人的财产安全，确保财税收入，指令当地商会建立商团武装组织，机关设在赤坎，有兵力150人左右，配备步枪150支，其头目有许侨林、黎振明等，均是当地人。这支队伍直接归陈学谈管理。

法殖民当局在广州湾设置了邮局、银行、电台、医院、海关、机场、学校、教堂、商店以及陆路队（即修建队，负责修建公路、桥梁）等。其中邮局是法国设在我国厦门、广州、烟台、福州、汉口、海口、蒙古、广州湾、宁波、北海、北京、上海、天津、云南、重庆等地的十五个邮局之一，邮业联系面很广。邮局一般由一划、二划当头目，全是法国人和越南人，办事员多是中国人。

四、盗贼猖獗，"三害"泛滥

法国统治广州湾时期，西营是广州湾的政治、经济、文化、军事中心。法国侵略者勾结地方官绅、黑恶势力，采取高压政策，对中国人民进行残酷的剥削和压迫，社会矛盾激化，盗匪猖獗，烟馆、妓院、赌场林立，到处乌烟瘴气，各种丑恶现象丛生，百姓怨声载道。1937年，《申报》上的一篇文章如实地反映了当时的广州湾现状——"在那里你可以看见人间的安逸享乐与人间的痛苦呻吟，压迫者与被压迫者的种种对比……在街上，法国军官穿着制服，耀武扬威地扬长过市，安南丘八抓着苦力痛打。"

1916年后，广州湾成为土匪恶霸地痞的大本营。土匪所用的枪支弹药都是从香港或广州湾法国殖民者手中购买，土匪所劫的人口、物资，可以在广州湾贩卖吊赎。雷州半岛的土匪曾发展到2万人以上，徐闻纵70千米、横40千米的原始森林成为土匪的大本营。1921年夏，惨遭蔡公仔匪帮血洗的灵界村，被杀的1000多人，幸存30余人，村庄一片荒凉。西营近郊的三岭山（广州湾租界内），有一股土匪（数百名）长期盘踞在山的"北铁门"和"南铁门"的山谷密林中，日夜出没在市区和附近村庄，农民建房不敢开窗，惶惶不可终日。雷州李福隆匪帮可在广州湾自由出入，上烟馆、赌场、妓院，不受法殖民当局干涉。李福隆匪帮原来只有1000多人，后来很快发展到3000多人。1920年8月28日，李福隆率3000多匪帮，攻陷遂溪县城，大肆抢杀。后窜到六区，先后抢劫姑寮、南边洋村，杀死村民1000多人。1921年，李福隆匪帮包围雷州城，全城工商企业被抢劫一空，商业中心南亭等街道被烧成废墟。除了匪首李福隆外，还有"妃陈子""铁胆梅""阴湿晚"等土匪在广州湾一带作恶。1923年，法殖民当局同意粤军第七路司令黄强派兵进驻广州湾，会同法殖民当局的公局局长陈学谈等人对土匪进行搜捕，此后匪患才有所平息。

鸦片战争后，大量输入的鸦片严重毒害中国人民。鸦片成为近代西方列强奴役中国人的惯用手法。法国统治广州湾时，也用鸦片残害中国百姓，公开贩卖推销鸦片，从中攫取大量钱财，并加强殖民统治。1911年，法属安南（越南）总督向英国印度总督订购英属东方殖民地印度和波斯所生产的鸦片，运来广州湾推销，达5箱，每箱46个，共重160磅。在法殖民当局的纵容下，只要上缴烟税和牌照税，便可开设烟馆。西营、赤坎两地有烟馆70余家，规模大的烟馆，赤坎有新街头的"林记""澄香"，镇台街的"泗来"。西营烟馆主要分布在和平戏院一带。有些小型烟馆遍及圩镇和乡村。陈学谈、陈学森、简绍初与澳门高可宁等人集股成立的"三有公司"，独家批发鸦片生膏、熟膏，在西营、赤坎两地经营鸦片的店铺有20多间，其中西营有"标记""三泰利""昌兴"等几家，赤坎则占多数，单是大通街就有"裕源""生源""广宏安""广宏泰""福成""福隆""公德发"等多家。随着鸦片的大量走私和烟馆的泛滥，吸毒者遍布广州湾各个城区乡村，吸毒的人骨瘦如柴，社会风气败坏，很多家庭流离失所，人财两空。

广州湾租界内妓院林立，卖淫嫖宿成风。西营的"三角楼"，赤坎的镇台街、花园街、牛皮街、猪立街等处有妓院170多间，小型妓院遍及圩镇。公妓、暗娼最多时3000余人。妓院合法化，拐贩妇女、逼良为娼等罪恶活动屡见不鲜。被迫为娼的良家女子，多数来自遂溪一带乡村，也有在抗战期间西逃避难，来自广州、四邑（江门等县）等地，她们无家可归，没经济收入，被迫沦为妓女。

法殖民当局在广州湾公开招标设赌场，中标者获合法经营资格。赌场美其名曰"俱乐部"。广州湾公开挂牌的赌场有300多间。赌场总公司设在赤坎中兴街，在西营贝丁街设分公司。赌博种类多样，有三军色宝、牌九、番摊等等。赌博骗局使农村里许多无知的男女老少为之所惑。投注者有公公、婆婆，娘媳、姑嫂，有大人、小孩。他们有的拿微薄的家资，或典当旧衣服，或拿小孩的压岁钱来做赌注。陷进赌局的漩涡之中，很多人倾家荡产。

五、横征暴敛，搜刮民财

法国殖民者在广州湾横征暴敛，搜刮民脂民膏，残害百姓。法殖民当局征收的苛捐杂税中，有鸦片税、娼妓税、人头税、盐田税、门牌税、街市税等。经营鸦片的烟馆要缴纳"一等门牌"税，每馆每月要缴纳越南币 500 元。陈学谈等人开设的"三有公司"，每年向法殖民当局缴纳税金多达 650 万元（越南币）。"两利""万利"赌场，每年各交给法殖民当局的赌税达 100 万元（越南币）。《广州湾市政警政管理条例》规定，凡领牌合法的公妓，每人每月纳税 2 元。1912 年 6 月 1 日起，法殖民当局施行"人头税"，年壮及殷富者，每人收银 1 元，乡农、实业者，每人收 5 毫。《广州湾市政警政管理条例》规定：猪上街，主人受罚款；居民口角相争，双方都罚款；门口有垃圾，户主受罚款……罚款数目不等，少则几角，多则几元、十多元甚至几十元。为了进行经济掠夺，法殖民当局通过东方汇理银行在广州湾发行"底溢特利"——越南币，还规定向广州湾当局纳税、缴交各项费用和罚款，均须使用越南币。

法殖民当局宣布广州湾为无税自由贸易港，诱使全国各地的商人来走私、做买卖。走私的货物有鸦片、煤油、火柴、布匹等。法国的走私船只有"于爱号""海南号""多宝号""大宝号"等。广州湾港每年的货物进出纳税归法国所有的：1922—1925 年，年均 1000 万元（越南币）；1939—1940 年，年均 1000 万美元。法殖民当局在西营、赤坎设"猪仔馆",通过投机商人把高雷两地难以维生的穷人和被土匪掳走的人当"猪仔",贩运到东南亚各国做奴隶,年均数千人。据统计,仅1925年1、2月间,高雷两地被卖至南洋为奴者就有8000人。

法殖民当局为了加强对广州湾的殖民统治,在政府机构在西营安定下来后,筹办一些法华学校,如"安碧沙罗"学校和赤坎法华学校。这些学校主要是为法殖民当局服务的,对华人子女多加限制。随着人口的增加和民办学校的兴起,法华学校逐渐放宽了入学条件。法华学校设有中文班和法文专修班,但无论什么班都要学习法语,中文班每周要开设两至四节法语课,从小学一年级开始。法国殖民者创办的学校,其目的并不是提高中国人的科学文化素质,而是推行奴化教育,把中国人培养成"顺民"和"奴才"。

法国殖民统治下的广州湾,在20世纪30年代以前,商业经济发展缓慢。1937年七七事变,日军开始全面侵华。1938年广州沦陷后,广东沿海各港口逐一落入日本侵略者的魔爪。由于广州湾是法租借地,日法之间此时关系复杂,广州湾幸免于日军控制。抗战时期,广州湾成为偏安一隅的避风港,大批来自上海、广州、海南、香港、澳门等地的难民聚居于此。一时间,广州湾人口激增,赤坎从抗战前(1936年)的4、5万人激增至10万,西营由不到2万人增至4.5万。人口的激增刺激了广州湾各行各业的发展。广州湾"商贾云集",运输贸易业、旅栈、酒店、百货公司等迅猛兴起。当时的赤坎腹地较大,逐渐成为商业中心。全面抗战爆发后,广州以及四邑一带相继沦陷,上海及广州等地各大商号纷纷南来广州湾开办钱庄、银号、商店、酒楼等。这时西营的商业开始繁荣,建设了一批大商场,如南天酒店、京华酒店以及贝厅街(今逸仙路)的百货公司。西营开始商贾云集,寸土寸金，这时可称为广州湾的"黄金时代"。1938 年至 1940 年，每年经广州湾出口的物资达 1000 万美元，为战前 1936 年的 20 倍。仅赤坎港，这期间年吞吐量就达 20 万吨。抗日战争全面爆发后，广州湾的教育事业迎来了短暂的春天，一大批学校如雨后春笋，迅速兴办起来。随着学校的兴办和文教事业的发展，图书文具业有了相应的发展。当时我国三大出版商——商务印书馆、中华书局、世界书局纷纷来广州湾开设分店。广州湾也有不少人抓住了这个契机，开设私人书店。这种经济、文化的繁荣在 1943 年 3 月日本侵占广州湾后，逐渐走向衰落。

六、无恶不作，残害百姓

法国侵略者在广州湾无恶不作，残害百姓。1898 年 4 月 22 日，法军侵占遂溪县海头汛（今霞山），占据炮台，挖毁民舍坟墓，盖营房筑壕沟，打死 4 名劝阻的乡民。24 日，法军开炮打死乡民 43 人，伤 20 人。27 日，海头附近许多乡村的民房被毁。九月初七，法军 10 余人从南柳下村经过，肆意追逐妇女，村民愤怒，鸣锣反抗，被法军打死 8 人，伤 30 余人。初十，法军在硇洲岛各乡绘地图，清查民户丁口，见有女人在家就强奸。28 日，硇洲津前 4 名妇女在井边打水，法军即上前调戏，妇女走避，被法军拿木棍打伤面部；同日，法兵见该村任氏之女年方十六，欲强奸，其母上前庇护，被法兵打伤。1899 年 4 月，法军在遂溪海头港村任意挖毁坟墓，修筑壕沟，村民反抗，被开枪打死 10 多人，数百间民房被焚毁。同年农历九月初五，法军 100 余人攻打黄略村，附近的练勇闻讯增援，被法军打死 2 人，伤 25 人。农历十一月十四日，法军又攻打黄略村，焚烧民房数百间，打死练勇 69 人，伤 70 人。1927 年 12 月，在广州湾当局的指挥下，法殖民当局的警察逮捕了中共南路特委领导人和党员黄平民、朱也赤、龙沙陶、杨水枝夫妇、李本华、冯克、易一德、丘九、周静丘、范全荣、易永言、张甫碧、陈梅等 14 人，然后引渡给国民党当局并押到梅菉、高州两地杀害。1936 年 4 月，法军 100 多人到南三村强行征税，杀猪打狗，无恶不作。1936 年 4 月 24 日，坡头一万多农民到坡头公局请愿，被法军打死陈土轩、陈真贵、陈福章、陈康德、陈兴贵等 5 人。此后，法军又到坡头村、乾塘村搜查，捉人封屋，抢掠财物。乾塘村农民陈宝光爬上屋顶躲避，被法兵开枪打死。蒲冲村民吴花成被法兵装入麻袋用铁锤打死。同年 6 月，有 100 多名抗法志士不愿屈服法人，离开租界，后被法国密探追捕杀害。陈田尾村陈观德、田头儿村李观胜、兰庙村李云等被法兵打死在海中。新来村郑章士被捕入狱后，被法兵施行剖腹酷刑致死。

广州湾见证了湛江近代受欺凌、屈辱的历史。法国殖民统治下的广州湾在抗战后期为日本占领。1945 年 8 月 18 日，中国政府和法国政府签订了《交收广州湾租借地专约》，宣布 1899 年 11 月 16 日中法所订的法国租借广州湾专约作废，广州湾交还中国。日本投降后，广州湾正式回到祖国的怀抱。国民党当局接管广州湾后，将"广州湾"改名为"湛江"。

第三节

西营人民的抗法斗争

法国侵略者占领广州湾后，到处烧杀抢掠。据光绪二十四年（1898年）《知新报》第106册《广州湾近事汇志》载，法军登陆后，"被其污淫暴虐者不可胜数，有不从者，则以死处之。附近土人，恨之入骨"。又据光绪二十四年七月十一日《昌言报》载："（法人）直至遂溪县属海头汛登陆竖旗，夺民牛马。又因该处之民，不卖食物，大怒入市，捉乡民十人至船"。法军在郑屋村烧毁房屋十多间，打死村民一人。在海头港抢夺牛马，入村捉人，拆屋毁坟，村中父老找法军讲理，法军竟用枪炮轰击当地百姓，打死打伤1300多人。

一、海头港村首举抗法义旗

法国侵略者的暴行激起了西营百姓的义愤，民众纷纷高举义旗，手持大刀长矛，与法国侵略者进行斗争。海头港村首先与法军抗争。法军在海头汛炮台登陆后，首先窜到海头港村一带，毁屋挖坟，强占土地，建立兵营，强奸掳掠。海头港村民前往论理阻止，法军开枪射击，打死吴大祯等3人，并悬首级于麻斜渡口榕树上，以祭法旗。之后，法军又多次从军舰上向海头港村开炮轰击，其中一炮击中今海头港二巷30号处，把正在商议抗法对策的吴毓清堂兄弟7人炸死。两广总督谭钟麟1898年7月31日给清政府报告此惨案："海头村民因前次法兵枪毙3人，死者之家不服，至炮台理论，以至又炮毙 10 余人"。村中长者率村民再次到炮台与法军理论，又被炮击致死 60 余人。海头港绅民吴宝泰、黄善珠、林翼正、梁建贤等，将法军暴行奏禀清廷，但清政府软弱无能，不敢与法国交涉，敷衍了事。村民忍无可忍，自发组织起来，与入侵者进行斗争。村民推举吴大隆、吴大积为抗法统领，赵广福、吴玉海、吴邦生为领队。农历五月初一，全村男壮丁约 200 人在天后宫门前举行歃血誓师大会，群情激愤，高举义旗，杀敌保家园。吴大隆、吴玉海、赵广福、吴邦生分头带领村民，在各个方位袭击法军。吴大隆约本村青年数人，潜入法军营地刺杀法兵，最后在攻打法军兵营时壮烈牺牲。村民吴大积义勇气豪，身藏短刀，伏于村口路边，杀死进村窥探的一名法兵。海头港村民众的抗法斗争，给法国侵略者迎头一击。

二、南柳等村义军英勇杀敌

海头港村抗法壮举，得到了邻近村庄的支持和响应。南柳村与海头港属同姓村庄，素有团结勇武的传统，得知邻近吴姓兄弟被法军暴虐，且法军的铁蹄已迫近本村，自己家园随时可能被法军践踏，村民怒火中烧，主动联络各村，组成抗法联盟，推举吴邦泽为攻打法营的队伍统领（棍头），吴邦权、吴经道为督战兼乡勇的粮食供给，吴经福为武器征集，吴邦模为义军行医。他们不分昼夜，打造武器，做好杀敌准备。为鼓舞士气，表达抗法决心，南柳村在后坡山晒谷场上举行抗法誓师大会，出席大会的除本村村民外，还有调丰、坎坡、东山、海头港等村的抗法志士共 500 人。誓师大会上，义军统领吴邦泽慷慨陈词，控诉法军罪行，号召大家共同杀敌，保卫家园。族老吴经道、吴邦华等也在大会上表达了杀敌守土的决心。

1898 年 6 月 19 日，南柳村联合海头港、洪屋港、菉塘、龙划等村抗法义士 500 多人，在吴邦泽、吴大隆率领下，以土制刀叉矛镖偷袭法军海头兵营。由于武器落后，此役牺牲 30 多人，被迫撤退。但勇士们并没有被强敌吓倒，7 月 12 日（农历五月二十四日），南柳村又联络 15 个村抗法义军 800 多人，齐集南山上林寺门前，杀猪歃血为盟，并于次日向法军发动大规模攻击。在吴邦泽的统领下，抗法义军兵分三路：中路由今解放大道直进；左路经龙登、菉塘、今汉口路进攻；右路由今洪屋街、东堤路冲入。三路人马一齐攻进法军兵营，冲锋陷阵，英勇杀敌。措手不及的法军死伤 20 多名，法军退入兵营墙内，凭围墙掩护，以枪炮进行顽抗。抗法义军在空旷之地进攻，土枪不能远射，虽多次冲锋均不见效，前后牺牲 60 多人，义军统领吴邦泽也在此次进攻中牺牲。吴邦泽是湛江人民抗法斗争中杰出的英雄和指挥者，他的爱国主义精神，鼓舞着抗法义军继续战斗。

　　法军兵营遇袭后，暴怒的法国侵略者决定大举进攻南柳村，实施报复。海头港村民获悉后，及时通报南柳村，南柳村加紧备战，准备迎击来犯之敌。1898 年 10 月 21 日（农历九月初七），多名法军向南柳进犯，被群众围困在坎坡岭上，死伤数名，几次突围，均无法逃脱。驻扎在赤坎担任"保护法人"之责的清军参将陈良杰，急忙带领所属兵丁 500 人赶到坎坡解围，强迫群众让开一条路，放法军逃回军兵营。法国侵略者见有清军保护，随即疯狂反扑，中午再出动 400 多名法军进攻南柳村。这时，南柳抗法义军已退守村后沙沟，在木桥头架起两门铁炮，在田埂上撒布三角铁钉和圆竹筒，严阵以待。法军到沙沟时，见沟水满盈，不敢贸然渡沟，将人马开到沿沟水田开阔地带。军马踏着义军事先埋下的铁钉、竹筒，狂嘶乱跳，法军一片恐慌。守在沙沟木桥边的土炮手吴那福、吴那禄兄弟，立即发炮轰击；埋伏在沙沟后面的抗法义军在吴兰进的率领下，一跃而起，杀向法军。法军大乱，倒的倒，爬的爬，损失惨重。战至黄昏，法军始终未能越过沙沟半步，只好抬起多具尸体撤回海头兵营。义军也伤亡 30 多人，吴兰进也在此役中不幸牺牲。

法军不甘失败，10 月 24 日（农历九月初十），再次出动 800 人，绕过沙沟，经洋尾岭、坡录仔、红秋园等处进入南柳村，进村后，浇汽油纵火焚烧房屋 700 多间，世祠、天后宫、春祠等被烧为灰烬。吴邦权率领义军英勇抵抗，最后因力量和武器都处于劣势，不得不撤出战斗。此后，南柳义军在吴经通、石囫公等率领下，又转战黄略一带，号称南柳营，参加了黄略、文车、坪石、新华、麻章多次抗法战役，在湛江人民抗法斗争史上留下光辉篇章。

三、周边村庄结成同盟联合抗法

距海头港村最近的霞山村，在黄金灿、黄金堂、黄继承的率领下，组成抗法义军，在村中辛罗宫歃血为盟，抗击法军，保卫家园。他们以大刀、长矛、木棍为武器，多次袭击海头法兵营，黄金堂带头冲锋，撕毁法国国旗，后遭法军杀害；黄金灿见一法兵入村作恶，将其打死，最后在战场上牺牲。霞山村共有 8 名志义在抗法斗争中牺牲。

石头村在武秀才林志辉及其兄弟"林家五龙"的率领下，组织起一支 300 多人的抗法义军，日夜操练，打造兵器，增强战斗力。同时，在村中建起道道防线，使法军不敢进犯。

宝满村组成 160 人的抗法义军，由梁汉中领队，在村中东岳宫前召开抗法誓师大会，两次组织敢死队渡海袭击东营（今麻斜）法军，并参加南柳村保卫战，梁之贞在保卫战中捐躯。

调罗村武秀才陈昌祖目睹国土沦丧，愤恨交加，把村中的壮男组织起来，组成抗法武装，练兵习武，誓言同心打鬼，协力保家乡。调罗村抗法队伍与邻近的旧县、鹿渚、外坡等村结成联合抗法同盟，并动员本村的"三合会"一起行动，在百儒坡牛姆岭铁门槛前举行"拜台"，共同抗击侵略者。

蒙塘村组织"三点会"成员参加抗法斗争，与邻村抗法义军相互照应，袭击法军。属下自然村卜园村抗法义士林愈发在海头港天后宫门前集会时，被法军炮弹击中，当场牺牲。

短短两个多月，西营（今霞山）20多个村庄相继组成抗法义军，队伍少的有四五十人，多的达三四百人。各村既各自为战，又相互联络，相互支援，结成同盟，形成抗法阵线，有力地打击了法国侵略者的嚣张气焰。

第三章

土地革命　南路觉醒

第一节 总体形势

20 世纪初，处于封建王朝统治下的中国，内外交困，各种社会矛盾日趋激化，人民处于水深火热之中。有识之士在艰难地探索救国救民之路。正在这时，传来俄国十月革命胜利的消息，在列宁的领导下，俄国人民高举马克思主义的旗帜，奋起抗争，推翻沙皇的统治，建立了社会主义苏维埃政权。俄国革命的胜利，改变了世界的政治格局，马克思主义理论迅速在世界被压迫的国家和民族中传播。尤其是处在艰难困苦中的中国人民，从俄国十月革命的胜利中看到了民族翻身解放的希望，一批有志于救国救民的先进分子，开始认识并接受马克思主义，新文化、新思想开始在中国传播，有力地冲击和动摇封建传统文化、思想的地位，唤醒了一代青年。

第一次世界大战结束后，胜利的协约国在法国巴黎举行和平会议（即巴黎和会），重新瓜分世界。作为战胜国一方的中国也派代表出席会议，中国代表在会上提出废除外国在中国的势力范围、撤退外国在中国的军队和取消日本企图吞并中国的"二十一条"等要求，这些合理的要求却遭到无理拒绝，并企图强迫中国政府在巴黎和约上签字。消息传到国内，激起各阶层民众的极大愤怒，5 月 4 日，北京学生走上街头，举行声势浩大的抗议活动，工厂工人及各界爱国人士纷纷声援，暴发震惊世界的五四爱国运动。五四运动震撼了北洋军阀政府和帝国主义，中国代表拒绝出席巴黎和约的签字仪式。五四运动唤醒了民众，揭开了全民族反帝反封建斗争的序幕，有力地打击了帝国主义的嚣张气焰，促进了马克思主义在中国的广泛传播，为中国共产党的成立奠定了群众基础。五四运动是新民主主义革命的开端。五四运动倡导的爱国、进步、民主、科学精神，为真理和正义而战的精神，不畏强暴的精神，对中国革命产生了深刻的影响。

五四运动对南路及广州湾的影响也非常深刻，马克思主义和新思想、新文化冲破重重阻力，在法国殖民统治下的广州湾广泛地传播。大量的宣传民主、科学和新思想、新文化的刊物，如《青年杂志》《新青年》《每周评论》《新潮》《少年中国》等传入广州湾。西营人民在五四运动和新思想、新文化的影响下逐步觉醒，很多青年走上救国救民的道路。为摆脱法国殖民统治，洗刷强租之耻，救民于水火之中，高雷各地青年学生和各界群众，组织请愿团到广州、北京向执政当局请愿，强烈要求中国政府收回广州湾。由于当局软弱无能，加之法国政府出尔反尔，拖延不予践约，请愿未果。与此同时，南路（含高雷地区、广州湾城区）一批进步青年学生，先后前往广州、香港等地求学求职，接受新文化、新思想教育，阅读《马克思主义》《新青年》《湘江评论》等进步书刊，并参加各种革命活动，在革命实践中成长。

中国共产党的诞生，为南路地区及广州湾的革命点明了道路。1921 年 7 月 23 日，中国共产党第一次全国代表大会在上海举行，宣告中国共产党的成立。中国共产党的成立，给灾难深重的中国人民带来了光明和希望。自从有了中国共产党，中国革命的面貌焕然一新。中国共产党的成立和南路工农运动迅猛发展，西营人民特别是青年学生中的先进分子的思想觉悟有了更大的提高。

为寻求真理，探索救国之路，南路地区许多青年前往革命运动策源地广州，投身于革命活动。有许多进步青年如黄学增、韩盈、黄广渊、钟竹筠等人在广州加入中国共产党或中国共产主义青年团。从1922年起，中共广东省委陆续派他们回到南路地区和广州湾开展革命活动。

1924年1月，在中国共产党人的帮助下，孙中山改组国民党，重新解释三民主义，第一次国共合作建立，国民革命运动迅速在全国兴起。1925年10月，在黄学增的指导下，韩盈、黄广渊、薛文藻、苏天春等人在遂溪城秘密开会，决定以中国共产主义青年团的名义成立雷州特别支部，韩盈任书记。雷州特别支部的成立，标志着雷州地区中共组织的正式成立。

雷州光复后，共产党组织迅速发展。1926年10月，中共遂溪县部委成立。这时遂溪全县的共产党员、共青团员各发展到400多人。1927年1月，中共南路地方委员会在高州成立，书记黄学增，委员韩盈、钟竹筠、梁本荣等。广东南路革命发展扩大到附近地区（包括广东西南部、广西、云南、贵州），共有16个县市：广州湾、遂溪、海康、徐闻、防城、钦县、灵山、合浦、廉江、化县、吴川、电白、信宜、茂名、梅菉市和北海市。

1927年4月，蒋介石发动反革命政变，抛弃孙中山的革命路线，大肆屠杀共产党员和革命群众。广东省国民党反动当局派林云陔到南路组织"南路清党委员会"，纠集黄河沣、戴朝恩等反动头子"清剿"共产党员。在白色恐怖下，南路地区的共产党员和革命群众仍然以各种形式进行顽强的斗争。1928年12月，由于叛徒告密，国民党高州政府勾结法殖民当局和地方反动势力在广州湾破坏了中共南路特委机关，特委领导人黄平民（特委书记）、朱也赤（特委委员）等人被法殖民当局引渡给国民党政府杀害。1927年至1931年期间，南路地区革命领导人黄学增、韩盈、钟竹筠、黄凌氏母子和南路特委领导人相继被捕杀害，南路党组织受到严重破坏。

南路革命虽然面临重重困难，经历十分严峻的考验，但革命火种已播下，马克思主义已植根于民众中，沉睡已久的南路人民已被唤醒。

第二节 西营的工农运动及革命斗争

1922 年 9 月，中共广东区委指示，黄学增从广州返回南路。黄学增是南路地区遂溪县人，1922 年加入中国共产党，是大革命时期广东四大农运领导之一。回到南路后，黄学增住在广州湾盐商黄元常的盐铺（现赤坎幸福路 30 号）。黄学增向黄元常宣传革命道理，引导黄元常支持农民运动。黄元常慷慨资助黄学增、黄广渊等南路农运领导人往返省城的路费。从此，黄元常的盐铺就成为黄学增在广州湾的秘密联络站。

黄学增返回广州湾期间，联系陈信材、黄广渊、朱也赤、黄学新等人举行南路十五县农民运动代表大会，传达省委全面武装暴动的指示，并经常通过广州湾邮政给家乡乐民镇敦文村的青少年学生寄回各种进步书籍，让青年学生了解俄国十月革命、北京五四爱国学生运动等革命情况和共产主义思想，引导和组织他们开展革命活动。黄学增在向家乡青年宣传革命思想、传播马克思主义的同时，与黄广渊、薛文藻、黄宗寿、刘靖绪、黄成美、王树烈等人发起，并秘密联系了乐民一带的青年数十人，在乐民镇敦文村成立了雷州青年同志社，以发动雷州地区青年秘密开展革命活动，与封建反动势力作斗争。雷州青年同志社是雷州半岛第一个具有共产主义思想的外围革命组织，雷州青年同志社的成立为雷州半岛党组织的建立打下了组织基础。后来由于反动势力的压制，雷州青年同志社被迫停止雷州半岛的活动，但它在遂溪乃至雷州半岛已播下了革命的火种。

1923 年秋，黄学增同阮啸仙、周其鉴等人筹备成立农会，开展农民运动的组织和领导工作。

1925 年夏末秋初，中共党员苏天春受组织派遣，回到广州湾开展革命活动。苏天春以西营为中心，以近郊农村为支点，开展农民运动。是年冬天，苏天春在西营东南方、与西营隔海相望的东海岛建立东海农民协会，农民协会在发动群众，保护群众权益等方面发挥了重要作用。东海岛的农民运动对相邻乡村产生了积极影响，与之相近的特呈岛、北月、调罗等村群众开始接受新思想，自发组织起来，维护自身权益，与封建及反动势力抗争，为后期走上革命道路打下良好的基础。与此同时，中共南二淡水沟支部在广州湾南二、南三等地发动工农运动，成立渔民协会，会员达 200 多人。

1925 年 7 月，省港大罢工的浪潮影响到广州湾，广州湾西营、赤坎两地的海运、汽车运输、装卸搬运等行业纷纷成立工会，保障工人权益，并组成工人纠察队，配合省港罢工委员会驻麻章纠察队封锁主要港口，禁止粮食等物资出口香港，防止广州湾的洋货流入内地。1928 年春，省港罢工委员会驻麻章纠察队与当地的中共党员密切配合，组织南路各县区的工人代表及赤坎、西营的海员、码头工人、运输人员、工厂工人代表，在麻章圩遂溪县立第七小学举行南路工人代表会议，动员社会各界，声援省港大罢工。为扩大工人运动的影响力，会后组织工人游行示威，提出"打倒英帝国主义""坚决支持省港大罢工""打倒法帝国主义""收回广州湾"等口号，声势浩大，在社会各界产生积极影响。

1926 年 3 月，黄学增担任广东省农民协会南路办事处主任，投入大量时间和精力推动南路农民运动。举办讲习班，大力培训农运骨干，深入各地考察，掌握各地实情，组织成立农民协会，掀起农运高潮。至 1927 年春,南路 8 个县成立了县级农民协会,其他县区成立了一批区乡农民协会,农会会员增至 12 万人。同时成立了妇女解放协会、渔业协会、手工业者协会,不少县区还成立了总工会,组织了工人纠察队,南路地区的工农运动轰轰烈烈地开展起来。

1927 年 7 月,中共南路特别委员会在广州湾赤坎成立,负责领导南路地区的革命斗争。1928 年 4 月 15 日,广东省委重新组建中共南路特委,杨石魂任书记。中共南路特委机关设在赤坎新街头,交通总站设在新街尾元记商店。在中共南路特委的领导下,西营附近的许多农村相继成立农会、妇女会等组织,开展轰轰烈烈的农民运动,进行反封建、反抗外来侵略的斗争。

广州湾(主要是赤坎、西营两地)是南路的中心城市,为自由贸易港,工商业发达,聚集了各行各业的大批工人,既有从事制造业的产业工人,从事海上作业的船工、海员,有从事运输业的搬运工、汽车司机,还有建筑工、砖窑工等。为团结广大工人,教育工人支持革命,引导工人参加革命,广州湾党组织在城区建立"红色俱乐部"。"红色俱乐部"作为党的外围组织,直接与各行各业工人建立联系,开展活动,为团结教育工人,提高工人的觉悟,引导工人走上革命道路,做了大量工作,有力地促进了广州湾工人运动的发展。

根据革命斗争的需要,1927 年 8 月,中共南路特委在广州湾建立了交通总站,李本华任交通总站负责人,交通员大都是中共党员,且住在市区。交通员利用熟识地区情况,社会关系网较广的有利条件,搜集了大量有价值的情报。1928 年 4 月中共南路特委重建,设交通科,交通总站设在广州湾赤坎新街尾元记商店,由杨水枝的妻子当"老板",负责南路特委与南路各县市和琼崖特委的交通联络工作。6 月,为适应革命斗争新形势,中共广东省委召开全省交通工作会议，中共南路特委派广州湾赤坎支部代理书记陈周鉴出席。根据省委交通工作会议精神，结合南路革命斗争实际，中共南路特委成立广州湾交通局，主要担负地下工作人员的联络与掩护、情报搜集与传递工作，陈周鉴为交通局负责人。

广州湾交通局利用各种有利条件，掩护、接送南路特委大批机关干部和负责同志。1928年4月，中共广东省委派黄平民一行通过交通线秘密进入广州湾，筹备召开中共南路地区各县市代表大会。7月底，中共南路第一次代表大会在广州湾赤坎召开，参加会议的特委领导、代表、工作人员40多人，党组织派出交通员到西营、赤坎的车站、码头秘密接送各地代表，做好安全保卫工作，确保了会议顺利召开。1928年夏，中共海南文昌县委书记黄朝麟带领150名党员和革命武装骨干撤退到广州湾。此前，海南陵水、琼山等地一批共产党员和革命骨干也转移到广州湾。根据中共广东省委的指示，南路特委通过广州湾的党、团组织，利用各种社会关系，把他们安置在西营、赤坎等地隐蔽，保护了琼崖地区的革命力量。

广州湾交通局利用各种关系，打入敌人内部，搜集敌特情报。陈学谈是西营北月人，时任广州湾公局总局局长，是广州湾地位显赫的地方行政长官。国民党当局及军阀残余势力都在拉拢陈学谈。广州湾党组织及交通情报部门通过接触陈学谈身边人员及北月村陈学谈的一些亲属，从中了解国民党当局及反动军阀与陈学谈的联系、交往情况，及时报告南路特委。

广州湾党组织及交通情报部门密切配合武装斗争。1928年初，中共琼崖特委准备武装暴动，拟在广州湾西营、赤坎等地制造弹药，中共南路特委和广州湾党组织积极配合，支持购买了一批器材，雇请20多名制弹工人，生产制造了一批弹药，通过海上秘密交通线,安全运抵海南,支持琼崖革命斗争。1931 年 2 月 16 日(农历除夕),西营交通联络站获得国民党高雷区清党委员黄河沣回西营家中过年的重要情报,立即派人渡海将情报送到在东海岛的遂溪农军领导人黄凌氏手中,黄凌氏当即派几个农军化装潜入西营,刺杀黄河沣。

益智中学的罢课运动和革命斗争

1923 年 2 月，广州湾一批热心教育事业的绅士、知识分子商议决定将广州湾西营的荟英祠堂改建为具有新学制性质的广州湾益智小学，建校的费用由商绅捐献和从荟英祠堂款项中支取。益智小学于 1924 年春建成。1926 年，益智小学扩建成广州湾第一所新型中学——益智中学。益智中学使用的教材由省编发，拒绝开设法语课。学校开设的科目有国语（语文）、数学、物理、化学、英语等。先后在益智中学就读的有一大批进步青年学生，如陈以大、黄崇纬、林熙保、黄广荣、王才干、王如意、黎江、张创、吴德忠、陈树生、林显荣、林梓祥、林美瑜、林铁、林远高等。这些进步青年学生在学校里除了学习文化知识外，还宣传革命思想、参加学生运动，然后奔向各条战线，投身革命斗争。他们有的成为广州湾、南路地区各级党组织负责人、革命战士，有的为革命献出了宝贵生命。

广州湾益智中学成立时，聘请一批有较高水平的教师，从校长到任课教师，大多数毕业于上海、广州各名牌大学。教师中有些是大革命时期的志士，如周曼青、郑逸远等进步教师。他们教"三民主义"课时，借题施教，向学生灌输爱国主义思想。校长王友伦也利用一些节日和纪念日，如五一节、五四运动纪念日、双十节，举行庆祝活动，弘扬进步思想。该校率先开展的一系列学生运动，对宣传革命、反法抗日、打击敌人、教育群众起着重要的作用，推动广州湾学生运动的发展。

1928年秋，西营新村青年林熙保和调罗村青年陈以大相继在益智中学读书，相识相交，后来成为革命战友，积极开展革命活动。他们与黄崇纬、王才干等组成读书小组，组织学习《少年漂泊者》《屠场》《铁流》等进步图书，积极发动和参与学生运动，反对法国的殖民统治。

1928年夏秋间，广东省大学生请愿，要求法国归还广州湾。这场运动引起法殖民当局的不安。一些亲法分子以法帝租期未满或法人统治广州湾"社会安定"为由，反对归还广州湾。亲法分子的行为使法国殖民者的气焰更加嚣张，激起了遂溪中学学生的更大愤慨。学生趁夜潜入广州湾西营，到处张贴"打倒法帝！""打倒汉奸走狗！""还我河山！"等标语，掀起反法学潮。

遂溪中学学生的反帝爱国思想和学潮，使益智中学的学生深受教育和鼓舞。陈以大、黄崇纬、王如意、王才干等进步学生向学校提出，要求在双十节时组织提灯游行活动，纪念孙中山领导的辛亥革命。进步学生的要求得到校长王友伦和学校的民主人士的支持。在陈以大、王才干、黄崇纬等进步学生的组织下，益智中学绝大多数学生参加了这场声势浩大的提灯游行。游行队伍从学校出发，经过广州湾法国公使署等处，沿街高呼"双十革命万岁！""拥护中国革命先驱孙大元帅！""打倒法帝国主义！""还我广州湾！"等口号。围观的群众数以万计，群情激愤，广大市民受到了一次面对面的爱国主义和革命思想教育。益智中学这次学生游行，对于唤醒广州湾的民众、打击法国侵略者，起到了很好的作用。

次日早晨，法殖民当局派人到益智中学，对校长和师生进行恐吓，扬言要追究此次行动的组织指挥者和幕后操纵者，不准学校录取遂溪各校的学生。但法殖民当局的恐吓阻挡不了益智中学的滚滚学潮。

提灯游行之后，益智中学相继开展了多次学潮活动，同反动教师进行斗争。

学校教师邓伯涵不学无术，他是通过私人关系进入学校的。他凭空捏造，吹嘘自己是邓龙光的大哥、保定军校毕业生、与蒋介石是同学等等。其实邓伯涵是一个官僚，根本没当过教师。他在课堂上散布反动言论，大肆攻击中国共产党，又经常缺学生的课，引起广大学生的愤怒。王才干、黄崇纬、陈以大等人秘密商议，采取"放空气"的办法，造邓伯涵的舆论，逼使他自动离校。为了防止身败名裂，邓伯涵不辞而别，悄悄地离校。

1929年秋，学校来了一个叫程天年的人，任教导主任。此人思想顽固，经常恐吓进步学生。他是通过地方派别势力进入学校的。程天年在学校造谣，说秋收起义失败了等许多反动言论，并将自己的反动谬论写成文章贴在学校的告示栏上。王才干、王如意、黄崇纬、陈以大等人发现后悄悄地撕毁他张贴的反动谬论。程天年发现文章被撕毁，怒气冲冲地到学生中调查，找王才干、黄崇纬作威胁性的谈话。王才干、黄崇纬趁机同程天年论理，指责他在学生中散布谬论。愤于程天年带政治色彩任教，校长王友伦提出辞职。校长的辞职更激起了广大师生对程天年的不满。程天年迫于压力，不久离开学校。在师生们的恳求下，王友伦校长回校履职。

1930年，一个思想反动的军官来学校教军训课，上课时大肆攻击中国共产党，学生群起攻之，不久反动军官夹着尾巴走了。

连续几次开展同反动教师的斗争，大大地提高了广大师生的政治觉悟。但学校当局认为陈以大、王才干等学生的闹事影响教学，因而对进步学生逐渐反感。在这种情况下，陈以大、王才干等人认为留在益智中学不利于继续追求革命理想，便乘机向校方提出转学的要求。不久，陈以大、王才干等人转学，黄崇纬继续留校就读。至此，益智中学学生运动告一段落。此次学潮，开广州湾学生运动的先河，为以后的学生运动起到了推动作用。

1935年，陈以大与益智中学的同学林熙保等人赴广州求学。陈以大与王健夫（又名王克）就读于番禺师范学校，林熙保就读于广州省立襄勤大学，原益智中学的学友黄崇纬在广州市某小学教书。益智中学这批校友经常聚在一起，阅读进步书刊，交流读书心得，观看进步电影，参加革命活动。

1937年8月，林熙保受聘返广州湾益智中学任教。陈以大在家乡调罗村创办启英小学。黄崇纬、王健夫赴延安，到抗日军政大学学习。

1940年3月，益智中学教师陈翰华等人散布汪精卫的"抗日必亡"论，并以此命题，要学生作文，激起爱国学生的义愤。他们在中共广州湾支部书记、益智中学数学教师林熙保的支持帮助下，出墙报，画漫画，揭露批判陈翰华的反动言论。这时校内的亲汪分子坐不住了，开始造谣攻击进步教师，欺侮进步学生，破坏读书会，撕毁抗日宣传墙报，禁止学生宣传抗日救亡。抗日与不抗日两种力量在校内激烈交锋。中共广州湾支部决定在学校发动师生进行罢课斗争。罢课的口号是"反汪肃奸，坚持抗日！"中共南路特委在罢课的第二天就派出遂溪县委委员殷杰和党员朱力亲临领导。罢课期间，益智中学学生陈树生、杨峰等人在学校张贴标语、出墙报、画漫画，揭露亲汪分子的罪行，为罢课制造舆论，以正视听。晨光小学、四维中学、琼崖联合中学、广慈小学等学校的师生纷纷响应，罢课声援支持。陈翰华、陈兆麟等急忙勾结法殖民当局，以"破坏法租界内的教学秩序"为由，派军警封锁学校，围攻殴打进步学生，扣押林熙保（后释放），开除陈树生等5名进步学生，把坚持一个多星期的罢课斗争镇压下去。

　　罢课失败后，中共广州湾支部成员陈以大将益智中学罢课的情况和陈翰华、陈兆麟等人的罪行写成控告书，传送给抗日爱国将领、国民党广东省政府第七行政区专员张炎。张炎对罢课斗争表示支持，并发布命令，通缉陈翰华、陈兆麟等反动教师。

　　受益智中学学生运动的影响，广州湾各校纷纷开展宣传革命思想，揭露反动势力面目和日本帝国主义侵略暴行，动员广大民众奋起抗争的各种活动。这一系列活动在社会上产生了极大影响。它进一步打击了敌人，教育了群众，促使民众觉醒，为今后的革命斗争打下了群众基础。

4

第四章

抗日救亡　热血担当

第一节 西营党组织的建立和发展

　　20 世纪 30 年代，是中华民族面临生死存亡考验的重要时期。1937 年 7 月 7 日，日本侵略军在北平（北京）西南的卢沟桥附近举行所谓军事演习，并谎称有一名日军士兵失踪，要求进入宛平县城（今卢沟桥镇）搜查，被中国驻军严词拒绝。日军随即向宛平城和卢沟桥发动进攻，中国驻军奋起还击。震惊中外的卢沟桥事变爆发第二天，中共中央通电全国，号召中国军民团结起来，共同抵抗日本侵略者。全国各族人民热烈响应，抗日救亡运动空前高涨。卢沟桥事变揭开了中华民族全面抗战的序幕。

　　在民族危难面前，西营人民高举爱国主义旗帜，纷纷投入到轰轰烈烈的抗日救亡运动中。

　　1937 年 8 月，广州湾晨光小学校长、共产党员许乃超和遂溪县立第七小学进步教师何森组织遂（遂溪）湾（广州湾）青年抗日宣传团，深入广州湾城区和遂溪县农村开展抗日救亡宣传，并出版《救亡》《怒吼》等刊物。11 月，许乃超等人积极推动成立了广州湾赈灾会。广州湾（西营）益智中学校长王友伦主办、出版了《赈灾周刊》。《赈灾周刊》收集各地的时事报道，大篇幅地宣传抗日斗争。赈灾会还组织演讲、演剧宣传队到各地宣传，揭露汉奸卖国贼的无耻和敌人的凶残暴虐，激发人民的爱国热情。赈灾会成立了中国妇女慰劳分会、广州湾华侨回国抗日救护队等组织，开展义卖、募捐、抵制日货等活动，支援抗日前线，救济难民，护理伤员，处理灾后善后等工作。

1938 年 8 月，八路军驻香港办事处主任廖承志委派中共香港海员工作委员会组织部长潘云波到广州湾晨光小学，筹建香港八路军办事处广州湾中转站，恢复接收晨光小学校长许乃超的党组织关系，建立晨光小学党小组，直属中共香港海员工委领导，许乃超任组长，党员有梁禺心、杨甫等。根据中共广东省委的指示，中共粤西南特委委派周明、林琳、阮明等到南路地区恢复和发展党组织，开展抗日救亡工作。他们先后在吴川、梅菉、广州湾一带宣传抗日，团结教育工人，物色、培养党员对象。

同年 11 月，林琳从梅菉来到广州湾，找到在广州结识的益智中学青年教师林熙保，并通过林熙保联系市郊调罗村启英小学校长陈以大。同月，林琳主持，在调罗村启英小学举行入党宣誓仪式，吸收林熙保、陈以大为中共党员。1939 年 3 月，陈以大发展了市郊菉塘村世基小学教师林其材入党。

随着革命形势的变化和发展需要，组建西营党组织的条件已成熟。在中共广东省委的领导下，由林琳负责组建中共广州湾支部。1939 年 3 月，在菉塘村的树林里秘密召开党员会议，宣布成立中共广州湾支部。广州湾党支部领导成员分工，林熙保为党支部书记，陈以大为宣传委员，林其材为组织委员。广州湾党支部设在菉塘村世基小学。

中共广州湾支部是中国共产党在西营（今霞山）最早成立的支部，是中共南路特委领导下的一个基层组织，肩负着组织领导当地革命斗争的重任。广州湾党支部成立后，就如何开展抗日宣传、建立革命据点、组织发动群众开展武装斗争等做了研究和部署。广州湾党支部成立后召开的第一次会议提出，继续巩固新村、调罗、菉塘三所小学，进而扩大祝美、陈铁、调塾等小学，作为党在农村开展革命活动的阵地。在上述小学和益智中学大力培养青年教师和学生，发展革命力量，开展抗日斗争。同时，广州湾党支部还在邻近的村庄组织农民发展游击小组，进行抗日活动，开展肃奸和反投降斗争。

广州湾党支部成立后，积极开展统一战线工作。北月村人陈学谈时任广州湾公局总局局长，日本占领广州湾后，陈学谈又被委任为广州湾自治区主任。陈学谈成了控制和左右广州湾地区的关键人物。根据上级党组织的指示，广州湾党支部重点做陈学谈的统战工作，利用法、日在广州湾的矛盾，激发陈学谈的爱国爱家乡思想，促使他支持遂溪青抗会在广州湾开展抗日救亡宣传活动。我们党的抗日主张及方针在广州湾得到广泛宣传，日益深入人心，党在广州湾的抗日力量也不断发展壮大。

1939 年 3 月，广东省赈济委员会救济总队第八分队进驻西营，开展抗日救济工作。中共广东省委在救济总队第八分队建立了支部，林鸿发（又名林宏发）任书记，陈克任组织委员，党员有吴福田、朱力等 6 人。同月，中共琼崖特委琼崖抗日游击队独立总队军需主任谢李森、副官陈玉清等到西营，设立广东省琼崖抗日游击队独立总队驻广州湾办事处（简称"琼崖办事处"），负责中共琼崖特委与八路军驻香港办事处、广州湾及内地的交通情报、物资转运等工作。4 月，中共粤东南特委派曾平、屈涤如到广州湾工作，发展和接收一批党员，建立了中共广州湾西营支部，曾平任支部书记，支部驻西营的"而信行"，由中共粤东南特委直接领导，下辖西营、赤坎、硇洲岛及琼崖特委驻广州湾办事处等几个党小组，共有党员 30 人。

中共广州湾支部成立后不久，上级党组织派刚上任的中共高雷工委书记周楠到广州湾指导革命工作。林琳向他汇报党支部建立的情况。周楠交代林琳继续领导支部工作。林琳负责中共广州湾支部工作期间，经常到菉塘、调罗、新村等党组织指导和开展革命工作。

1940年5月，陈华（中共遂溪中心县委委员、宣传部长）接替殷杰负责中共广州湾支部的工作，批准陈以大、林熙保吸收李明入党。这一时期，中共广州湾支部分别在新村、菉塘村等七个基层学校培养了一批党员对象，并大力开展学运、抗日宣传、情报传送及引导益智中学的反汪学潮等工作。

1940年6月，中共广州湾特别支部成立，曾平任书记，沈斌任副书记。广州湾特别支部隶属中共南路特委领导。特别支部下辖西营支部（曾平兼任支部书记）、广州湾支部（林熙保任书记）、琼崖难民支部（沈斌兼任书记）、晨光小学支部等。9月，陈以大、黎江等将陈铁村改良私塾学堂改办为黎明小学，赵世尧任校长。赵世尧利用校长身份作掩护，主编出版中共南路特委机关报《青年导报》，宣传中国共产党的抗日方针政策。

1940年12月，陈华调到茂名工作。临走时，他交代把广州湾党支部的组织关系转交给遂溪县委书记支仁山。陈华调到茂名工作不久，由于基层组织整顿等方面原因，中共广州湾支部失去了组织关系，支部的组织生活被停止。

中共广州湾支部的组织生活虽然停止了，但支部成员的工作没有停止。

1941年夏，桂林"剧七"的一批文艺界革命人士由桂林经广州湾、香港去上海鲁迅艺术学校，在广州湾候船去香港时，多数住在菉塘村等地。夏衍曾三次经过广州湾，来往于桂林、香港。有一次，夏衍与小陶陶住在菉塘村达两个月之久。其间，夏衍和小陶陶在世基小学开展抗日宣传，推行"小先生"制的教学方法。"小先生"制教学方法很快在西营近郊的陈铁、调罗等小学推广。

抗日战争时期，中共广州湾支部创办支部刊物《萌芽》，陈一范任主编，林熙保、林其材、陈以大等人撰稿。《萌芽》高举抗日旗帜，刊载了大量的抗日文章、漫画，为抗日救亡运动摇旗呐喊。中共广州湾支部组织了一批进步的青年学生和群众，将《萌芽》刊物散发到市区和市郊农村，宣传抗日。

自1942年至抗战胜利，在南路特委委员、广州湾工委负责人潘云波的领导下，曾尚纪、林其材、陈以大、林熙保先后分批带领蔡健、苏德中、林美瑜、唐南、林英、林展、林琴英、林裕、林杰、林平、黄芷娴等50多名革命青年到徐闻，以教书、经商、办农场作掩护，开展抗日救亡宣传，组织游击小组、抗日联防队及交通联络站，搜集情报，开展武装斗争。与此同时，党组织还选派林乙株、林玉精、林普中、林显荣、林生、林梓祥、林坚、林美齐、林华明、林铁、林茂、林水、黎槐等一批学生骨干分别到四维、南海、培才、益智等中学，1943年8月又派林展、林乙株、林玉精、林生、林显荣到梅菉六堡小学，以读书学习作掩护，发动组织学生，开展抗日救亡活动。

1943年11月，林其材派林石（又名林为友）、林平、林福、林喜等人到市区开展工人运动，在工人中建立抗日游击小组。

1944年8月，林其材、林石、陈以大、黄河等人在菉塘、新村、陈铁、调罗、调塾、祝美等村建立抗日游击小组。他们以送货上门、入城挑粪为掩护，深入到日伪机场、营地和西营市区进行侦察、搜集情报、散发传单、张贴标语。同年秋，中共南路特委干部杨克毅在西营开办合益行，并从华昌行调吴德中到该行当经理，负责交通情报工作。

地下交通站的建立及活动

中共广州湾支部成立后，以菉塘村为中心，逐步建立起众多的交通联络站（点），形成严密的地下交通网络，覆盖南路和琼崖地区。通过各交通联络站（点），加强南路特委与党中央、广东省委和八路军驻香港、桂林办事处及南路各县市党组织的联系，推动了南路、琼崖抗日斗争的深入开展。

1939年，中共南路特委在菉塘村建立地下交通站。菉塘村与西营相邻，由六个自然村组成，村的东面濒临海湾，海滩涂上长着密密麻麻的红树林。菉塘村陆路可通赤坎、遂溪等地，海上可通香港、海南、北海等地，海陆交通便捷。

菉塘交通站设在菉塘村世基小学，由中共广州湾支部委员林其材负责，交通站联络点分散到菉塘各自然村。菉塘交通站是中共南路特委和琼崖特委的重要活动阵地。

随着革命形势的发展和对敌斗争的需要，广州湾党支部先后在西营近郊农村建立新村、调罗、陈铁、楼下、祝美等交通联络点，在城区"南泰隆"、"同仁号"、"长发庄"、"天和堂药店"和湖光铺仔圩的"活力茶室"等商行设立地下交通联络点。

林熙保在新村小学、新村油行和林为友的住家建立了三个地下交通联络点。

调罗村的主要交通联络点是启英小学，与铺仔圩的活力茶室联络点建立直接联系，并利用陈有秋、陈家廉等人的渔船，建立海上交通线。

菉塘交通站及各地交通联络点在对敌斗争中发挥重要作用。

侵华日军占领广州、香港后，大批革命人士经广州湾奔赴全国各地，其中大部分人员由菉塘交通站接送。

1939年3月，中共琼崖特委根据八路军驻香港办事处主任廖承志的指示，派人到海外动员华侨回乡抗日。为了接送从海外经香港到广州湾去海南参加抗日的侨胞和转运华侨募捐的大批物资，琼崖特委派谢李森、张刚等人到广州湾设立广东省琼崖抗日游击队独立总队驻广州湾办事处（简称"琼崖办事处"）。8月，谢李森、张刚与中共广州湾支部取得了联系，经研究决定与中共广州湾支部共同使用菉塘交通站，开展革命工作。谢李森任办事处主任，张刚任副主任，陈玉清任秘书。中共广州湾支部派林其材协助他们工作。琼崖办事处在市区设立"而信行""裕昌行""霞山咖啡摊"等联络点。

海南岛沦陷后，大批难民逃难到广州湾。西营各交通站积极配合，救助难民，创办难童学校。八路军驻香港办事处也通过中共香港海员工委的专职人员和琼崖的交通员一起奋战在这条交通线上。

经广州湾前往琼崖的党组织负责人、革命工作人员数以百计。琼崖特委以广州湾的地下交通站为中转站，设立了广州湾—琼崖（东西两条线，东线经硇洲走水路，西线经徐闻）、广州湾—香港、澳门、马来西亚、广州湾—桂林、广州湾—粤北八路军办事处、广州湾—东江纵队等交通线，负责护送这些革命干部和工作人员。

1939年7月，琼崖华侨回国抗日服务团200多人先后从香港经广州湾到海南，他们大部分经过菉塘交通站护送过海。

1939年8月，根据中共中央的指示，八路军驻香港办事处主任廖承志在香港为琼崖特委购买一部15瓦的手摇式电台。交通员符儒光把电台伪装成"行李"，从香港乘英轮"新海门"号运抵广州湾西营码头。张刚、黄道春等人到码头把"行李"搬运到"海山宫""裕昌行"，再转到霞山村黄继虎家存放。不久，又转到菉塘交通站，由林其材、张刚布置菉塘村村民林业山、林裕、林魁、林昌强等驾驶小渔船将电台运到硇洲岛，交给琼崖交通员陈大贵，之后转运到琼崖抗日游击队独立总队。

1940年4月间，张炎学生队被解散，香港赈济会青年学生回国服务团被取缔，部分人员撤到菉塘隐蔽。1940年至1941年春，从马来西亚等地回国工作的党员干部杨少民、陈青山、刘青云、曾尚纪、江田、陆古、陈一范等经菉塘赴海南等地工作。交通站利用各种关系，转运大批抗战物资。华侨捐献支援海南的抗战物资，还有后期各地捐献的药材、衣物、食品、军需品等物资运抵广州湾后，由菉塘交通站储存，然后转运到各地。菉塘交通站通过各种社会关系，利用各种方式搜集敌特情报，使各级党组织随时了解敌特的布置及动向，掌握对敌斗争的主动权。

广东及南路党组织经常派出重要干部驻西营（今霞山）及菉塘交通站开展革命工作。

1940年春，受东海岛党组织负责人兼广东省赈济委员会救济总队第八分队党支部负责宣传工作的沈斌的派遣，中共党员陈克、吴福田将特呈岛太邱小学发展为党组织的活动据点。是年夏，陈克在西营益智学校斜对面开办一间"桃园咖啡店"，安排凌光前、严雪以咖啡店作掩护搜集情报，为西营地下情报站开展情报工作。1941年，严雪加入中国共产党，并与陈克结成革命伴侣。

1941年至1944年，南路党组织负责人沈斌、支仁山等经常来西营，以吴福田家作掩护，了解敌特活动情报。

1942年初，潘云波（南路特委委员）安排曾尚纪、陈以大、林其材等人带领一批进步青年到徐闻开展革命工作，建立联络点，蒬塘交通站负责这方面的联络工作。1942 年秋，琼崖办事处除留下陈健、张瑞民、韩美农在广州湾负责与琼崖特委联络外，其余同志陆续撤回海南。从此，蒬塘交通站主要由南路特委领导。

广州湾沦陷后，中共南路特委于 1943 年春派陈铁村黎江、黎光到赤坎开设联络站，由杨克毅、吴德忠直接领导。同年 4 月，黎江与爱国商人陈自渊、陈自鉴合股在赤坎开办"公泰隆米铺"，作为南路特委的交通联络站。同年 6 月，杨克毅以商人身份，同广州湾开明绅士林华奎在赤坎合办"华昌行"，并安排吴德忠、林毓精（又名林玉精，蒬塘下村人，南路特委机要交通员）为店员，开展交通联络工作。

1943 年夏，中共中央获悉日本占领广州湾后，国民党政府要在广州湾设点和日本人进行谈判，于是，指示中共中央南方局设法搞清楚这方面的情况。而后，柯平受南方局负责人连贯的指示，到广州湾与陈思平（印度支那共产党党员）商议，决定以经商的形式，取得合法的身份，弄清国民党政府同日本人进行谈判的双方人物、时间、地点等情况。同年秋天，由吴壮飞（又名吴济生，中共党员）和陈思平通过国内外亲朋筹集 30 万国币，在西营新华戏院（即今霞山的湛江影剧院附近）开设一间"万丰庄"商店。万丰庄商店的员工有十几名，经营猪油、腊味的进出口和加工制作等，陈思平任经理。该店在西营的洪屋路和赤坎寸金桥附近各开了一间加工厂。万丰庄商店表面上对外经营，暗中作为中共中央南方局的交通联络站，在中共广东省委委员吴壮飞的领导下开展工作。1944 年初，因广州湾受到美国飞机的轰炸，海上交通困难，国民党政府改变了同日本人进行谈判的地点，万丰庄商店于同年秋天关闭停业。

西营学校师生的抗日救亡活动

1939 年，中共广州湾支部书记林熙保，以教师身份作掩护到益智中学开展革命工作。他在学校组织读书小组，传播马克思主义，宣传革命思想，开展抗日爱国教育。读书小组迅速扩大到 20 多人，进步学生陈树生、杨宏、李乃坚、张创、许承学、吴德忠、陈秋保、王纯伍、王烈、张雪英等参加了读书小组。调罗村启英小学校长、共产党员陈以大，组织益智中学高中部的学生张创、陈秋保、吴德忠、王纯伍、黎江等人到启英小学参加不定期学习班，阅读进步书籍，传播革命思想，开展抗日爱国宣传。下半年，在中共广州湾支部宣传委员陈以大领导下，陈铁村进步青年黎江、黎梅清、黎光等人在村中办起改良私塾学堂和民众夜校，组织农民群众学文化，进行抗日宣传。

1940 年初，陈翰华、陈兆麟等反动教师在益智中学散布投降反共言论，鼓吹抗日必亡，删改师生抗日文章，撕毁抗日宣传壁报，殴打进步青年，激起广大师生的极大愤慨。学生们纷纷罢课，表示抗议。广州湾党支部及时领导了这场斗争，南路特委派殷杰、朱力等前来指导，支持学生的正义行动。

在学校任教的林熙保组织师生张贴、散发革命传单和标语，大造声势，压制了反共分子的嚣张气焰。陈以大和林其材在铺仔圩高机学校组织进步学生陈秋保、张创、黎江、王烈、许以力等予以声援。晨光小学的地下党员许乃超和廖彦冰、廖晃欣及陈杰等人，发动南路、四维两间学校的师生响应，举行罢课。

益智中学等学校的学生运动，惊动了法殖民当局。法殖民当局派军警包围、封锁学校，殴打学生，扣押林熙保，通缉张创等，驱逐进步学生黎江、王烈、许承学等，镇压这场轰轰烈烈的学生运动。

学生运动期间，陈以大曾冒险秘密返回益智中学，欲了解情况，但因学校被法军警把守，无法进入，旋即返回西营近郊新村，与南路特委干部朱力等研究对策，营救林熙保。经吴永孚（东山村人）、林元庆（新村人，林熙保胞兄）等民主人士的多方努力，社会上知名人士向法殖民当局施加压力，林熙保被扣押三天后获释，但已被校方解雇。

中共广州湾支部委员林其材争取村中开明人士林华奎（其父林昌庆为当时广州湾知名工商业者）的支持，捐款2000银元在菉塘村办学校，林昌庆、林华奎父子为学校取名"世基小学"，意为世代培养人才的基地。林华奎任校长，林其材负责学校具体工作。1939年9月，世基小学正式开学招生，共招收一至五年级学生100多名，夜班生三个班近100名。中共南路特委和中共广州湾支部选派了一批党员、进步青年到学校任教。早期的教师有吴德忠、林美瑜、李安、林景智、张兰馨、黄芷娴、陈良喜、苏德中、袁娟、苏考剑、杨瑞珍、陈家康、杜兰、林英（女）、曾尚纪、陈青山、张创、陈一范等。他们有的是香港赈济会青年学生回乡服务团的成员，有的是张炎抗日学生军的成员，有的是从南洋回国支援抗日的进步青年。他们以教师身份为掩护，积极开展抗日救亡工作。

林熙保回到家乡新村，争取村中族老和村民的支持，利用新村小学传播文化知识，宣传革命道理，进行抗日爱国教育。学校经常演出雷歌（剧）、白话剧等，宣传抗日，揭露日军"以华制华""以战养战"的阴谋和惨无人道的"三光"政策，揭露蒋汪集团互相勾结、投降卖国的丑恶嘴脸。演出的剧目有《国破家何在》《王老五》《可怜的王嫂》《药》《打城隍》等。学校利用各种集会，组织学生大唱抗战歌曲，代表性曲目有"流亡三部曲"《松花江上》《流亡曲》《复仇曲》及《抗日军政大学校歌》《延安颂》《在太行山上》《黄河大合唱》等，大大地鼓舞了人民群众的抗日斗志。当"收复南澳""攻克台儿庄"的抗战喜讯传来时，学校马上召开庆祝大会。学校组织毕业生办特制班，指导学生阅读革命书籍，培训革命骨干。学校还开办了夜校，组织男女老少数百人参加学习，宣传抗日，提高人们的思想觉悟，增强抗日救亡的决心和信心。

调罗村启英小学的教师多为党组织安排，在校任教的党员教师有陈以大、谢应权、李鹤英等，进步青年教师有黎江、梁玉心、黎爵、林景智、陈美玉、周尚烈等。陈以大先后任教师、校长。学校对学生进行抗日宣传。陈以大还利用学校组织读书小组，培养革命人才，成员有黎江、张创、陈秋保、王纯伍、吴德忠等进步青年。学校开办民众学习班，分日班和夜班。日班的学生除来自本村的农民子弟外，还吸收北月、临西、陈铁、石头、宝满等村的青年前来就读。参加夜班的学员主要是来自调罗和北月等邻村的青年，人数约有400人。

黎明小学组织读书会，指导学生阅读进步书刊，组织宣传队，宣传抗日救亡，组织教唱抗战歌曲，演出群众喜闻乐见的雷歌（剧）和话剧，宣传抗日。兴办夜校，组织男女老少学习时事政治，提高群众的革命热情和积极性。

1941年春，陈克、吴福田、吴礼泰、陈生、陈志明等先后在特呈岛陈氏宗祠和里村冼太庙开办抗日民众夜校，每期学员都超过100名，最多时学员发展到200人。陈振业将自家的一厅两房及新屋村会宫庙作为课室，安排进步青年陈光、陈奇夫、陈淑祯等人任教。学校的教材由遂溪青年抗敌同志会编印。抗日民众夜校教唱《义勇军进行曲》《大刀进行曲》《黄河大合唱》等抗日救亡歌曲，张贴抗日、光复中华等标语，大力宣传中共抗日主张和抗日英雄事迹，揭露日本帝国主义的侵略暴行。学校还组建了抗日救亡宣传队，由校长岑绵彭（吴礼泰撤离后，由岑绵彭接任校长）领队，成员有陈志明、陈志、陈芳、陈炳辉、陈光、陈国兴等20多人。宣传队深入各村教唱革命歌曲，演出《坚决不当亡国奴》《亡国哪有家》《王老五》《光复南澳》等革命雷歌（剧）、话剧。演出团有时到东海岛西坑村、调顺岛、黄略村、许屋村、文章村等地演出。由于抗日民众夜校办得成功，党组织在1944年组织西营片部分小学校长如黄科精等人到特呈岛学习、考察。

林其材受聘到楼下村改良私塾学校，宣传抗日。1941年9月，黎明小学分校在楼下村成立，分校成立董事会，董事长先后由黎振明、黎世昌等人担任。许敏超、徐燕杰、吴国华、李光、黎槐等先后担任校长，他们均为中共党员。教师有黎木生、黄道修、许素明等。1944年，楼下村改良私塾学校改为楼下黎光小学。学校组织读书会、宣传队，指导学生阅读进步书籍，演唱革命歌曲，宣传抗日。曾尚纪、陈以大等曾多次在黎光小学召开会议，布置工作。南路各地区党组织负责人和工作人员，如温焯华、苏迈、郭芳、黄思明、黄锦金、吴德忠、费大姐、苏虹、邹建理、杨增、吴福田、梁基等也来学校，开展革命活动。为保证来往人员的安全，学校组织师生站岗放哨，从未出过任何事故。楼下村以学校为阵地，培养革命骨干，动员青年参军参战，开展武装斗争，为革命作出了贡献。

1943年秋，西营"民教会"派来的教师钟某宏对学生抗日救亡运动进行监视和压制，高年级进步学生陈志、陈奇夫、陈国兴等组织罢课活动，逼其调走。同年，"民教会"认为太邱学校有共产党员，要通缉校长吴礼泰。党组织马上通知革命人员撤离学校，同时提议岑绵彭接任校长。进步教师陈生被通缉，得到校董事会协助，安全撤离。

全面抗战爆发后，大批难民涌入广州湾，致使广州湾人口急剧增长。赤坎人口增至十多万，西营也达四五万人，附近圩镇人口增加也很快。由于人口激增，原有学校已不能满足需要，华人社团及私人相继兴办学校。1942年后，广州湾新办了楼下村黎光小学和南柳村南菁小学等学校，同时兴起了各类专修班、速成班、夜班等成人教育学校多所。这些学校都成为开展革命活动的重要据点。

为了占领学校阵地，上级党组织从外地抽调了袁娟、何斌、苏孝剑、陈必权、谢应权（黑人）、王勤生、陈良喜、赵世尧、梁玉森、曾尚纪、张兰馨、苏世中、陈家康等党员和进步教师到学校工作。他们在学校除了上好文化课外，还配合中共广州湾支部开展革命工作。他们通过读书会、红小会、讨论会、补习班和假期训练班，组织进步师生学习马列著作和其他进步图书。为了提高广大群众的思想政治觉悟和文化水平，开展革命斗争，学校举办了民众夜校，让青年学生当"小先生"，给群众上文化课、教唱抗日歌曲，组织师生自编自演反映抗日以及反封建的雷歌。在师生们的正确引导下，农民群众的爱国热情和抗日情绪空前高涨。为了支援抗日前线，中共广州湾支部发动学校募捐，调罗、新村、蒙塘、祝美、陈铁等师生一次就募捐了三百多大洋，转交琼崖纵队和八路军驻香港办事处。该办事处负责人廖承志、潘汉年联名写感谢信表彰师生的抗日爱国精神。

1944年秋，进步青年冯一功借用西营民治路旧新华戏院作教室，办起初级中学——志成中学。1945年，志成中学移至民享路

（今步行街海军干休所位置）。抗战胜利后，党组织派了大批党员和进步青年到该校任教和学习，使志成中学成为中国共产党开展革命斗争的一个重要阵地。志成中学公开传阅中国共产党的书刊，宣传中国共产党的主张，向学生灌输革命思想，进行爱国主义和民族主义教育。该校的革命活动活跃，引起国民党湛江市政府的不满，市长下令关闭志成中学。党组织与学校进步教师商量后决定采取"名为关闭，实为改名"的策略，在志成中学原校址上成立正义中学，由大革命时期的共产党员王茀川任校长，进步人士黄汉超任教务主任，共产党员苏德中任训育主任。正义中学为革命培养了大批人才，作出了重要贡献。

建立群众组织，开展抗日救亡活动

　　抗日战争全面爆发后，西营（今霞山）党组织在近郊乡村发动群众，建立起农会、妇女会、姐妹会、妯娌会、国技馆、自治团等群众组织，开展抗日救亡活动。

　　与此同时，国民党当局遂溪县的抗敌后援会和民众抗日自卫团统率委员会在广州湾城区设置办事机构，开展抗日宣传、募捐、慰军等工作，并常常到城区的商号店铺查封日货。共产党员陈其辉等人利用抗敌后援会和民众抗日自卫团统率委员会的名义，组织抗日救亡下乡巡回宣传工作团，到西营、赤坎城乡开展抗日救亡宣传、发动商民抵制日货。许乃超、冯凌云等带领师生到市区各街道商号动员店主抵制日货。广州湾许多爱国商人把自家库存的日货当街烧毁。

　　1938年2月24日，在党组织的推动下，张炎在梅菉成立第十一区妇女抗日服务总队，其夫人郑坤廉为总队长。妇女抗日服务总队提出团结起来，打倒日本帝国主义，反对封建主义，谋求民族解放和妇女解放等口号。

　　1938年1月24日，战时儿童保育会发起人会议在武汉召开，会议决定成立战时儿童保育会。同年3月10日，战时儿童保育会在汉口正式成立，推选出理事会56人，宋美龄、李德全为理事长、副理事长。同年4月，在广州市组建广东分会，负责收容沿海战区的抗日将士遗孤、流浪难童和难民子女。随着战区扩大，难童不断增多，广东战时儿童保育分会分别在广东省内各地开办儿童保育院。爱国将领张炎及夫人郑坤廉在高州开办战时广东第四保育院后，于1939年6月，选址时属法国租借地广州湾的西营（今霞山区）至赤坎之间的屋山北边村东侧，开办战时广东第五保育院，收容海南、北海、合浦等地难童以及当地村民子女300多人。保育院建有课室、医务室、学生宿舍、教师宿舍、食堂、篮球场、运动场、水井等，所有建筑物均用竹搭设，面层粉刷，松树皮或茅草（稻草）盖顶。保育院大门挂有"战时广东第五保育院"铜字牌匾。

抗日救亡期间，广州湾商界、文化界人士纷纷组织各种团体，参加抗日救亡活动。1938年8月下旬，共产党员许乃超通过各种社会关系，推动广州湾商会成立广州湾抗日赈灾会，通过赈灾会又分别成立了中国妇女慰劳分会、广州湾华侨回国抗日救护队等组织，发动爱国的民族资本家、商人和广大群众开展义卖、募捐、抵制日货等活动。12月，许乃超取得广州湾商会的支持，成立广州湾赈灾会战地救护队，派出30多人到灵山（今属广西壮族自治区）抗日前线，为抗日爱国将领蔡廷锴所部救护伤病员。战地救护队出行时，在广州湾引起极大的轰动，掀起一轮抗日救亡高潮。

1939年至1942年，南路党组织先后派遣党员何敏慧（女）、夏益如、周新、李乃之等到新村小学教书，他们在新村成立妇女会，村中女青年林英、林琴英、林碧云等30多人积极参加活动。她们满怀热情，深入群众，动员当地妇女学习文化，了解时事政治，宣传男女平等、抗日爱国，并对农村中的封建思想"女子无才便是德""女子小人莫谈国家事"等进行批判。

1940年开始，陈以大在调罗村组织农民小组，开展抗日救亡活动。先后担任组长的有陈有锦、陈有秋、陈宝才、陈自豪等。同年，在陈以大的发动和组织下，调罗村又成立姐妹馆（后改为妇女会），先后担任负责人的有梁玉心、陈少萍、陈志英等，成员有陈妃世、陈那妹、陈爱才、陈爱谢、陈爱清、陈志民、林玉琼、陈秀清、陈秀梅、陈芸英、陈英琴、陈仁慧等约 100 人。调罗村农会、妇女会等是基层的革命组织，在抗日救亡中发挥了重要作用。

1940 年 11 月，黎江等人在陈铁村组织"群武堂"国技馆（功夫馆），参加人员有 70 多人。"群武堂"表面上是练功夫、舞狮子，实际上主要工作是教育群众、组织群众，进行抗日救亡宣传活动。"群武堂"为配合党组织工作，曾派人到市区和龙潮公局（属广州湾法殖民当局管理）了解法帝、日军的活动情况，并将搜集到的情报及时向党组织汇报。"群武堂"的成员纷纷参加抗日游击小组，开展武装斗争，为抗日救亡贡献力量。

抗战初期，特呈岛就成立了联防自治团，陈益年任团长。乡绅自筹资金购买步枪 10 余支，作为该岛的防卫武器。经岛上党小组做思想工作，陈益年同意配合岛上游击小组，做好特呈岛的巡逻放哨工作。

1944 年 3 月，特呈岛妇女会在张日明家中成立，会长张日明，副会长陈淑贞、陈惠珍，会员有陈淑莲等 40 多人。妇女会积极宣传男女平等、婚姻自由等进步思想，发动岛上妇女积极参与织网、种菜、种粮，支援抗日，堪称岛上的"红色娘子军"。1945 年 2 月，徐闻下洋起义失败，方野、郑质光等十余人来张日明家隐蔽、治病。

建立抗日游击小组开展武装斗争

在中共南路特委的领导下，地处日、法"共同防卫"的广州湾西营及近郊的调罗、菉塘、新村、陈铁、楼下、特呈岛等村的党组织成员及广大人民群众，迅速组织起来，建立抗日游击小组，投入到抗日联防保家卫国的斗争中。

1938年秋，受党组织的指派，陈以大回到调罗村，动员村中青年陈昌春、陈以程、陈美金、陈那宝等30多人参加孙焕猷的抗日武装部队。1939年下半年，陈以大在调罗村组织游击小组，成员有黎江、黎爵、黎玉心等，参加人员要经过宣誓。1940年，调罗村的游击小组进一步扩大，成员增加陈文益、陈有锦、陈有秋、陈有岑、陈宝才、陈自毫、陈有吉、蔡那扬等，后又发展陈太、陈秋荣、陈赖、黄保胜等加入，队伍不断壮大。游击小组利用熟识地形及掌握本地敌特情况等有利条件，与日伪开展斗争。1945年6月，中共遂溪东区区委负责人梁汝新来调罗村隐蔽，先后住在陈宝才、陈昌惠、陈昌种的家，他趁机发展陈那来、陈同、陈那阵、陈瑞南、陈木齐、陈志美、陈其聪等人参加游击小组。后来，游击小组的部分成员参加东南区飞马连和粤桂边纵一团、八团，奔赴战场，打击敌人。

1942年春，根据中共南路特委的指示，特委委员潘云波与干部曾尚纪、林其材、陈以大和琼崖特委游击总队驻广州湾办事处工作人员吴必兴，中共广州湾支部领导成员等在广州湾召开会议。会议决定立即组织广州湾革命青年奔赴徐闻开展抗日活动。曾尚纪、陈以大、林其材等奉南路特委之命,率领广州湾西营近郊的菉塘、新村、陈铁、楼下等村数十名进步青年到徐闻县开辟革命新区。他们以教书、经商、办农场作掩护,开展抗日宣传,组建游击小组、抗日联防队和地下交通联络站,打击日伪势力。

1943年8月,在特呈岛党小组的领导下,岛内迅速建立起游击小组。组长陈芳,副组长陈庆,组员有陈志等15人,后吸收陈斯夫、陈金、陈淑琼等人,队伍发展壮大到40多人。他们服从党小组的领导,圆满地完成上级组织交给的各项任务,是一支随叫随到的"自愿兵"。游击小组遍布全岛各个自然村,巡逻放哨,促进全岛抗日救亡活动顺利开展。游击小组成员经常用自家的渔船运送革命人员来往于特呈岛、西营、东海岛和南三岛等地。

1943年至1945年,特呈、菉塘、新村、陈铁、楼下、后洋等村的游击小组相继成立,并不断发展壮大。站岗放哨、监视敌人、搜集情报、传递情报、运送物资、检查村中来往人员、掩护过往革命人员、组织群众互助帮耕等等,都是游击小组的日常工作。他们机智勇敢,团结奋战,出色地完成上级交给的各项任务。

1943年2月,日军占领广州湾法殖民当局的军用机场。陈铁游击小组利用村庄靠近机场的条件,经常派人扮成货郎,到日军占领的机场进行侦察,搜集情报,并及时将情报传递给黎江,然后再转送南路特委。有的游击小组成员还通过各种方法深入敌伪营地,到上层民主人士中了解情况,然后向党组织汇报。是年2月,日军派遣混成第二十三旅团向雷州半岛和广州湾进犯,整个广州湾落入日军铁蹄之下,人民群众处于水深火热之中。中共南路特委遵照中共中央、中共中央南方局的指示，将各阶层爱国人士、群众组织起来，抗击日本侵略军。在中共南路特委的领导下，西营及近郊的调罗、菉塘、新村、陈铁、楼下、特呈岛等村的党组织和广大人民群众迅速组织起来，建立抗日联防队、自卫队和抗日游击小组等人民武装，投入到抗日联防，保家卫国的战斗中去。

1944 年 11 月的一天晚上，日伪军"和平队"5 人到陈铁官营村实施抢劫，抓走农民黎光耀夫妇。陈铁村游击小组闻讯后，立即进行追击，活捉日伪军"和平队"一人，其余人逃脱，救回黎光耀夫妇，保护了人民群众生命财产的安全。

陈铁村游击小组组织村民合耕和合作社，发动群众互相帮助耕种。发动游击小组组员租耕村里的神庙、祠堂的土地，将收获所得全部交给党组织作为经费。

1945 年，南路人民抗日武装发展得很快，需要大量的经费、物资支持。陈铁村游击小组发动群众捐献，支援南路人民的抗日斗争，一次就捐献大银 270 多个、衣物一批。同时，还派出黎秋廉等人到百儒、蓬莱、草苏、龙画等村发动群众捐献了一批物资，支援抗日前线。

抗日战争时期，菉塘游击小组派出队员打进敌伪内部，搜集情报。敌人曾派女特务假装嫁到菉塘村，侦察村中的革命活动情况，被机灵的游击小组揪了出来。有一次，一股敌人进犯菉塘村，游击小组成员林华卿发现敌情，急中生智，假装求神，抱着菩萨冲到村里报告，使党组织免遭损失。

新村游击小组林忠、林车洪、林福（长房）、林安乐、林光等成员经常以到市区收米水（潲水）、挑尿粪为掩护，冒着生命危险，将南路特委印发的传单带到市区张贴和散发。

游击小组是抗日武装部队的后备军。调罗村游击小组成员陈昌春、陈以程、陈美金、陈那宝等 30 多人参加了抗日武装部队。1944 年，党组织选派箓塘世基学校学生、游击小组成员林华明、林美齐等去海南参加琼崖纵队。1945 年，他们在战斗中被敌人围困，光荣牺牲。

第五章

解放战争　勇斗敌顽

第
一
节

抗战胜利后西营的形势

1945 年 8 月 15 日，日本宣布无条件投降，第二次世界大战结束。8 月 18 日，根据中、美、苏、英等国签署的《波茨坦公告》的有关规定，国民政府特派外交部政务次长吴国桢与法国驻中国大使馆代办戴立堂，分别代表本国政府，在重庆签订《交收广州湾租借地专约》，法国政府把广州湾交还中国。8 月 22 日，国民政府将原广州湾改名为湛江市。国民党广东省政府派李月恒为湛江市筹备处主任，负责市政府的筹备工作。第二方面军副司令兼粤桂南区指挥部总指挥邓龙光中将负责接受日军投降。9 月 21 日，邓龙光在湛江市赤坎主持受降仪式。广州湾日军代表渡部市藏中佐在受降仪式上签署了投降书。从此，被法、日帝国主义租占达 47 年之久的广州湾正式回到祖国怀抱。饱受法帝、日军蹂躏的湛江人民扬眉吐气，奔走相告。

为了纪念 9 月 21 日这一胜利日，国民政府把当时赤坎的"中国大马路"易名为"九二一路"，"巴士基路"改名为"光复路"，西营"贝丁街"改名为"逸仙路"，一直沿用至今。

抗日战争胜利后，中国共产党于 1945 年 8 月 25 日发表时局宣言，提出"和平、民主、团结"的建国方针，实现全国统一，建设独立、自由、民主、富强的新中国。

1945 年 10 月 10 日，国共双方代表经过 43 天的谈判，在重庆签署了《政府与中共代表会谈纪要》（即《双十协定》），蒋介石表面上承认中共提出的和平建国方针和人民的某些民主权利。

但是，国民党反动派的"和谈"是假的。他们不顾中国共产党的主张，迫不及待地抢夺抗战胜利果实，加紧策划反共、反人民的全面内战，妄图消灭中国共产党及其军队，实行国民党一党专政。中国革命面临着两种命运、两个前途的考验。

为了打退国民党的进攻，使中国走向和平光明的前景，中国共产党提出建立最广泛的人民民主统一战线，同国民党反动派进行坚决的斗争。

蒋介石为了抢占抗战胜利果实和准备内战，命令日、伪军在原地"作有效防御"，不得向中共领导的抗日队伍投降。驻雷州半岛的日、伪军执行侵华日军总司令冈村宁次拟订的《和平后对华处理细要》，将武器全部交给国民党。

1945 年 8 月 21 日，蒋介石电令国民党第二方面军副司令兼粤桂南区前进指挥部总指挥邓龙光派兵进驻南路地区。邓龙光随即率领第四十六军一七五师、一八八师和第六十四军一五六师，共约 20000 人，并纠合雷州独立挺进支队、沿海警备大队等国民党地方武装，进驻雷州半岛各县、区，以"接收""剿匪"为名，抢占战略要地，实行村村驻兵，路路设哨，大肆掠夺人民财物。

国民党在湛江市区相继成立国民党南路行署、警备司令部，并恢复和建立各级政权，起用一批地方反动势力头子，收编日伪、土匪武装，扩充反动团队和特务队伍，组建地方武装。在西营组建自卫大队，各乡组建了 20 到 50 人不等的自卫中队。

国民党反动派在加紧策划内战的同时，对南路的中共各级组织和革命村庄进行疯狂的"围剿"，对共产党员活动的主要地区实行经济封锁，千方百计切断共产党员和人民武装的经济来源。同时，对人民群众开征各种苛捐杂税。国民党反动军队和地方反动武装以"剿匪""清乡"为名，采取"填空格"的战术，到处

"围剿""扫荡",向人民武装发动大规模的军事进攻。同时制造白色恐怖,实行所谓的"自新"运动,悬赏通缉共产党员和革命群众。实施"五户联保"政策(即每村每五户为一个小单位,互相担保,不参共、不亲共、不通共、不藏共,如有一户犯上述之罪,其他四户都要受株连)和"拉网式""连梳式"的清乡办法,夜间突然包围村庄,白天反复搜索,逐户清点人口,每次清查几个村庄。

面对急剧变化的局势,中共广东区党委于1945年9月20日发出指示——"我们的工作方针:一方面坚持斗争,保存力量,保存干部,另一方面是长期打算,准备将来合法的民主斗争",并指明南路坚持斗争的地区应在"十万大山及沟漏山"。随后,中共南路特委在湛江市赤坎召开各地党、军主要领导人会议,传达中共广东区党委的指示,并结合南路地区的斗争形势,对南路地区的革命斗争作出新的部署,决定南路人民抗日解放军以第一团为主,再从其他各团抽调部分兵力,由团长黄景文、政委唐才猷率领,从遂溪突围西进,转移到广西十万大山,以避开国民党军的锋芒,其余部队则回各县以连、排为单位或以武工队、小分队的形式分散活动,依靠人民群众、党的基础和统战关系与国民党军周旋,坚持斗争。同时,中共南路特委还调整了各县、区党组织的主要干部,将已暴露身份不宜留在原地区活动的干部调整到新的地区。鉴于雷州地区形势的严峻性,中共南路特委抽调黄其江、支仁山、邓麟彰协助陈恩开展工作,形成一个新的领导核心,统一领导雷州半岛三县一市的工作。

1945年10月,中共湛江市特别支部(简称"湛江特支")成立,余明炎为书记,廖铎为副书记,直属中共南路特委领导。廖铎负责赤坎近郊和西营的党组织工作和开展对敌斗争。湛江特支接管了中共广州湾支部领导的一些组织,将中共广州湾支部培养的青年骨干发展入党，在西营的菉塘、新村、陈铁、祝美等村陆续建立了党支部，加强和健全党对西营城乡的领导，为开展革命斗争提供了组织保证。湛江特支配合各县市安排党员干部到西营等地进行隐蔽，掩护中共南路特委机关的活动，加强情报和地下交通等工作。西营党组织、党员密切配合南路特委和湛江特支做好党员干部的撤退、转移、安置、掩护工作。陈健撤离湛江市区前往广东东江地区工作；林其材到高州城任特派员，与当时茂（名）电（白）信（宜）特派员陈华一起指导高州城乃至茂电信地区的革命工作；特呈岛陈济民、张日明等党员撤离西营到东海岛水流沟及太平等地，以教师身份隐蔽。

1945年10月下旬，西营的人民子弟兵，大部分都跟随部队突围到了广西十万大山地区。

南路人民抗日解放军各部队认真执行中共南路特委关于回原地分散活动的部署，以连、排为单位或以武工队、小分队的形式分散活动，在群众基础较好的村庄进行隐蔽。对已暴露身份的人员，暂时疏散回家，或投靠亲友，或另谋职业。西营区的人民武装，也进行了一定的疏散和精简，把部分枪支隐藏起来，只保留少数精悍队员和短枪，组成便衣队、别动队、经济队等小股武装，分散在各地坚持武装斗争。

1946年2月，南路党组织抓住《停战协议》和《政协协议》公布后的有利时机，先后派陈信材和黄其江、支仁山为代表分别与国民党粤桂南区指挥部总指挥邓龙光的代表和国民党雷州独立挺进支队司令兼遂溪县县长戴朝恩的代表进行谈判，要求国民党地方当局切实执行《停战协议》和《政协协议》，平息南路地区战火，停止对人民武装的一切军事行动。在谈判过程中，陈信材、黄其江等人谴责国民党"清乡""扫荡"，违背《停战协议》和《政协协议》，并提出签订协议书，以保证今后不再对共产党员和人民武装采取敌对行动。国民党代表毫无谈判诚意，推托本人做不了主，待请示后再说，谈判最终毫无结果。

在争取和平民主的政治斗争中，西营的党组织除了全力配合中共南路特委和雷州地区党组织在本地区进行的谈判斗争之外，还积极主动地开展了争取和平民主的政治斗争，争取广大民主人士、中间分子支持中国共产党的和平民主、反对内战、反对独裁的主张，揭露国民党反动派的"和平"伪装和反共、反人民的丑恶嘴脸，提高广大人民群众的思想觉悟。

1946年2月16日，国民党湛江市政府宣布成立，市政府驻地西营，湛江市划分为西营、赤坎、潮满、新鹿、滨海、东海、硇洲、通平、坡头、北渭等10个区。

湛江建市后，国民党当局加紧迫害、拘捕共产党员，"围剿"中国共产党领导的人民武装，同时加紧进行"复乡建保"工作，实行"区、乡、保、甲"制，以图尽快全面恢复乡、保政权，巩固其反动统治。从1946年春开始，国民党当局以所谓选举的形式选举保、甲长，企图建立基层政权，"清剿"游击区，加强对农村的高压统治。

为了打破国民党当局的"清剿"计划，配合人民武装的自卫斗争，中共南路特委要求各地党组织开展建立"白皮红心"两面政权的工作，秘密控制国民党基层政权。根据中共广东区委关于"选举政治上可靠的同志，打进国民党的党、政、军、经济、文化、教育机关和乡村保甲政权以及三青特务系统"的指示，在南路特委和湛江特支（1946年5月改特派员制）的领导下，西营的党组织抓住国民党急于建立乡村政权的时机，严格挑选一批未暴露身份的共产党员、开明人士和进步群众，打入国民党的基层政权，建立"白皮红心"两面政权。

1946年4月，中共广东区委根据形势的发展，撤销中共南路特委，设立中共南路特派员，实行单线领导。中共南路特派员温焯华传达了中共广东区委的指示，指出广东尚有一个相当长的黑暗时期，当前的工作方针是"长期隐蔽，积蓄力量，等待时机"。同年5月，中共湛江市特别支部撤销，设立中共湛江市特派员，曾珍担任中共湛江市特派员，与谭德、文志明、黎江、陈以大、吴德忠、张兰馨等人单线联系。同月，中共广东区委增派李国霖为中共湛江市特派员。6月，中共南路特派员温焯华对南路地区的党组织进行调整，任命沈汉英为中共雷州特派员，领导雷州半岛三县一市的党组织工作。

1947年6月22日，国民党"湛江靖匪保乡会"成立，原广州湾法国公局局长陈学谈成为"湛江靖匪保乡会"的主任委员，柯景濂（后接任湛江市市长）、刘敬熙、李月恒（时任湛江市市长）为副主任委员。此后，西营地下党组织遭受围剿和破坏，人民群众受尽欺凌。

面对复杂、严峻的斗争形势，西营党组织按照上级党组织的部署，组织发动群众，在各个领域与反动势力进行不屈不挠的斗争。

第
二
节

壮大党团组织，开展对敌斗争

霞山（西营）是湛江市的中心，解放战争时期，中国共产党的党团组织在这片土地上不断发展壮大，开展轰轰烈烈的对敌斗争。

1945 年 5 月，林其材在新村单线吸收林为友入党，同年 7 月，林为友成为新村党组织负责人兼广州湾工运党组织负责人。8 月，新村林英（女，时任菉塘世基小学教师）被吸收入党，9 月任菉塘支部宣传委员。1946 年 2—6 月间，林为友先后介绍本村林波、林福、林寿入党。同年 6 月，中共新村支部成立，林福任书记，林寿、林为友任委员。

新村党支部成立后，先由湛江市特别支部、东南区委领导，1948 年后由湛江市城区工委、湛江市工委领导。1947 年 7 月至 1949 年 12 月湛江解放前夕，新村党支部先后发展林克诚、林忠、林玉、林车洪、林福（长房）、林孝、林华忠、林珠、林初、林克、林大、林少雄、林花、林何、林伟明、林康德、林桂英、林乐、林尖、林车本、林安乐、林车仁、林进、林耀等 20 多名党员。这些党员有的到部队参加革命武装斗争，有的被派入市区工作，有的被派往外地游击区工作，有的留在本村坚持斗争，他们在不同岗位上为革命作出了贡献。

1945 年夏至 1948 年 9 月间，楼下、西厅、坛上、后洋、南山支部相继成立。

1945 年 8 月，中共南路特派员廖铎到广州湾，与西营、赤坎以及郊区农村菉塘、新村、陈铁等地的党员取得联系，不断地吸收党员和发展党组织。廖铎和林其材在菉塘村先后吸收了原广州湾党支部培养的一批骨干分子入党，如林展、林梓祥、林普中、林一株、林坚、林英（新村）等，为菉塘党支部奠定了组织基础。同年 9 月，中共菉塘支部在菉塘村世基小学成立，林展任党支部书记，林普中为组织委员，林英为宣传委员。

菉塘党支部建立初期，由中共湛江市特别支部领导，具体由余明炎书记、廖铎副书记、委员林其材负责。1946 年至 1947 年夏，改由何德领导。1948 年夏，由中共湛江市城区工委书记戴洪领导。支部从建立之日起至湛江解放，先后任党支部书记的有林展、林普中、林梓祥、林魁、林远高等人。

在上级党组织的领导下，中共菉塘支部坚决执行党的方针、政策，努力开展工作，克服各种困难，顺利地完成了上级交给的各项任务。菉塘党支部在斗争中不断发展壮大，先后吸收林魁、林杰、林显荣、林华兴（菉塘边坡村）、林远高、林才、林碧英、林枫、林美花、林金生、林兴明、林铁、林美学、林公群、林华兴（上村）、林那惨、林公赐、梁景能、黎槐（楼下村）等 20 多人加入中国共产党。解放战争时期，菉塘党支部的党员人数达 42人。菉塘党支部输送了一批骨干、进步青年到武装部队或其他地区工作，选送到游击区和敌占区工作的党员、农民、学生共 130多人。

1945 年 8 月，廖铎到陈铁村发展黎梅清加入中国共产党，林其材到楼下村发展黎槐加入中国共产党。之后，黎竞轩、黎邱、黎素珍（黎坚）等人先后入党。1946 年初，中共湛江市特别支部批准成立中共陈铁支部，支部书记黎梅清，党员有黎槐、黎竞轩、黎邱、黎秋廉、黎素珍（黎坚）等。1947 年春，黎梅清调到市区工作，支部书记由黎竞轩担任。

1946年5月22日，广东区委调吴有恒任南路副特派员。吴有恒到湛江后，根据斗争形势，组织各级党组织开展革命活动，打击反动势力，并委派曾珍为湛江市特派员，做好市区的对敌斗争工作。同月，广东区委为了加强湛江市的城市工作，派李国霖任湛江市特派员。李国霖分别与戴洪、何德、林为友、苏虹、林展等人单线联系，领导湛江市的党组织工作，并进一步健全湛江与香港（广东区委）的海上交通线。

1946年6月，国民党反动派放弃《双十协定》，发动反共反人民的内战。为了给反动势力有力的回击，中共南路特派员吴有恒亲自布置，发动群众，组织武装力量攻打东海岛等地国民党反动武装，迫使敌人回防湛江，打乱敌人对游击区的扫荡计划。

1947年3月，中共广东区委决定撤销中共南路特派员，成立中共粤桂边区地方委员会（简称"中共粤桂边地委"），温焯华任书记，吴有恒任副书记，欧初任委员兼宣传部长。中共粤桂边地委成立后，随即决定撤销各地特派员，成立各级党委，以加强党对革命战争的集体领导。同年5月20日，撤销中共雷州特派员，在遂溪中区的叶屋村成立了中共遂溪中心县委，负责管辖雷州地区的党组织，书记沈汉英，副书记沈斌，委员陈醒吾、陈兆荣、陈开濂等。原广州湾地区（含霞山）的党组织分属遂溪东区、东南区的区委领导。在中共粤桂边地委的领导下，各级党组织广泛发动群众，开展减租减息斗争，大力发展人民武装，组建了粤桂边区人民解放军，在军事上吸引、牵制了华南地区国民党军40%的兵力，有力地支援了华南各地的革命斗争。

1947年4月，梁德初、陈干英、林挺等人以西营（今霞山）的坛上、南柳等村为阵地，开展革命宣传工作，并在南柳村成立了党小组。党小组通过农会、妇女会发动群众募捐物资，支援南路人民解放军。

1947年6月，中共遂溪县东南区委员会成立，先后担任东南区委书记的有：唐克敏、王悦炎、黎江、李树生、林梓祥。中共东南区委由中共遂溪中心县委领导，管辖湛江市郊的潮满区（大部分乡村现属霞山区）和新鹿区（现湛江市麻章区湖光镇和现霞山区西南片的北月等村庄）以及遂溪、麻章一部分地区。同年12月，中共湛江市城郊总支委员会成立，书记林为友，委员苏克、林山、林梓祥、黎槐、林福。城郊党总支由中共雷州工委领导，管辖西营、赤坎城区工人队伍中的党组织和西营的菉塘、新村、楼下、陈铁、后洋等地的党支部和党小组。

1947年夏，中共楼下支部成立，先后由黎槐、黎黄养担任支部书记，党员有黎槐、黎黄养、黎从、黎富、黎庆、邱耀英等。同年秋，中共遂溪东南区委派党员梁超到时属西营近郊的西厅村开展革命活动，先后发展了林秋生、林梅溪、林志江、林寿东、林日棠、林永、朱石等人入党，建立了中共西厅支部，梁超兼任支部书记，林秋生任副书记。

1948年2月，中共湛江市城区工作委员会成立，书记戴洪，委员林为友、王戈木、陈华镇、梁周容。中共湛江市城区工委管辖湛江市西营（今霞山）的菉塘、新村、陈铁、楼下、文保、龙潮、平乐等支部和西营、赤坎市区的党组织。6月，中共湛江市城区工委主要领导人戴洪被捕，拘禁于赤坎国民党宪兵队。戴洪后来越狱逃出。

1948年春，高雷人民武装主力执行中共中央香港分局的指示，分东、西两路作战略转移，挺进广西十万大山和粤中地区开展斗争。接着，高雷各地党组织在中共粤桂边地委、粤桂边区党委的领导下，重组主力部队，成功袭击粤桂边区国民党反动统治中心湛江市，重创国民党军，拔除反动据点，有力地打破了国民党的第二期"清剿"计划，巩固了老区，并开辟了大片新区。

1948年4月，陈铁村成立党总支，隶属中共遂溪县东南区委领导，下辖陈铁、楼下、官营、陈铁上、草苏、后洋、草塘等村党组织。党总支书记先后由梁超、黎槐、谭向东、黎理、黎浩连担任。至1949年12月，陈铁党总支共发展党员40多人。1949年3月，特呈岛陈炳德、陈俊德、陈华养加入党组织，成立胡村党支部特呈党小组，陈炳德任组长，隶属吴川县滨海区胡村党支部领导。同月，陈芳、陈炳辉、陈惠珍（女）加入党组织，成立特呈党小组，陈芳任组长，隶属西营菉塘党支部领导。邻近湛江城区的党组织紧紧依靠人民群众，利用紧靠市区，处在敌人政治、经济中心的有利条件，为上级党组织和游击区的人民武装部队购买枪支弹药、搜集情报、传递文件、护送干部等，在解放湛江的革命斗争中发挥了重要作用。

1948年5月至6月间，中共坛上支部和中共后洋支部先后成立，分别由吴有增、王美英任支部书记，党员有吴秋兴、吴贵龙、袁爱梅、林玉英、王木秀、黎菜萍、黎秀琼、黎玉英、王惠珍等人。1948年9月，中共南山支部成立，支部书记林挺（由中共遂溪县东南区委委派），党员有黎黄养、方文桂、吴有盛等。至1949年2月，后洋党小组、蓬莱党小组、边坡党小组、南山党小组、深田党小组、石头党小组、东纯党小组、溪墩党小组、岑擎党小组、南柳党小组、北月党小组相继成立。

1949年初，中共湛江市工委派王悦炎、周明、谭向东等先后驻菉塘村，领导正义中学的建团工作。他们通过正义中学的党员学生秘密传达青年团中央的指示，在学校积极发展青年团员和组建团组织。1949年3—5月间，在中共湛江市工委的领导下，由学校地下党员林公群、林枫、欧学明、屈雪莹等人，在各班级分批发展青年团员，计有：林荣保、王禄钢、黄碧霞、邓恩盛、何道山、梁绍浦、陈永顺、陈茂林、陈世登、黄以清、占佩芳、黄立华、陈靖、唐广英、林彬等六十多名，成立了十多个青年团小组。青年团组织到中正中学和益智中学吸收进步学生王保充、陈国荣、陈少英、林康裕、许戴等人入团。团组织的建立，有力推动了湛江市学生运动的开展。

各级党组织和青年团组织的建立和发展，为西营的对敌斗争提供了强有力的组织保障。各级党组织利用有利条件，发动群众，搜集情报，筹集物资，开展武装斗争，给当地的反动派以有力的打击。

利用交通站开展联络工作

  根据对敌斗争的需要，为深入了解敌情，掌握斗争的主动权，广州湾党组织在西营菉塘村、新村、调罗村等地建立了交通站。各地交通站利用各种关系，搜集敌人情报，为人民武装转运物资，护送革命干部，在对敌斗争中发挥了重要作用。其中菉塘交通站作为中心站，更是站在斗争的前列，为西营乃至整个广州湾地区的革命斗争发挥了不可替代的作用。

  菉塘交通站设在菉塘村世基小学，是中共南路特委与党中央和中共中央香港分局、华南分局联络的重要交通站。交通员有林裕、林魁、林杰、林梅、林国华、林显荣、林生、林坚、林枫、林乌、林远忠、林公群等。为更好地开展工作，菉塘交通站在西营市区增设了"利兴号""隆丰行""南成行""林昌记鱼行""林显荣父亲的米铺""瑞昌皂厂""林平住宅""林昌振住宅"等联络点，形成交通联络网。

  1946 年 6 月，南路特委吴有恒根据形势发展需要，派吴德中开辟南路特委（后改称粤桂边区党委）与设在香港的中共广东区委（后改称中共中央香港分局、华南分局）的交通联络线，交通员有张兰馨、林毓精、林牲、黄庚、欧耀海、林才连等。菉塘交通站是这条交通线的重要中转站，起到沟通上下、互通内外的作用。它除了同西营其他联络点有联系外，还同设在赤坎的中共南路特委机关联络站"长发庄"（由曾珍负责）等联络点有联系。

同时还增设了四条通往内地及香港的交通线：一是菉塘至北海、合浦、越南芒街交通线；二是菉塘至茂名、电白、信宜、江门等地交通线；三是菉塘至市郊东南区、遂溪、海康、徐闻等地交通线；四是菉塘至香港的海上交通线。1945 年下半年林其材调到其他地方工作后，交通站由菉塘党支部领导，具体工作由林杰负责，直到湛江市解放。这个时期，中共湛江市工委书记黎江曾派周明到菉塘交通站，加强领导。

解放战争时期，菉塘交通站隐蔽接送的南路党组织的领导人、机要人员有温焯华、吴有恒、杨应彬、左洪涛、林美南、黄其江、余明炎、王国强、钱兴、梁光煊、伦永谦、余绿波等。

在接送来往干部的过程中，交通员十分艰苦和危险，但交通员凭着机智灵活、高度的警惕性和不怕牺牲的精神，战胜各种各样的艰难险阻，出色地完成了任务。1946 年 6 月，国民党军队要征用数十辆汽车，驱兵进犯遂溪、化州、廉江的游击区，菉塘交通站获得此情报后，立即派交通员连夜潜入市区，通知游击小组。游击小组负责人林为友迅速组织司机在一个夜晚拆毁汽车零件，使汽车不能开动，从而阻止了国民党军队围剿我党游击区的行动。

1946 年，菉塘交通员林坚从安铺坐船去北海，在北海市的珠海中路找到联络点"裕益号"。林坚与一位姓黄的大姐接上头，她安排一位男青年带林坚到一条街的一间旧屋住宿。第二天晚上，敌人敲门进屋查夜。旧屋只有一个门，没有后门可走，情况非常危急。屋里只有一个厕所，粪坑深一米多，坑面用木板铺上，留有小口大小便，林坚急忙从这小口钻进粪坑里。两个敌人打着电筒走进厕所，但他们没有仔细查看木板下面的粪坑便离开了。交通员不怕脏、不怕臭，巧妙地避开了敌人的搜查。

抗日战争胜利后，国民党撕毁停战协议，大举进攻解放区。

1946 年 4 月，由香港秘密抵达湛江履新的南路特派员吴有恒，以商人身份隐蔽在赤坎"三有"公司附近的中共南路特委机关秘密联络站"长发庄"，领导南路的革命斗争。同年 9 月，丰厚村交通站恢复使用，李家祥由电白调回丰厚交通站工作。1946 年冬，李家祥接到上级急购一批手榴弹运送到菉塘交通站的紧急任务。李家祥与在汽车公司工作的地下党员林石商量后，决定冒险用汽车装运。是日，李家祥和林石驾驶着汽车，神情坦然地来到国民党设在赤坎附近一个戒备森严的军火库门口，通过打入敌人内部的地下工作人员，顺利进入敌人军火库内部，当着敌人卫兵的面，不慌不忙地把 10 多箱手榴弹装上了汽车。出了军火库的门口，便直奔西营（今霞山）方向。快到南桥时，在此设卡的国民党兵持枪窜到桥中间，要求汽车停下接受检查。在这紧急关头，李家祥果断地说：冲过去！林石猛地一踩油门，汽车快速地冲向桥头，怕死的敌人慌忙躲开，来不及看清楚车上的情况，汽车已经冲过了关卡。敌人清醒过来时对着汽车扬起的灰尘乱放一阵空枪。这批手榴弹很快就送到菉塘交通站，这时，李家祥才松了一口气。

1946 年 7 月，吴德中、张兰馨（夫妇）等人根据中共南路特派员的指示，在香港张兰馨的家建立交通站，与湛江市菉塘交通站直接联系。这是南路与广东区委的海上交通线。交通员先后有张兰馨、林显荣、林生、黄庚、欧耀海、林毓精等。他们利用押运员身份作掩护，乘坐轮船来往湛江和香港，传递文件，护送党的干部、电台机要人员、军用物资、医药用品等。

1947 年 7 月，吴德中从驻香港的中共中央华南分局运回两部电台（一部是海南区党委的，一部是粤桂边地委的）。在湛江特支负责人黎江等人的布置下，接运电台的重任由菉塘交通站负责。菉塘交通站经研究后决定，黎江以"长发庄"股东的身份，上轮船起运电台（伪装为其他商品）；林美瑜、林杰负责派出一条小船到霞山码头接运电台，回菉塘村后交给李家祥（南路特委丰厚交通站站长）运入游击区。此次接运电台的关键在于疏通海关。电台搬上船前，黎江通过熟人介绍与海关有关人员相识，通过此人去疏通负责检查货物的宪兵，将电台说成是从香港运来的私货，请予放行，宪兵欣然答应，黎江随宪兵上船并报关。海关人员连关单都没看就在装有电台的三个木箱上写上"验""放"字样。黎江随即叫工人迅速把这三个木箱搬上小木船。黎江等人回到"长发庄"后不久就接到菉塘交通站的报告，已安全将货（电台）交给李家祥运走了。

　　1948 年夏，后洋村蔡昌美、蔡文彬接受中共东南区委书记黎江的指示，在后洋兴办学校，培养人才，联合挖尾、后坡、草塘等 4 个村建立了四成小学，黎江指派地下党员林乙株任校长，蔡昌美任名誉校长，蔡文彬为校董，蔡广仁、蔡广禄、李那四、陈兆敬为董事，教员庞萍（女，中共党员）也由地下组织委派。第二任校长陈彬，教员黄柳琼、黎罗生、陈仔等也均为中共党员。四成小学成立后就成为革命活动、交通联络的重要据点。后洋村另一个交通点设在蔡那再的家。蔡那再在 1946 年就参加了中共遂溪县中区委的地下交通联络工作，当交通员。他每天以理发为名跋山涉水于各村，转送信件。中共东南区委接管后洋工作后，交通联络工作继续开展。后洋村交通联络站的总负责人是蔡昌美，他既是站长，又是交通员，蔡那再、蔡时玉是交通员。他们负责转送情报，护送军需物资、信件、伤病员和来往的革命人员。有时情况紧急，蔡昌美亲自转送。他们经常来往笃头、陈村仔（陈川济）交通站。

　　1948 年 10 月 9 日，林才连领导的情报人员李拓被捕叛变，与菉塘交通站有联系的南路特委设在市区的交通站遭到破坏。敌人先后包围了赤坎环市路 31 号林才连家、海边街（现民主路）的"广汇行"和西营逸仙路林毓精的"珊瑚"咖啡店。林才连、林毓精、黄义民、沈培才、沈福生、李全坚等 6 位交通员和地下工作人员被捕，但他们坚贞不屈，坚守党的秘密，没有牵连到菉塘交通站。林才连、林毓精等人被捕后，党组织采取了应变措施，吴德中等从湛江市撤到香港，林杰从霞山"利兴号"撤回菉塘村。同年 11 月 27 日，林才连、林毓精等 6 位交通员被敌人杀害于赤坎南溪河畔（今南桥河）。此后，南路特委派周明住在菉塘村，做地下交通站的恢复工作，经调整后，菉塘地下交通很快恢复正常。

1948 年冬，交通员黄庚从香港护送中共中央华南分局一位负责人到湛江。傍晚，他们到了西营林梅住宅联络点。交通员林梅考虑到敌人近日行动异常，且楼上又是湛江市警察局局长何吉修的住所，不宜留他们过夜，于是连夜护送他们到菉塘掩蔽。果然不出所料，当天深夜国民党宪兵突然到林梅家查户口，交通员黄庚和上级领导躲过一劫。

1949 年 7 月，海南黎族人民领袖王国兴及其秘书冯子平赴北平（北京）出席全国第一届政治协商会议，当时中共中央华南分局指示，王国兴所到之处一定要保证安全。他们俩从海南到北海后，粤桂边纵队司令员梁广派 6 名交通员武装护送到菉塘，由湛江市工委书记黎江安排在菉塘交通站隐蔽。黎江一方面严密布置好警卫工作，一方面派人通过琼崖同乡会为王国兴办理化名为冯风吉的湛江琼崖同乡会员证和湛江市防疫委员会出境证等证件。为了安全，当天晚上，冯子平被转移到当时准备起义的国民党六十二军警卫营里，充当一位军官的表弟。第二天，他们由交通员分别护送到西营码头。途中敌人戒备森严，湛江市工委和特工人员赵世尧通过国民党六十二军警卫营营长邱德明、第三连副连长沈以瑜的协助，把他们护送到码头，乘坐湛江至香港的轮船安全抵达香港。菉塘交通站出色地完成了湛江路段的护送任务。

1949年9月初，杨应彬（粤桂边纵队参谋长）、徐华淑接到中共中央华南分局的通知，要速赴香港。粤桂边纵队司令部派两名交通员武装护送他们到菉塘交通站。他们一行四人化装成农民摸黑穿过敌人岗哨，至下半夜来到菉塘交通站东北方的秘密接头点，接着交通站负责人带他们进入菉塘村一间草屋隐蔽。天亮后，杨、徐正准备赴西营码头，这时村边山头突然出现敌人，交通员机智沉着，立即把杨应彬等人带到柴草间里避过敌人。敌人走后，杨应彬等人立即改扮成富商，由交通站负责人林杰护送到西营"广发祥咖啡店"联络点。当晚，杨应彬住在民主人士何中行家，徐华淑住在符平（粤桂边纵队文工团团长）家中。第二天，杨、徐安全搭上"泰和"轮抵达香港。

1949年秋，国民党六十二军一五一师谍报队长陈华南派特务四处侦察中共地下组织。由于叛徒告密，敌人获悉情况，策划在两三天内围剿新鹿区，妄图将地下党组织一网打尽。菉塘交通站获得这一情报后，立即派交通员连夜穿过西营敌人的戒严区，及时把情报带到新鹿区，该区党组织负责人林一株当即采取措施，转移、隐蔽有关人员、群众，前来围剿的敌人扑了空。

1949年10月中旬，国民党六十二军直属部队在湛江市西营起义前夕，中共湛江市工委黎江、陈以大、周明、林为友等人和粤桂边纵队军代表王克到菉塘交通站开会，研究后勤接应工作。会议决定：动员数百名群众，组织大批牛车、渔船帮助抢运枪支弹药，护送起义人员家属。交通员在战斗打响后，快速地传递情报，使领导及时掌握战况。菉塘交通站按照上级部署，出色地完成了各项任务。解放战争期间，菉塘交通站与近郊的新村、调罗、陈铁、白水坡、丰厚、笃头等村和遂溪县东南区等交通站以及西营、赤坎市区的联络点形成交通网络，在南路各级党组织领导下，在隐蔽、护送各级党组织领导人及工作人员、转运物资、接应国民党六十二军直属部队起义、支援解放湛江等方面，都做了大量工作，作出了重要贡献。

建立"白皮红心"政权，开展对敌斗争

国民党接收湛江市后，在围剿人民武装力量的同时，从 1946 年春开始，以所谓选举的形式选举保、甲长，建立乡村基层政权，企图巩固其反动统治。国民党当局在湛江市实行区、乡、保、甲制，设西营、赤坎、潮满、新鹿、滨海、东海、硇洲、通平、坡头、北渭等十区和若干乡、保、甲。今霞山区许多农村当时归属潮满、新鹿两区管辖。为了控制利用国民党基层政权，以基层政权为基础开展革命斗争，湛江市郊的党组织在南路特委和湛江特支的领导下，与国民党反动派作针锋相对的斗争，粉碎国民党企图全面建立乡村政权，清剿游击区，加强对农村高压统治的阴谋。

根据中共广东区委关于"选择政治上可靠的同志，打进国民党的党、政、军、经济、文化、教育机关和乡村保甲政权以及三青特务系统"的指示，广州湾党组织深入各村，发动群众与国民党进行巧妙斗争，利用国民党的假民主，把尚未暴露身份的共产党员和革命群众选举进入上述国民党机构任职，或通过各种社会关系，把思想进步的开明人士安排参选，同时通过思想转化教育把国民党已安插上去的人争取过来，一些被国民党拉上去当乡、保、甲长的人，迫于压力，在上任之前主动联系党组织，经约法三章后才上任。

西营党组织协助林美瑜竞选担任蒙塘村保长，后又选派思想进步的林兴高接任保长，甲长也是由西营党组织做工作，推举进步群众担任，游击小组成员林国华被派往西营当"保干"，成为一位出色的地下交通员。

新村林常群众基础好，参选担任保长，共产党员林福也参选担任副保长，游击小组成员林车洪当选保丁，游击小组成员林星、林进、林车安当选甲长。

北月、木兰、调罗三村同属一保，党员陈以大当选保长，陈宏志当选副保长，进步人士陈保翠、陈秋茂、陈兴德等人当选甲长。

党组织选派黎世昌、黎木生等当选陈铁、楼下村的保、甲长。

中共遂溪县东南区委派来的党员梁德初、陈干英、林挺等人在南柳村建立党组织，选派农会骨干吴裕斋、吴宏才参选担任南柳村甲长。

在南山、坛上、坛坡等村，原保长吴有仁不与党组织合作，甚至还设障碍，党组织发动群众逼其辞职，并支持对革命有同情心、曾在十九路军当兵的吴毓莹（又名吴玉盈）当选保长。进步人士吴玉柞、吴有德、吴有惠等人当选甲长。

西厅、深田、后坑、边坡等村同属一保，保长林木森、副保长刘永瑞，经中共东南区委党员梁超、梁基等人的教育、疏导，愿意接受党组织安排的工作。

石头村林开明、林开益、林永用等当选甲长，他们虽然不是共产党员，但能够配合党组织工作。

在中共东南区委派来的党员梁汝新、梁德初等人的协助下，陈本畅当选百蓬（包括百儒、溪墩、蓬莱村）的保长，他与甲长陈振本积极配合党组织的工作。

黄西村甲长方守森，东纯村甲长杨益顺、杨华兴等都是农会骨干，他们同情、支持革命。

西营的保、甲长选举结束后，国民党乡村政权几乎被我们党组织控制，大部分保、甲长表面上是国民党基层政权代表，实际上按党组织的意图去开展工作。

西营区的"白皮红心"两面政权，积极配合党组织做好抗征、抗税、抗丁、退押工作，发动游击小组、农会、妇女会，开展减租减息，为人民武装征税、筹粮、购武器、站岗放哨、通风报信，掩护、接待和营救革命工作者，搜集国民党军政情报，开展统战工作等，为革命日夜操劳，取得了显著成绩。1947 年至 1949 年，南山村开展几次减租减息斗争，贫苦农民少交了 300 多担稻谷，少付了 200 多个大洋的利息。1948 年至 1949 年，北月村农会、妇委会、民兵组织发动群众，进行减租减息斗争，还捐出国民党纸币 5000 元、白银（大洋）432 元、稻谷 40 担、干番薯片 37 担、鲜番薯 50 担，分别运送到祝美村和江门坡村，支持革命工作。

"白皮红心"政权妥善调处村与村之间的纠纷，促进村民团结。吴姓的南柳、南山村与邻村（林姓）因山林、土地纠纷由来已久，积怨较深，互不嫁娶。中共东南区委派驻村的党组织负责人林挺布置保长吴毓莹出面，邀请双方的主要村民开会，做好团结、教育工作，消除了隔阂、误会，从此，吴、林两姓群众相互往来，相互嫁娶。

"白皮红心"政权保护农村集体利益和农民利益。1946 年，林常当选新村保长后，利用合法身份，揭露区公所、警察局包办赌场、贪污腐化等行为。区公所联防队队长林天雄强行摊派集资，架设电话线，林常带领甲长起来反抗，使摊派集资不成，并对林天雄贪污兵额（军饷）进行揭发，面对面进行斗争。1947 年，国民党湛江市政府强占新村岭林场、龟岭林场，保长林常即将此事登报揭发，市政府当局传讯林常，准备抓他去坐牢。林常趁着看守不严而逃脱。不久，国民党省政府派视察员来湛，林常抓住时机提出诉讼，最后判定林场财产归还新村。

1946 年春，原法国广州湾公局总局局长陈学谈离湛赴香港时，曾交代北月村开明人士陈正业、陈正森（均为陈学谈的亲人），从其留下的 700 多支枪中选出 100 多支组织村自卫队，归保所管理。陈以大获悉情况后，将情况向南路特委汇报。特委领导温焯华即派黎江、吴德中向陈以大传达特委指示，决定利用敌人竞选保长之机，派陈以大参加竞选，结果陈以大当选保长。陈以大利用保长之职，动员陈正业拿出 30 多支枪，配备 12 名保丁，组织村自卫队。从此，村的政权及武装掌握在党组织手中。1948 年，深田村副保长刘永瑞根据党组织的意图，为党组织购到 2 支驳壳枪转交市工委负责人黎江。

1947 年 10 月的某天，地下党组织获悉坡塘圩（潮满区公所驻地）有几个敌人带着枪窜到南柳村附近，党组织决定伺机夺取这批枪支，派出游击小组成员吴经俊、吴永菊化装赌客前往侦察，不幸被捕，后来通过保长吴毓莹出面保释。

1948 年，国民党军把菉塘村几十名群众围困在边山村（菉塘其中一个小自然村）油行岭处，并抓走两名党组织工作人员。保长林兴高想方设法，把被抓的人员一个个保释回来。在"白皮红心"两面政权的掩护下，菉塘村群众自觉爱护地下交通站，捐钱捐物支持交通站工作，把来往或经过湛江的革命人员带到自己家中掩蔽，积极参与传递信件、转运物资等。林业山、林友华、林接仁、林那场等群众冒着生命危险驾驶渔船为游击队运送电台。

1948 年 6 月，有一天清晨，赤坎国民党派 200 多名士兵包围后洋村，挨家逐户搜查，妄图把后洋地下党组织一网打尽。他们把全村 140 多人抓到赤坎寸金桥岭国民党兵营审查，后经地下党组织黎江指派潮满区副区长黎振池、后洋村甲长蔡文彬（"白皮红心"政权人员）多次出面担保，至下午 6 时，被抓人员才全部释放。

1948 年 7 月，南路武装部队攻打驻赤坎的国民党保十团，边坡、黄西、溪墩、蓬莱、坛上、坛坡、西厅、后洋、岑擎等村组织民兵配合作战，发动群众给前线运送军粮、弹药，抢救伤员。同时为阻止西营敌军增援，组织村民扛番薯寮到新村后岭的十字路口（今湛江民航机场路十字路口）堵塞公路，以镐头破坏路面，用长镰刀切断西赤两地的电话线，断绝敌人的交通和联络。

1948 年 8 月，国民党粤南师管区派一个连的部队驻扎石头村，计划在村民林开登、林永盛住宅处挖一条通往本村林氏宗祠的地道，企图长期驻扎石头村，对付共产党员。甲长林开明及儿子林俊德和甲长林开益、林永用等想方设法，找到敌连长梁剑宏，进行抗争，迫使国民党粤南师管区停止这一行动。

一次，陈铁村两位交通员以卖豆腐作掩护，出村传递情报，上路时被国民党军队抓住，党组织闻讯后，立即通过保长黎世昌担保营救出来。

楼下村党支部根据上级领导林其材的意见，派黎世良打入潮满区自卫队当司务长，了解和搜集潮满区的情报。一天晚上，党员黎槐到烟楼岭执行任务，途中被国民党军抓获，幸得黎世良出面担保才得以释放。

1949 年 4 月，党组织领导地方武装计划在郊区开展武装行动，为防止西营敌军出兵增援，中共遂溪东南区委决定破坏西营至铺仔的公路和桥梁。4 月 4 日晚，林一株和林挺等亲自组织塌上、石头、临东、临西、蓬莱、溪墩等村 400 多人，冒着生命危险，把西营至铺仔圩的桥梁和公路破坏掉。

1949 年上半年，驻西厅机场的国民党守军围剿深田村，抓走党员刘经溪、农会长刘周清等 7 人，村甲长刘昌发及时把刘经溪和刘周清认领保释，但甲长刘昌发反而被抓。副保长刘永瑞及时赶到，把被抓的人全部保释出来。

西营的边坡、黄西、石头、百儒、溪墩、蓬莱、南山、塭上、塭坡、西厅、东纯等村的"白皮红心"政权在为党组织搜集、传递情报，隐蔽、保护地下工作人员，为革命捐款捐物等方面，做了大量有益的工作，作出了历史性贡献。

开展反"三征"暴政斗争

1946 年 6 月，蒋介石撕毁《停战协议》，向中原解放区大举进攻，发动全面内战。出于发动内战的需要，国民党当局在全国加紧推行征兵、征粮、征税的"三征"暴政，多方敲诈，搜刮民财。国民党湛江当局为支持蒋介石反动集团打内战，巩固其反动统治，一方面强行"三征"，另一方面改编和充实各级地方武装，成立县属自卫大队和警察中队，整编原联防大队为联防中队，改编区、乡、保自卫队为警察小队。同时，调整加强乡村政权，举办地方行政训练班，大量培训保、甲长，实行"联防联剿""联保联坐"等反动政策。

1946 年，广州湾地区遭受旱灾，田园荒芜，颗粒无收，籛竹到处结籽，农村一片混乱，广大群众备受饥荒煎熬。在这水深火热的危急关头，国民党当局为支持内战，依然实行"三征"暴政，置人民于死亡线上，引起了社会各阶层群众的不满。在民众怨声载道、民心思变的形势下，党组织发动和领导人民群众开展一系列自卫斗争。当时广东国民党正规军已大部分北调，分散在湛江各地坚持隐蔽斗争的广大党员干部和战士，目睹敌人兵力已相对空虚而"清乡""扫荡"仍是那样残暴，"三征"又是那样凶猛，迫切要求党进行公开的武装斗争，扩大武装力量，适当集结部队，打击小股国民党军队和国民党地方武装，以"武装抗征"反击"武装抢征"，打击敌人的嚣张气焰，减轻人民的痛苦。

1946 年 7 月，中共南路特派员温焯华、副特派员吴有恒根据驻扎南路地区的国民党正规军陆续北调，人民群众革命热情高涨的情况，决定停止消极撤退隐蔽，开展武装斗争。以反"三征"为中心，同时开展反内战、反迫害斗争；集结小股武装镇压极端反动分子，打击"清乡""扫荡"的反动武装；继续在国民党统治区内建立"白皮红心"两面政权，发展人民武装，建立长期斗争基地。

根据时局的变化和上级党组织的指示，广州湾地区的党组织号召共产党员立即行动起来，发动群众恢复农会、同心会、功夫馆等革命群众组织，并在"白皮红心"两面政权和人民武装力量的密切配合下，开展以反"三征"暴政为主要内容的斗争。一是在党组织控制区内，以及在国民党当局鞭长莫及的地方，发动群众采取"抗"的方法，抗交粮，抗交税，抗交壮丁；二是在国民党控制区内通过"白皮红心"两面政权的掩护，发动群众，促使开明绅士进行公开请愿，开展合法斗争，采取"拖、欠、减、避"的方法，使国民党当局的"三征"暴政难以实现；三是采取打的方法，对一些顽固执行国民党当局"三征"暴政的反动分子，进行武装镇压。

西营各乡村党组织和地下工作人员，带领农民群众在农村积极开展减租减息，发动游击小组、农会、妇女会与地主作斗争，发动各保、甲长配合做好抗征、抗税、抗丁、退押、减租、减税工作，取得显著成绩。

海头圩是西营近郊最热闹的集市，国民党当局在此横征暴敛，民不聊生。广州湾地方党组织派武装人员趁集市热闹之机，击毙国民党当局一名横征暴敛的税务人员，有力地打击了国民党当局的"三征"暴政。

1947 年冬，后洋村在党组织领导下成立农会，80 多人参加，蔡绍灵（保公）任农会长。农会组织全村农民进行帮耕合耕，发动群众捐款捐粮，为来往的革命人员提供粮食及其他帮助。1948年，村农会发动群众对国民党政权进行抗丁抗粮抗税，支持党组织和群众反对国民党政权的"三征"暴政。

发展人民武装，开展武装斗争

　　1946 年 11 月，中共中央根据形势的发展变化，指出在南方各省大批国民党正规军调走，征兵、征粮普遍施行的形势下，正是我们发动游击战争的好机会。中共中央要求凡是有可能建立公开根据地的地区，应立即建立公开的根据地；原有根据地的地区，应鼓励原有公开或半公开武装，紧紧依靠群众继续开展斗争。根据中共中央的指示，同月 27 日，中共广东区委作出恢复武装斗争的决定，并制定了"实行小搞，准备大搞，从无到有，从小到大，稳步前进"的战略方针，号召各地党组织，重新拿起武器，发展人民武装队伍，打击地方反动势力，保护人民的利益。

　　1947 年春节期间，中共南路特派员吴有恒召集沈汉英、唐多慧等人在赤坎"协源米铺"秘密开会。会议分析了南路地区敌我斗争形势，作出大搞武装斗争的决定。会议要求遂溪等县的游击队设法除掉 1 至 2 名国民党军政要员，作为大搞武装斗争的起点。

　　时任国民党雷州独立挺进支队司令、遂溪县县长的戴朝恩（即铁胆），以"铁派"的招牌，招揽反动爪牙，把遂溪、湛江市划为他的势力范围，大搞反革命勾当，疯狂镇压遂溪、湛江市和南路地区人民的革命活动，血债累累。广州湾及遂溪党组织组织突击队，在戴朝恩从赤坎返回遂溪的途中，将之击毙，为民除了一大害。

　　戴朝恩被击毙后，南路地区的国民党当局大为震惊，各地的反动分子惶惶不可终日。我广大军民士气大为高涨，斗志昂扬。湛江市郊和各县出现了农民纷纷弃农从军、学校师生投笔从戎的可喜局面。南路地区的革命斗争从此进一步发展，并迅速转入高潮。

为了进一步粉碎国民党集团的"清乡""剿灭共匪"的阴谋，在南路党组织的领导下，各地党组织纷纷组建人民武装，打击国民党反动派的嚣张气焰。1947 年 4 月，南路党组织组建的东南区武工队在花村成立，队长杨瑞，队员有冯清、林德仁等十多人。武工队成立后，主动出击，攻打国民党新鹿区政府，先后收缴时属西营的北月以及近郊的乔北、古河、花村、客初、祝美、拱桥等村民团和自卫队的枪支。

中共南路特派员吴有恒通过分析南路地区的敌我态势，决定公开打出粤桂边区人民解放军的旗号，并成立司令部。1947 年 3 月 17 日，吴有恒集中遂溪 4 个机动中队和遂溪中区中队，在遂溪中区的望高村整编成立了粤桂边区人民解放军新编第一团（简称"新一团"）。同月，太平部分游击队和海康部分游击队合编，成立了雷州独立营。不久，吴有恒又集结廉江、化吴地区的部队，成立了粤桂边区人民解放军新编第三团、第四团。

1947 年 4 月 29 日，华南党组织正式批准成立粤桂边区人民解放军，由吴有恒分管部队，任代理司令员。同年 6 月上旬，遂溪党组织以雷州独立营、东海连和新二团的第三连为基础，加上没有编入新一团的符春茂部，在太平一带成立了粤桂边区人民解放军新编第九团（同年 8 月，该团改番号为粤桂边区人民解放军新编第十二团）。该团主要活动于遂溪西南部和海康东北部地区。

同年，西营后洋村蔡芝林（蔡那黑）弃学从戎，到志满参加地下武工队，任务是收缴敌人的枪支弹药，武工队队长先后是冯清及陈鸿志。

西营近郊的菉塘、调罗、特呈、陈铁、石头、岑擎、霞山、北月等村的党组织发动约100位青年参加南路地区人民武装部队。特呈岛早期参加武工队的陈芳、陈志等13位青年随武工队的整编，进入粤桂边纵的新一团和新二团。同年12月，特呈岛陈光、陈庭盛、陈理文等人和陈铁村的黎邱、黎桂生、黎赖、黎秋自等近10人也参加粤桂边纵工作。这一年，北月村早年参加革命工作的陈宏志回到村里，将30多支枪送给东南区武工队。同年，后洋村的蔡时玉在地下党组织的发动下，到遂溪城参加前方部队，分配入五团当战士，跟随部队南征北战。

1948年12月，中共东南区委组建飞马连，隶属粤桂边纵第八团，连长殷福，指导员由东南区委副书记林梓祥兼任，梁德初任教育员，副连长蔡南。1949年2月，王南炳接任指导员。3月，梁德初任副指导员。全连共80多人，武器有步枪60多支、轻机枪1挺、冲锋枪1支、榴弹枪1具和迫击炮1门。同月，时属西营区的特呈岛进步人士陈济民、曾德才、陈芳动员特呈董事会及伪保长把12支步枪及一批子弹缴交湛江市工委林强民、特呈岛进步青年陈芳，再转送去东南区飞马连。1949年8月，陈以大从高州调回湛江工委工作，他动员开明人士陈正业交出20支短枪，再由黎江转交飞马连。在飞马连中，来自菉塘村的青年有林华谦、林追、林金生、林希、林勇、林汉等10多人，来自陈铁、楼下村的青年有黎赖、黎洋生（益德）、黎东林、黎庚等20多人，来自深田村（含后坑村）的青年有刘桂清、刘其林、刘其员、刘天寒、刘其勇、刘珠兴、刘那容等。岑擎村冯芳、冯石宝、冯鼎生、冯那田、冯康芝（后牺牲）、冯才、冯富、冯那妈、冯清、冯光、冯家隆、冯安勤、冯荣、黄那荣、冯克、冯秉华等16人，先后参加粤桂边区游击队。

飞马连的战士经过严格的政治学习和刻苦的军事训练，像骏马驰骋在雷州大地。该连曾奉命渡海参加东海岛西湾等地游击区的战斗，协助东海岛上的武工队袭击岛上国民党各地联防队。连队领导很信任林华谦（菉塘村人）排长，把缴获来的唯一一挺机枪交给他。在战斗中，他冲锋在前，英勇杀敌，成为一名优秀的机枪狙击手。一次，原国民党东海区区长赵振东带领300多名武装人员进犯东海文参村，捕杀革命党人和革命群众。飞马连接到命令后立即出动，截击这股比自己强几倍的敌人。在这次战斗中，林华谦的机枪发挥了威力，敌人的机枪相形见绌，成了哑巴。经过几小时的激战，打死打伤敌人多名，缴获武器一批，击退敌人对文参村的进犯。

1948年冬至1949年初，飞马连奉命开赴徐闻东南部，配合武工队消灭国民党区、乡政府，开辟新游击区。一次，敌人出动100多名武装人员到农村抢劫。飞马连接到报告后，决定伏击敌人。林华谦的机枪居高临下，发挥了威力。经过激战，打死打伤敌人30多名，缴获各种长、短枪30多支。

1949年夏，已撤回东海岛活动的飞马连，又奉命再次开赴徐闻，配合当地独立营打击敌人。这时，徐闻的形势比较险峻，从外地败退到徐闻的敌人，经常到农村抢劫。为了打击敌人，独立营和飞马连以排为单位分散活动，迂回打击敌人。一天中午，群众报告，驻在前山圩的敌军一个排到附近一个村庄抢劫。当时在附近的飞马连战士只有20多人，他们立即出击，抢占这个村东面的高岭灌木林，伏击敌人。战斗打响后，他们才发现来犯的敌人有200多人，比飞马连多十倍。在敌强我弱的情况下，飞马连战士不畏强敌，沉着应战。林华谦带病上阵，用机枪打死敌人20多人。敌人不甘失败，疯狂反扑。此时敌人一颗子弹击中林华谦的右腿。林华谦咬紧牙关，继续射击。副机枪手林金生要背受伤的林华谦撤退时，林华谦却说："机枪和游击队的文件重要，我还有 4 颗手榴弹掩护你撤退。你先把它带走，并到对面山头继续射击敌人。"很快，对面山头又响起了机枪声。林华谦已浑身血迹，拖着重伤的右腿爬到附近的灌木林中。由于伤势过重，流血过多，倒在灌木林里，牺牲时年仅 23 岁。在这次战斗中，与林华谦同村的战友林追也牺牲。他们为人民的解放事业献出了年轻的生命。

开展策反攻坚战，瓦解敌人

1949 年初，随着三大战役的胜利，特别是渡江战役的胜利，南京的解放，国民党在大陆的败局已定。为了消灭国民党反动派在湛江地区的残敌，中国人民解放军挥戈南下。为配合人民解放军顺利解放湛江，从 1949 年初开始，湛江市工委通过民主人士、进步知识分子、开明商人，及与党组织有联系的社会各阶层人士，利用同学、同乡、好友等社会关系，在敌人内部开展策反工作，宣传党的宗旨、政策，分析形势，使他们与国民党决裂，站到人民一边，为解放湛江贡献力量。

策反国民党湛江专员公署保安司令部保安团的汽车中队。1949 年初，国民党为加强湛江市的运输力量，以利于南逃海南岛，把在广州市刚组建的有 40 多名官兵和 20 多辆汽车的汽车中队调到湛江市。为破坏敌人的计划，中共湛江市临时工委安排委员林石负责单线联系新村的进步青年林景智，对该中队开展策反工作。林景智是国民党黄埔军校第十七期毕业生，因不满国民党发动内战，于 1948 年秋从上海返回家乡，地下党组织很快就与他联系上，安排他到益智中学当军事教师。驻湛六十二军有他读军校时的同学，其中思想比较进步的汽车中队队长马自强与他关系较好。林景智利用同学关系，经常找马自强谈心，分析形势，指出国民党大势已去，不必当其陪葬品，很快就将马自强争取过来。马自强通过自己的心腹，暗中串联大部分司机，或找借口不执行国民党当局的命令，或消极怠工，有效地打乱了国民党当局的部署。10 月 14 日，经过中共中央华南分局和粤桂边党委的策反，国民党六十二军警卫营营长邱德明毅然率直属部队起义。事前，林景智按照市工委的指示，安排马自强提前弄"坏"汽车，并请假到西营的大资本家黄衡初家里藏了七八天，后又转移到新村林景智家住了十几天。因此，当敌人急调汽车中队去配合镇压起义时，二十几台汽车被破坏，全部不能开动，使敌人镇压起义的计划不能实施，为起义部队成功转移争取了时间。六十二军直属部队起义后，马自强没有暴露，林景智请示林石，安排他返回汽车中队。12 月初，湛江解放在即，这时马自强担心前途莫测，产生了动摇。林景智及时将情况向林石作了汇报，并根据工委的指示，继续做马自强的工作，承诺湛江解放后将保留他原薪、原职，汽车中队的人、车仍由他管，终于打消了他的顾虑。湛江临近解放的关键时刻，他带领司机先后多次把 20 多台汽车的分火盘、轮胎、马达、油管等重要零件大部分拆卸下来，连同 1 台 15 瓦电台一起，送到新村林景智家藏起来，敌人南逃海南需要汽车时，这些汽车却变成了一堆废铁。湛江解放后，汽车中队的 30 多名官兵连同 20 多台完好无损的汽车一并由南路军分区接收。

策反国民党湛江市自卫大队。历史的经验表明，政权更迭前后时期，往往会出现社会秩序混乱、坏人乘机浑水摸鱼、老百姓遭殃的现象。湛江市工委决心不让这种局面在湛江解放时出现。为此，湛江市工委在市郊克初成立有 170 多人的湛江市治安大队的同时，开展了对国民党湛江市自卫大队的策反工作，以利用他们维护市内治安。国民党湛江市自卫大队有三个中队，两个中队同大队部驻赤坎，一个中队驻西营。成员大多是本地人，大队长陈纪元是雷州人，中队长黎振伦、中队副黎德昌都是楼下村人。市工委决定利用同乡关系做他们的工作，分别通过统战对象——

原国民党湛江市参议会议员、潮满区副区长黎静齐做陈纪元的工作，通过黎世昌做黎振伦和黎德昌的工作。经过细致的思想工作，陈纪元答应配合市工委策应解放湛江，黎振伦和黎德昌等人也表示合作。市工委对他们布置了两项工作：第一，动员尽量多的部属不跟国民党逃跑；第二，维持好湛江市社会秩序，重点做好保护重要机关、仓库、报社、电厂和其他重要工厂的工作，严防抢劫、杀人事件发生。自卫大队按湛江市工委的布置做好相关工作。他们对国民党当局下达的任务采取拖延办法，还故意把队员分散到各个区驻扎，使国民党当局要求执行任务时队伍无法集中。在湛江市即将解放的关键时刻，他们对维护社会秩序和治安起到了积极的作用。解放后，自卫大队100多人以及他们携带的枪支、弹药及军用物资，全部由南路军分区接收。

策反国民党湛江市警察局警员。湛江解放前夕，国民党湛江市警察局有警员六七十人，局长是吴川人，其秘书姓谭。市工委通过统战对象彭庆廉之兄彭庆征开展策反工作。彭庆征与谭秘书是同乡，关系比较好。市工委通过彭庆征做谭秘书的工作，再通过谭秘书做警察局局长的工作。该局长起初答应留下来，不跟随国民党逃往海南，但几天后又动摇了，悄悄去了香港。但他走之前明确交代，局里一切事务由谭秘书代理。局长跑了，为防止特务乘机搞破坏，市工委立即通知谭秘书务必保管好警察局的档案材料、武器弹药，要求他组织警员协同自卫大队上街巡逻，维护社会秩序，保护机关、仓库等重要设施。谭秘书完全按照市工委的要求去做，担当起组织警员维护治安的责任。解放后，该警察局除个别人逃跑外，大部分人由市公安局接收，市公安局同时接收了该局所有的档案材料和武器弹药。

策反国民党六十二军一五一师、一五三师谍报队和情报组人员。这是一项很危险的策反工作，稍有不慎就会造成不可挽回的损失。市工委特地选派立场坚定、灵活机智的陈华镇、潘铨两同志，通过早前从敌人内部争取过来的谍报队组长黄通的介绍，分别打入国民党六十二军一五一师谍报队和一五三师谍报队。两人都是单线联系，互不发生横的关系。为取得敌人的信任，市工委故意拟过几次假情报，让潘铨报送敌人。通过陈华镇、潘铨两同志，市工委不但获取了敌人有关捕人、扫荡以及特务组织情况等大量情报，还营救了被捕的同志，成功策反了一五一师谍报队队长陈华南，使他与国民党决裂，率谍报队30多名队员自动缴枪。此外，通过攻心战转化过来的市警察局刑警队员林均洤，成功策反了国民党湛江市政府情报组组长、原国民党粤桂南区清剿总指挥部谍报队队长黄达潮，通过他了解了敌人多方面的情报，利用他的职权搞到了几批枪支。更重要的是，通过他获取了国民党撤退时潜伏在湛江市的一批特务名单。湛江解放后，根据这份名单，将这批特务全部逮捕归案。通过拉出来、打进去的方法，市工委成功地将国民党军统的外围组织子午社东海分社的负责人黄美贺策反过来，然后通过他的介绍，派出许敏超、张华生、陈诗轩、张达斌等四位同志，分别打进了子午社西营（今霞山）、赤坎两个分社。经过许敏超等四位同志的工作，市工委基本掌握了子午社内部的情况，并控制了湛江子午社社长李树德。湛江解放时，子午社的档案材料完整地由湛江市公安局接收。另外，市工委还成功地策反了国民党湛江市党部组织干事陈诚、赤坎分部书记苏国鎏，基本掌握了国民党在湛江市的组织情况。湛江解放时，陈诚交出了国民党湛江市党部的所有档案和材料。

做好黎湛铁路建设工程人员的思想稳定工作。湘桂黔铁路是孙中山先生"实业计划"的一部分。该铁路全长3270余千米，其中黎湛段粤境长89千米。粤境工程处于1947年成立，拥有工程师和工程队人员200多人。至1949年上半年，该路段的勘探、测量、定位、设计和施工图的绘制已全部完成，并筹备了水泥、钢材等一批材料。为争取工程处的技术人员，保护好工程图纸、资料及建材为新中国服务，市工委专门安排林景智和正义中学教师、工程师林元庆和陈秋保、林熙保等分头找在工程处工作的熟人、朋友钟晋祥等人（其中有总工程师、总队长以及一般工程师和技术工人）谈心，宣传党的政策，动员他们不要跟国民党走。由于思想工作做得好，湛江解放时，工程处的大部分工程技术人员都留下来参加新中国的建设，有关图纸、资料、器材也都一并献给了国家。他们的大部分人员除参加解放海南的支前工作外，还参加了黎湛铁路和天成铁路的建设。在解放初期工程技术人员十分紧缺的情况下，他们成了新中国铁路建设的骨干力量。他们保存的图纸、物资对黎湛铁路的快速建成起到了重要作用。

保护好湛江发电厂。这是湛江市唯一一间电厂，其发电量供应整个湛江市的工业、商业、居民用电。市工委决定无论如何都要保护好这间电厂，为此安排了市工委委员陈以大、林石专门负责该项工作。陈以大主要做厂长吴彬的工作。吴彬是与地下党有多年联系的民主人士。他已接到了国民党当局要他炸毁电厂逃往台湾的通知，还收到已跑到香港的反动分子劝他去香港的信，但经过陈以大做思想工作，他不仅没有离开湛江，还协同电厂工人做好护厂工作。林石通过游击小组组织工人成立护厂队，日夜巡逻，对电厂的重要车间还组织专门小组护守，防止特务破坏。由于上层和下层的工作同时进行，互相配合，电厂完好无损地保存下来。湛江市解放时，电厂保持正常运营，城市灯火通明，各商店照常开门营业，各工厂正常生产，社会秩序井然。敌人撤退时，妄图把湛江市变成漆黑一片的"死城"的阴谋彻底破产。

第八节 军民并肩战斗，解放湛江

1949 年春，国民党当局从广州增调第六十二军到湛江市，对湛江市和雷州半岛进行残酷的清剿，为国民党华南军队南逃海南岛作准备。同年 8 月，国民党广州绥靖公署改为华南军政长官公署，统一指挥广东境内的海、陆、空国民党军。为保障其经粤桂边区逃往海南岛的通道，特将三个师约 1.1 万人的兵力分驻高雷地区，并重点布防于遂溪、湛江、廉江一带。

1949 年 10 月，中国人民解放军为彻底消灭蒋军残敌，挥戈南下。26 日，第二野战军第四兵团追歼国民党军到达阳江白沙地区，围歼刘安琪兵团四个军后，迅速向粤西挺进。11 月，粤桂边纵队配合南下大军在廉江和钦州一线分别歼灭国民党正规军白崇禧集团军残余兵团。12 月初，解放徐闻和海康。盘踞在湛江市的国民党六十二军处于被包围之中。为逃避被歼灭的厄运，国民党六十二军企图逃窜海南岛。

为截断国民党六十二军南逃的退路，配合南下大军早日解放海南岛，12 月 7 日，粤桂边党委在廉江召开边区党委和部分地委、支队、县委及解放军野战军驻高雷部队负责人联席会议。会议决定：做好配合南下大军解放湛江市的战斗准备；组织群众捐粮、筹款、筹物，组织担架队、向导队、纠察队、汽车运输队，设立茶水供应站等；发动群众保护工厂、桥梁、公路和重要建筑物，维护城市治安秩序，组织入城接管委员会等。会议结束后，南路军分区派出人员深入市区侦察地形，了解敌情，绘制地图，拟订作战方案，同时加紧进行战前练兵、准备弹药和其他战斗物资。中共湛江市工委按照会议决定，带领党员干部深入西营周边农村，宣传和发动群众做好配合战斗的准备。

19日凌晨3时，解放湛江市的战斗打响。粤桂边纵第六支队第十六团从左翼沿菉塘、海滨一线进攻，并负责攻打国民党湛江市海关（长桥码头入口处），阻击下船逃跑的敌人；第十八团经松林公园（今霞山儿童公园）直插市区；第十七团沿洪屋街一带从右翼包抄敌人。国民党六十二军遭打击后，向长桥码头方向且战且退，三个师连夜登上军舰，留下一五三师四五二团和四五八团三个营作掩护，据守西营法国东方汇理银行大楼、国民党湛江市政府大楼、六十二军军部、国民党湛江市海关楼、京华酒店、南天酒店等建筑物。战斗持续到中午，左翼部队打下敌人据点天主教堂后，国民党湛江市政府大楼和六十二军军部的敌军凭借坚固楼房顽强抵抗。由于地方武装部队缺少重武器装备，进攻一时受阻。这时，中国人民解放军第四野战军第四十三军第一二八师第三八四团（中国人民解放军〇一四八部队第三支队）得知攻打湛江市的战斗打响，从北海地区（今属广西）急行军赶来参加战斗。他们抵达湛江市赤坎后，首先收缴国民党湛江市警察局200余人的枪械，然后跑步疾奔西营（赤坎与西营之间有12千米路程）。野战部队发扬不怕牺牲、不怕疲劳和连续作战的作风，向西营的国民党守军发起猛攻。镇守在西营西北面一带的敌军，在强大火力的威胁下，被迫退至法国东方汇理银行大楼。野战部队利用迫击炮和自动步枪打击、封锁敌人的火力窗口。南路军分区第六支队第十八团也冲到松林公园附近，用火力封锁敌人，配合作战。在火力掩护下，解放军冲入银行大楼，经过激烈的肉搏战，终于消灭了这个据点的国民党守军，继而围歼国民党湛江市政府大楼、六十二军军部、海关楼之守国民党军。据守京华、南天两酒店的国民党军成为孤军，解放军与国民党军逐楼争夺，战斗甚为激烈。经过多次进攻，直到 19 日晚上 9 时，国民党军才放下武器投降，湛江市宣布解放。

这次战斗，毙国民党军 500 多人，俘国民党军 700 余人，缴获大批军用物资和档案。中国人民解放军第四野战军第四十三军第一二八师第三八四团副连长胡玉、排长刘成林、班长李怀臣等 30 多名指战员光荣牺牲。

在解放湛江的战斗中，菉塘、新村、楼下、陈铁、西厅、调罗、坛上、深田、后坑、南山、后洋、黄西、蓬莱、边坡、石头、坛下、木兰等村党支部、农会、妇女会，积极发动群众参加运输队、担架队、后勤服务队，烧水做饭，救护伤员，搬运弹药，同游击队、人民解放军并肩作战，为解放湛江市作出了积极的贡献。

第六章

发展之路　续创辉煌

第一节 区域的建设与发展

一、地方政权的建立与改革

霞山原属雷州府遂溪县广州湾岸边一个小渔市，史称海头汛。1898 年，法军强占广州湾，在东海湾西部建兵营，史称西营，派兵驻守，对广州湾（含西营）实施近半个世纪的殖民统治。1946 年，国民政府收回广州湾后设立湛江市，西营（今霞山区）属湛江市辖下一个区。1949 年 12 月 19 日，湛江市解放，西营回到了人民怀抱中。

中华人民共和国成立后，霞山的管辖经过多次变革。1949 年 12 月 20 日，湛江市军事管制委员会成立，中共南路地委书记、中国人民解放军南路军分区政委刘田夫任主任，全面接收原国民党湛江市政权。在中共中央华南分局的领导和全市各界人民的支持下，经过 3 个月的努力，顺利地完成了对旧政权的接管工作。

1950 年 1 月 1 日，西营各界人民在中国大戏院（今东风电影院）集会，热烈庆祝湛江解放暨解放后的第一个元旦。同月，湛江市军管会设立西营办事处（军管会的派出机构），办公地址在逸仙南四路 1 号，办事处主任韩天达。是年 3 月，湛江市召开中共党员代表大会，成立中共湛江市委员会，方华任湛江市委第一书记。4 月，市军管会西营办事处撤销，成立湛江市西营区人民政府，周明任代区长。西营区人民政府办公地址在逸仙南四路 1

号。区政府隶属湛江市人民政府，下辖东堤、延安、逸仙、洪屋4个街道办事处和调东、特呈、麻斜3个乡。湛江市军事管制委员会和湛江市人民政府成立后，采取了一系列措施，稳定社会和市场秩序，全力保障人民生活需求，全面展开西营（现霞山区）的基层建设工作。在区政府的领导下，1950年4月至1953年9月，各街道完成镇压反革命、民主建政、"三反""五反"等任务，农村完成清匪反霸、土地改革。同时，区政府积极组织船工，筹备船只、军粮，支援人民解放军解放海南岛。1951年1月16日，湛江市人民政府召开首次市政建设会议，讨论通过市政建设第一步工作规划，同时成立湛江市政建设委员会办事处，沈斌为主任。1953年9月，西营区人民政府撤销，其管辖的麻斜乡、调东乡划归潮满区，特呈乡划归雷东县管辖，4个街道办事处归市政府直辖。

1958年6月，"西营"改称"霞山"。同月成立湛江市人民委员会驻霞山办事处，白波任主任，办公地址在民治路124号。湛江市人民委员会驻霞山办事处下辖洪屋（原东堤、洪屋）、解放（原延安、逸仙）、和平（1958年成立）、水上（1953年成立，1960年撤销）4个办事处，将郊区划归的龙起坑、霞山、兴隆、龙画、石头村改为农副业大队。同年，撤销雷东县，特呈岛并入湛江市郊区。

1960年6月1日，霞山人民公社（为政社合一体制）成立，李汉英任主任。当时霞山人民公社仍然挂湛江市人民委员会驻霞山办事处牌子，隶属湛江市人民委员会领导。根据湛江市人民委员会的决定，驻霞山的市直属机关、工厂、企事业单位划归霞山人民公社领导。公社划分为洪屋、解放、和平、铺仔、新村、学校、机关等7个管理区。1962年7月，霞山人民公社进行调整，原驻霞山的市直属机关、工厂、企事业单位回归原上级机关领导，霞山人民公社只管辖洪屋（1966 年改称爱国）、解放、和平（1966 年改称工农）3 个管理区，以及龙起坑（1966 年改称高峰）、霞山、兴隆（1966 年改称东进）、龙画（1966 年改称新港）、石头等 5 个农副业大队。

1963 年 7 月，湛江市人民委员会任命赵有臣为市人民委员会驻霞山办事处主任，1966 年 5 月至 1967 年 7 月，刘书德为主任。此期间虽然挂湛江市人民委员会驻霞山办事处和霞山人民公社两个牌子，但只有一套人员。1966 年 5 月 16 日，"文化大革命"开始，湛江市人民委员会驻霞山办事处和霞山人民公社工作机构逐步陷于瘫痪半瘫痪状态。

1967 年 3 月，撤销霞山人民公社，成立霞山区军事管制委员会，隶属湛江市军事管制委员会领导，陈清喜、李金辉、刘殿基、于炖厚任主任，办公地址在民治路 124 号。

1968 年底，撤销湛江市霞山区军事管制委员会，成立湛江市霞山区革命委员会，于炖厚任主任；1970 年 3 月至 8 月，周明任主任；1970 年 11 月至 1971 年，吴学文任主任；1971 年初至 12 月，李发民任主任；1971 年 12 月至 1978 年 1 月，沈坚任主任；1978 年 4 月至 1980 年 11 月，刘书德任主任。革命委员会是党政合一的政权机构。区革命委员会机关下设 4 个组——政工组、生产组、保卫组、办事组，下辖解放、爱国、工农 3 个管区和高峰、霞山、东进、新港、石头 5 个农副业大队。1970 年 8 月 19 日，经湛江地区革命委员会批准，湛江市驻霞山的企事业单位以及湛江市郊区管辖的海头公社划归霞山区革命委员会统一领导。霞山区革命委员会机关设 4 个组：政工组、生产组、保卫组、办事组。办公地址迁到人民路 13 号（原市手工业局大楼）。各组根据工作需要都设有一个或多个办公室，如政工组下设政工、组织、宣传、教育 4 个办公室。霞山区革命委员会接管湛江市驻霞山企事业单位以及海头公社之后，开展各项工作有一定的难度。1971 年 12 月，经湛江地区革命委员会批准，原市驻霞山的企事业单位回归原上级机关领导。1973 年 3 月恢复湛江市郊区，海头公社划归郊区领导。霞山区革命委员会机关共设置 11 个科室：两委办公室（中共霞山区委办公室、霞山区革命委员会办公室）、组织科、宣传科、工业科、农业科、城建局、卫生科、教育科、民政科、街道工作办公室、人民武装部。1977 年 9 月，根据湛江市革命委员会的决定，霞山区管辖的 5 个农副业大队和湛江市郊区管辖的海头公社的 5 个农业大队、湖光公社的 2 个农业大队合并成立霞山区蔬菜人民公社，隶属霞山区革命委员会领导。霞山蔬菜人民公社办公地址在霞赤西二路（今椹川大道南西二路市蔬菜公司加工厂大院内）。公社下辖高峰、霞山、东进、新港、石头 5 个农副业大队，平乐、菉塘、新村、南丰（后分为南下、坛头坡、东山、南山 4 个大队）、宝满（后分为宝满、仙塘大队）、北月、木兰 7 个农业大队。1980 年 2 月，湛江市革命委员会决定，撤销霞山区蔬菜人民公社，成立霞山区蔬菜办公室。蔬菜人民公社管辖的 5 个农副业大队划归霞山区革委会领导，11 个农业大队划归海头公社管辖，海头公社管辖的炮台农副业大队划归霞山区革委会管辖。

1980 年 9 月，经广东省委批准，成立中共霞山区委员会。同年 12 月，撤销霞山区革命委员会，成立霞山区人民政府，隶属湛江市人民政府领导，办公地址在民治路 124 号。区政府设置 12 个委、办、科、局，辖 5 个街道办事处 36 个居民委员会。1980 年 9 月至 1983 年 10 月，黎浩连任区长；1983 年 10 月至 1984 年 8 月，蔡文森任区长。

1983 年 9 月，湛江进行机构改革，撤销湛江地区建制，湛江市改为省辖地级市，实行市领导县新体制。是年 10 月，湛江市人民政府重新任命霞山区人民政府主要领导，区政府隶属市人民政府领导。区政府办公地址由民治路 124 号迁至人民二路 12 号（今人民大道南 42 号）。是年 11 月，霞山区增设海滨、大庆 2 个街道办事处。

1984 年 6 月 25 日，广东省人民政府批准霞山区为市辖区的县级政权建制，同时，将湛江市郊区管辖的海头区公所及属下的特呈岛等 9 个乡划归霞山区。是年 12 月 18 日，湛江市霞山区第二届人民代表大会召开，选举李运发为区长，霞山区下辖解放、爱国、工农、港区（1986 年更名为友谊）、海滨、大庆（1987 年更名为新兴）6 个街道办事处和 1 个农业乡——海头乡。

1999 年 10 月 18 日，区政府办公地址由人民二路 12 号（今人民大道南 42 号）迁至解放西路 22 号。2000 年，区政府设置工作机构 23 个，下辖 1 个镇和 6 个街道，即海头镇政府、爱国街道办事处、工农街道办事处、解放街道办事处、海滨街道办事处、新兴街道办事处和友谊街道办事处，54 个居委会，32 个行政村。

2018 年，霞山区辖 10 个街道办事处，38 个社区（居）委会，33 个村委会，64 个自然村落。全区户籍人口 37.93 万人，常住人口 43.69 万人。

二、支援解放海南岛

1949 年 12 月 19 日，湛江市解放，标志着粤桂边战役胜利结束和粤桂边区全境解放。原盘踞在粤桂边区的国民党军队部分残余势力纷纷逃往海南岛。国民党广东省政府主席薛岳受蒋介石的指令逃到海南岛，成立以薛岳为司令的"海南岛防卫司令部"。盘踞在岛上的国民党军队有 5 个正规军 19 个师 70 多个团，另有海军第三舰队 50 余艘大小舰艇、一个空军大队 20 余架飞机及地方保安部队，总兵力 10 余万人。薛岳为挽救其覆灭的命运，构筑所谓的"伯陵防线"（薛岳字伯陵，故称其防线为"伯陵防线"），以一部分兵力向岛上中国共产党领导的琼崖纵队根据地发动围攻，以主要兵力进行海陆空立体防御，在与雷州半岛隔海相望的海南岛北岸重点设防，企图以琼州海峡之险阻止解放军解放海南岛，达到其长期盘踞海南岛的目的。毛主席和中央军委洞察敌人阴谋，于当年 12 月即命令中国人民解放军第四野战军第四十三军和第四十军组成渡海作战兵团，由第十五兵团司令员邓华、政委赖传珠统一指挥，"争取于春夏两季内解决海南岛问题"。第四野战军渡海兵团于 12 月陆续进驻雷州半岛及沿海地区，开始紧张地做好渡海作战的准备。

1949 年 12 月，中共南路地委根据中共中央华南分局《关于支前工作的决定》和《关于支援海南作战的决定》，成立南路支前司令部，李进阶任司令员，政委刘田夫，副政委温焯华，副司令员兼参谋长陈开濂。司令部下设参谋、供给、船舶、运输等 4 个处，分管各项支前工作。在各港口、交通要道成立供给站、仓库等。各市、县也相应成立支前司令部，加强对支前工作的具体领导。湛江市支前司令员陈以大，政委黎江，副政委梁立、周明，参谋林为友。市所属的区也成立支前司令部或指挥部，各乡成立支前指挥所，分别由区委书记、区长和乡党支书、乡长负责。潮满区的负责人是林梓祥，新鹿区的负责人是冯清。各级支前机构成立后，征集船只，动员民兵、船工，筹集粮草、钱物，修筑公路，指导海上训练等各项支前工作有条不紊地进行。

国民党军队撤到海南岛时，在雷州半岛及粤桂边沿海地区强抓壮丁，对雷州半岛沿海渔业生产进行破坏和摧残，强征或烧毁船只。雷州半岛渔民为逃避国民党的破坏将渔船沉入海底。各级支前司令部及船只管理处，把征集船只（当时只是木质船）和动员船工、民兵修理船只作为首要任务。大批渔民群众在旧社会深受压迫和剥削，痛恨国民党及其军队，对中国共产党及其领导的军队充满深厚的阶级感情。看到解放军要解放海南岛，渔民群众主动做好支前工作。

新鹿区委负责联系调罗、北月、仙塘、临海等陆上村庄，潮满区委负责联系菉塘、平乐、龙潮等村庄，滨海区委负责联系麻斜、南三、特呈等村庄，各区按照分工，组织人员进村入户动员群众有船出船，有力出力，尽一切力量支援南下大军解放海南岛。支前司令员陈以大是调罗村人，他回到本村发动渔民群众，征集到渔船30多艘，在仙塘村征集到船只20多艘，召集两村船工100多人。在特呈岛征集到渔船40多艘，召集船工70多人。损坏的船只集中在上述3个村进行修理。新鹿区委、潮满区委在做好船只征集工作的同时，发动群众征收地主的粮食，组织群众给解放军运粮，同时运送大量稻草、饲料给驻军马队喂马。

南下大军多数是北方人，不习水性，船只在风浪中颠簸，战士们晕船、恶心、呕吐。为适应海上作战，提高部队战斗力，解放军进行紧张的海上练兵。特呈岛、菉塘等村从事渔业生产的大部分渔民停止出海打鱼，自愿把船只交给解放军训练，有的村民还协助解放军进行海上训练、熟悉水性，有的村民当了舵手和教练，传授驾船、掌舵、泅水、抗浪等技能，有的村民日夜赶修船只。村民不计得失，不讲报酬，有的带病工作，为支援解放海南岛贡献力量。

当时支前的交通运输主要靠海运和陆运。海运主要是运粮，运大炮、弹药和部队。海上运输危险性很大。有一次船民从西营运粮到海康，在途中被敌机发觉，敌机对船只进行扫射轰炸，船民凭着熟练的驾驶技术躲过了敌机的袭击。敌军在湛江败退时，大量毁坏各种交通运输工具，剩下两艘驳渡船勉强可开行，由共产党员林海负责管理、驾驶。解放军炮兵一师的大炮从东营运到西营，全靠林海驾驶的驳船。当时国民党飞机经常盘旋扫射，封锁海湾。炮兵为避免敌机发觉，日间在林荫处隐蔽，夜晚才开船运输。林海一连几个月忙个不停，生病了也不肯休息，硬是把一个炮兵师的大炮、弹药和人员安全地运到西营，顺利完成任务。

湛江市是支援解放海南的大后方，渡海作战之前，许多粮食、物资都集中在湛江市。特别是从阳江、阳春、电白、水东等地运来的粮食等货物大都经西营转运。经常有大批运粮船停泊于西营码头。当时国民党飞机经常轰炸粤西地区，很多外地搬运工人逃离码头。这时负责运输工作的支前参谋林为友，同原搞地下工运的黄文海、杨慧等一起，发动霞山、龙画、兴隆、菉塘、新村、龙登等村群众500多人承担搬运工作。

1950年2月23日，在运粮过程中，出现解放军某部战士误杀仙塘村两名船工的事件。某部战士李吉恩奉令由西营押船到水东运粮，于深夜开船。因风大浪急，船只颠簸，李吉恩晕船，便入船舱休息，不知不觉睡着了。船行至离西营约13华里时，舵手陈绍伟（仙塘村人）发觉行错路线，马上将船头掉转，又见潮水将落（退潮），继续前行有困难，遂叫醒李吉恩，说将停船待天明再走。李吉恩因语言不通（他是东北哈尔滨人，听不懂陈绍伟的解释），便鸣枪想与其他船联系，但未联系上。李吉恩误以为船工设骗局，耽误军机，遂开枪将陈绍伟击倒。另一船工陈秋生放下竹竿（撑船用），向李吉恩走来，李吉恩疑为抢枪，又开枪将陈秋生击倒，两名船工被错杀。事件发生后，各级领导极为重视。3月19日，湛江市军管会、警备区司令部职工总会筹备处、船工会、教联、妇联以及新鹿区政府、各机关团体代表在仙塘村召开审判大会，由仙塘村人民代表及湛江市军管会、警备区司令部及野战兵团后勤部的代表共同组成的临时军事法庭公开审判李吉恩。审判大会上，让军事法庭意料不到的是，两位死者亲属以及仙塘村全体群众、船工代表均起来为李吉恩讲情，一致要求免除李吉恩死刑。他们均表示："已死了两个，不要再死第三个。错杀的是自己人，现在要杀的又是自己人，亲者痛，仇者快。海南还未解放，要让李吉恩在作战中戴罪立功。"同时，陈绍伟的母亲和几个老太太冲上前去，不顾押解李吉恩的战士阻拦，把李吉恩身上的绳索解开。陈绍伟的母亲拍拍自己的胸膛，又拍拍李吉恩的胸膛。李吉恩极为感动，噗地跪倒在老人家面前，要求认她做母亲。老人家把他扶起来，认下了这个儿子。临时军事法庭再度开会商量后宣判免除李吉恩死刑，改罚做苦工，并由政府从优照顾死者亲属。老人家把干儿子李吉恩带回家里休息。李吉恩对老人家说："我一定在解放海南岛战役中立功，回来报答仙塘村父老乡亲的恩情。"这件事反映了仙塘村父老乡亲的宽宏大量，体现了军民鱼水情和老百姓对人民军队发自内心的关怀爱护，这是人民军队始终立于不败之地的力量源泉。

湛江刚解放时，经济非常困难，支前的粮食一方面靠没收地主的，另一方面，党组织动员一些开明人士捐献粮食、钱、物。人民解放军入城时，在战斗中牺牲的战士，支前司令员陈以大亲自动员开明商人陈正业（北月村人）捐出1500元港币解决牺牲战士的埋葬费用，还争取统战对象林常（新村人）资助支前。林常把自己的小商店转卖给别人，将所得2000多元（光洋），连同抵押店铺借的2000多元（光洋）拿来购买汽油及物资送给支前司令部。这种无私奉献精神得到支前司令部和人民群众的高度赞扬。

邻近西营的菉塘、新村、调罗、陈铁、特呈等村妇女主动组织起来，她们除了担负繁重的家务外，积极主动地帮助磨米、献柴火、煮饭、烧茶水送给解放军，踊跃参加支前工作。这些妇女经过支前工作的锻炼，思想觉悟得到了提高，支前工作结束后，她们有的参军剿匪，有的进学校学习，有的加入党组织，成为革命骨干。

在广大渔民、船工、民兵、妇女、群众的支援下，经过几个月的渡海作战准备，1950 年 3 月初开始，解放军四十军和四十三军分四批共七次渡海登陆海南岛，摧毁敌军的"伯陵防线"。在岛上的琼崖纵队接应、配合下，解放军乘胜追击，至 4 月 30 日歼灭海南岛南端三亚等地残敌。5 月 1 日，海南岛宣告解放。

在支援解放海南岛的战役中，霞山区涌现出许多渡海功臣。特呈岛的陈冼桂、陈那如、陈振伦、陈定聪、陈冼福、陈吴进、陈仲、陈桂，平时在村里以驾船出海捕鱼为业，在解放海南岛战役中，协助解放军驾船横渡琼州海峡，英勇地完成任务，被中国人民解放军第四十三军授予渡海功臣称号。

三、土地改革与农业合作化

中华人民共和国成立后，按照《中国人民政治协商会议共同纲领》的规定，国家要"有步骤地将封建半封建的土地所有制改变为农民的土地所有制"。1950 年 6 月 28 日，中央人民政府委员会第八次会议通过了《中华人民共和国土地改革法》，从此，一场轰轰烈烈的土地改革运动在全国兴起。

湛江市从 1950 年 12 月 11 日开始在新鹿区搞土改试点，到 1951 年 5 月，试点工作结束，于同年 6 月在全市农村全面铺开。至 1952 年 10 月基本结束评划阶级、分配土地的工作。同年 11 月 8 日开始，在全市进行土改复查，至 1953 年 5 月结束。湛江市的土地改革，经过土改工作队和农民群众的共同努力，历时两年半，胜利地完成了这场伟大的变革。

今属霞山区的百儒、溪墩、蓬莱、仙塘、宝满、调罗、北月、木兰等村，在土改时属新鹿区。

新鹿区的土改试点工作，以北月、旧县两村作为重点村。试点工作于 1951 年 5 月底结束。全区 14 个行政村，已进行和完成土改的有 11 个行政村，人口 22535 人，其中农业人口 21623 人，可耕地面积 69712.48 石产量（当时以产量折土地面积）。共没收、征收土地 38706.75 石产量，耕牛 107 头，大小农具 298 件，粮食 7529 担，房屋 661 间。11 个行政村有 16461 名农民分得土地，占总人数的 72.78%，每人平均有 3 担谷产量的土地（约 1 亩）。农民分得土地后，生产积极性空前高涨，生产力蓬勃发展。

土地改革时期，今属霞山区的菉塘、新村、后坡、屋山、楼下、后洋、陈铁、西厅、岑擎、东纯、深田、后坑、黄西、边坡、调丰、深田仔、坛上、坛坡、南山、东山、南柳、霞山、坎坡、兴隆、龙画、石头等村属潮满区。

潮满区的土改工作于 1951 年 6 月 13 日开始，由区委书记兼区长林梓祥以及土改队队长马世源负责。1952 年初，林梓祥调入市区工作，潮满区委书记、土改队队长由马世源兼任。工作队队员共有 111 名，包括：分队部 7 名；第一分队 31 名，其中负责聂村乡 10 名，大塘乡 14 名，调塾乡 7 名；第二分队 36 名，其中负责草苏乡 12 名，龙潮乡 8 名，菉塘乡 12 名，西厅乡 4 名；第三分队 37 名，其中负责南山乡 13 名，陈铁乡 11 名，新村乡 3 名，霞山乡 10 名。

潮满区的土改工作按照三个步骤（三个阶段）进行。

"依靠贫雇农，团结中农，中立富农，有步骤有分别地消灭封建剥削制度，发展农业生产"，是党的土改路线。土改队队员深入农村访贫问苦，选择作风正派的贫雇农作为土改根子，与他们"三同"（同吃、同住、同劳动），建立贫雇农小组，以村为单位成立贫雇农主席团，选择能吃苦、作风正派、阶级觉悟高、立场坚定的土改根子担任主席团成员，组成以贫雇农为骨干、有广大农民群众参加的农民土改队伍，同时建立和健全农会、妇女会、民兵、儿童团等群众组织。

划分阶级，分配土地。这个阶段工作是土改的关键。土改队执行"先划阶级，后没收、征收土地，再进行分配土地"的方针。在划分阶级时，"先划地富，后划贫雇"，"先自报，后评议"，"填表登记、上级批准，三榜（初榜、二榜、决榜）公布"。

至 1952 年夏秋之间，潮满区全区总户数 8467 户，划分阶级结果如下：地主 374 户，占总户数 4.42%；富农 131 户，占1.55%；小土地 119 户，占 1.41%；中农 2482 户，占 29.31%；贫农 4768 户，占 56.31%；雇农 312 户，占 3.68%；自由职业 48户，占 0.57%；小商贩 59 户，占 0.70%；工商业 19 户，占0.22%；其他 155 户，占 1.83%。

潮满区按照上级的部署，于 1952 年 11 月下旬开始进入土改复查阶段，并于 1953 年 5 月结束。1953 年夏秋之间全面完成该区土改任务。

土地改革后，广大农村实现了耕者有其田，农民的生产积极性空前高涨。但当时的农业，抗御自然灾害和大规模生产的能力仍很薄弱。为了改变这种状况，湛江市委、市政府按照党和国家政策对农村进行社会主义改造，引导农民走集体化的道路。

成立农业互助组。1951 年 10 月，新鹿区开始试办临时互助组，以帮工为主要形式，解决部分农户缺乏劳动力和生产资料的困难。1952 年，新鹿区成立互助组 308 个，其中常年互助组 25个，临时互助组 283 个。当时属新鹿区今属霞山区的石头、百蓬、宝满和北调等乡，成立临时互助组 24 个，参加互助组农户 190户。临时互助组多为临时拼凑，缺乏经验，管理又不完善，不久就自行解散。常年互助组基本是由共产党员、共青团员任组长，带头到户串联，农民自愿参加，评工记分，等价互利，民主管理，因此能坚持下来，为试办农业合作社打下了基础。

1953年2月15日，中共中央制定《关于农业互助合作的决议》。是年，中共中央华南分局作出《整顿现有互助组的指示》，对已成立的农业互助组进行整顿，解散一批，巩固大批。经过整顿和落实有关政策，互助组得到健康发展。1953年底至1954年1月，新鹿区与潮满区农村互助组已发展到683个，参加互助组农户12892户，占农户总数的82%。时属潮满区今属霞山区海头街道的农村3718户，成立互助组165个，参加互助组农户2974户，占农户总数的80%，基本上实现互助合作化。

1953年12月16日，中共中央发出《关于发展农业生产合作社的决议》后，市委和新鹿区委以云坡乡云脚村彭益扬常年互助组为基础试办农业生产合作社。1954年3月2日，该社召开第一次社员大会，选举社长、副社长和社委委员，通过农业生产合作社章程，宣布云坡乡云脚农业生产合作社成立。这是市郊第一个农业生产合作社。农业社以生产队小组为单位，统一安排，集体劳动，评工记分，按工分计酬分配。当年试办的农业生产合作社，粮食生产获得了丰收，社员收入增加，生产合作社还办起托儿所，很受农民欢迎。

1954年3月，湛江市委、市政府在总结试办农业初级社基本经验的基础上，在市郊已建成农业生产初级社29个（其中今属海头街道的10个），入社的农户1173户，人数4600人，占郊区农户总数的6.49%，占总人数的6.45%。由于指导思想上贪多、贪快、贪大，办社的速度和规模已超过原计划，有些自然村提出"消灭单干户"的口号。加上分配政策不落实，干部作风不民主，经营管理跟不上，社员思想动荡不安，部分新建社有不少社员要求退社。市委、市政府根据中共中央《关于整顿和巩固农业合作社的通知》和中共中央华南分局提出的"停止发展，全面巩固"方针，对已建立的初级社进行整顿。经过半年时间整顿，农业合作化运动平稳地发展。

为响应党中央的号召，各级党委和政府开展纠正在农业合作化运动中的右倾错误，调整农业合作社的发展规划，加快实现农业合作化。是年底，市郊区对原市郊的 29 个农业生产初级社进行整顿、扩社，同时新办初级合作社 258 个。至此，市郊有初级社287 个（其中今属霞山区的农业初级社 112 个），入社农户 13881户，占农户总数的 75.01％，基本实现农业生产合作化。

大力推进合作社向高级化发展。至 1956 年初，今属霞山区的农村成立高级农业合作社 23 个，入社农户 5169 户，占农户总数的 95％，基本实现了高级合作化。高级合作社实行统一经营、统一核算、分级管理、按劳取酬和"三包"（包工、包产、包成本），建立奖罚制度，取消土地分红，生产资料归集体所有。

为适应农业生产合作化运动深入发展，农村基层党政领导机构也进行了调整。1956 年 3 月，撤销新鹿和潮满区委、政府（区公所），成立郊区党委和郊区工作办公室（后改为郊区办事处），统管郊区的党政工作。当时，郊区下辖 34 个乡党支部和乡人民政府。高级农业生产合作社也由 76 个合并为 34 个，其中今属霞山区的高级农业合作社 10 个。是年 11 月，34 个乡又合并为 14 个，高级社也合并为 14 个（今属霞山区的 4 个）。1957 年 5 月，乡合并为 6 个（湖光、新圩、中平、麻斜、海平、坡塘）。1958 年 2月，乡又合并为 4 个（湖光、中平、海平、坡塘），高级社仍保留 14 个，直至 1958 年 10 月组建人民公社前没有变动。

1958 年 9 月 30 日，根据中共中央《关于农村建立人民公社问题的决议》和广东省委《关于在农村建立人民公社的决定》，湛江市郊第一个人民公社——红光人民公社（是年 12 月改名湖光人民公社）率先成立。1959 年 5 月，红光公社分为湖光、海头（中平）、麻章 3 个公社。1960 年 6 月，霞山人民公社成立，原中

平乡所辖的石头、龙画、兴隆、霞山、坎坡、社坛、龙起坑等 12
个村庄划归霞山人民公社，入社人数 6450 人。至此，霞山全面完
成了公社化。

人民公社初期的体制内容有：一是"一大二公"，"五位一
体"，既是农村合作经济组织，又是社会主义政权基层单位；二
是由许多高级社合并而成，管辖范围比乡还大，是农村区域性的
组织；三是高度集中统一经营权力和管理职能（即统一安排，统
一指挥生产，统一调配劳动力和物资、财务统一收支，统一计算
分配）；四是按劳分配（工资制）与按需分配（供给制），其中供
给部分占八成；五是组织上实行军事化（把生产单位编为营、
连、排、班），行动战斗化，生活集体化。这种体制对组织广大
群众进行大搞水利建设起到积极作用。但是一跃而上的人民公社
脱离了当时的生产力水平和农民的思想意识，一度出现经营混乱、
平均主义严重问题，挫伤了群众的积极性。

1958 年，按照中共中央《关于农村人民公社若干问题的决
议》和广东省委《关于整顿巩固人民公社问题的指示》，建立和
健全公社三级管理机构，调整分配比例，解决公社权力过于集中、
分配不合理等问题。1959 年，贯彻执行中共中央郑州会议精神，
决定对生产大队实行"三定五放"，即定基本核算单位、定领导
人员、定计划任务，下放劳动力、生产资料、粮食、畜牧业、肥
料厂的生产管理权，切实解决基本核算单位从公社下放到大队的
问题。1960 年 9 月 30 日，中共中央又发出《关于贯彻执行中央
十二条的几项补充规定》《关于纠正"共产风"的二十七条政策
性规定》，霞山在全区开展以贯彻"十二条"为中心内容的整风
运动，清算退赔"共产风"所造成的损失，安排社员自留地，允
许社员搞家庭副业和小量开荒，以及开发农贸市场。1961 年，贯
彻《农村人民公社工作条例（草案）》（简称"六十条"）。把以

大队为核算单位调整为以生产队为核算单位，调低生产队的粮食负担，扶持社员家庭副业。

在体制调整的同时，对过大的公社、大队、生产队规模也作了调整。在经营管理上，坚持"继续以农业为主，以发展粮食为中心，农业与工副业并举"的方针。对社员实行定勤、定额管理，评工记分，恢复按劳分配制度，调动了社员的生产积极性，全区农业生产逐年增长。1965 年，海头公社粮食总产量达 5827吨，比上年增长 25.6%，糖蔗、油料及其他经济作物均有较大幅度增长。

霞山人民公社所辖的石头、龙画、兴隆、霞山、高峰 5 个蔬菜大队（又称农副业大队），均属城中村的农副业大队，所经营的农业生产是以种植蔬菜为主，鱼菜并举，发展多种经营，保障城市供应。1962 年开始，国家按城市居民待遇给社员（菜农）供应商品粮（月人均 23 市斤）和副食品。按照市政府下达的 1200亩蔬菜种植任务进行蔬菜种植，上交市蔬菜公司供应霞山区居民。体制下放后，蔬菜产量逐年增长。1965 年比 1962 年农业总产值增长 49.7%，渔业（淡、咸水养殖）总产值增长 3 倍，其他副业及经济作物也有较大幅度增长。

四、改革开放及新的发展时期

1978 年 12 月，中国共产党十一届三中全会胜利召开，吹响了改革开放和社会主义现代化建设的号角。霞山区紧跟时代的步伐，把工作重点迅速转移到经济建设上来，深化改革，扩大对外开放，利用区位优势，抢抓机遇，加速发展工业、商贸业和近郊农业，发展对外贸易，拓展发展空间，突破了发展瓶颈，促进了经济的全面发展。

工业方面

（一）不断夯实工业基础，实施工业强区战略

1984 年前，霞山区作为市政府的派出机构，主要任务是负责城市管理，为居民提供各项服务，因此，工业基础薄弱，全区乡、街工业企业仅有 30 多家，其中区直属厂企只有 11 家，包括小五金、机械维修、糖机配件、电器、日用化工、食品、建筑材料等。这些企业设备简陋，技术含量低，生产效益差。1979 年，全区工业总产值只有 1100 万元。1984 年 6 月，霞山区升格为县级建制市辖区，完善了职能配置，区委、区政府迅速把工作重点转移到抓经济，促发展上来。根据工业底子薄的实际，提出"调整、改革、整顿、提高"八字方针，深化改革，扩大企业自主权，调整工业产业结构，提高企业技术含量，提高产品质量，为企业发展夯实基础。工业企业实现了恢复性发展。1985 年，全区工业总产值 2149 万元，比 1979 年增长 95.36%。

20 世纪 80 年代后期，霞山区充分利用沿海开放城市的政策优势，开展横向经济合作，发展外向型经济，先后制定了《关于发展横向经济技术合作的优惠办法》《关于深化企业改革增强企业活力若干问题的决定》。先后与国内外一些有实力的企业进行经济技术合作，引进资金、技术和人才，1988 年，先后办起了天宝锡制品有限公司、霞山乳胶制品有限公司、新联电子有限公司、湛业纺织有限公司、霞港毛织服装有限公司、霞山帐篷厂等 10 多家外向型工业企业。1989 年，全区工业企业达 73 家，工业总产值 12378 万元，比 1986 年翻了两番多。1990 年全区乡、街以上工业企业发展到 88 家，不到 5 年，新开发 25 个产品，其中，电解电容、旅游帐篷、服装等产品打进国际市场，远销欧美各国。

国民经济和社会发展"八五"至"九五"计划时期，霞山区

工业进入快速高效发展时期。区委、区政府在科学论证的基础上，提出"依托大港口，发展大工业，建设大商埠"的发展战略，采取一系列措施，改善投资环境，转变政府职能，构筑企业发展服务平台，吸引投资者的目光。"八五"期间，先后办起中美化工公司、上湛钢管公司、东方集团公司、粤海饲料有限公司等重点企业，每个企业年产值均超亿元。至1995年，全区工业企业已达505家，其中新发展的达133家，主要产品聚苯乙烯、镀锌钢管、钢球、水泥、油漆、对虾饲料、糖机、塑料包装制品等，产品产销两旺，"八五"期末，全区工业总产值85343万元，比1990年增长4.63倍。

国民经济和社会发展"九五"计划时期，面对国家紧缩银根带来的影响，以及市场竞争加剧等困难，区委、区政府及时调整工作思路，采取"扶优扶强"等措施，加快企业尤其是骨干企业的改革，把部分企业的所有权逐步转移，引入新的经营机制，激活企业及管理人员的积极性和创造性。同时，大量引进技术和资金，推进企业升级改造。通过一系列举措，克服发展道路上的困难，全区工业迅速恢复生机，"九五"期末，全区规模以上（年产值500万元以上）企业发展到14家，比1985年增加13家，"扶优扶强"措施效果显著。

国民经济和社会发展"十五"计划时期，是霞山区工业发展增量提质时期，区委、区政府全面实施"工业强区、商贸旺区、农业稳区、文化兴区"的发展战略，进一步加大工业结构调整力度，深化国企改革，继续扶优扶强，支持民营经济做强做大，完成工业经济结构由以国有、集体经济为主，向以民营、混合型经济为主的转变，激发了企业活力，一批颇具实力的民营企业、合资企业脱颖而出，广东富虹油品公司、鑫宇化工公司、信威工艺品公司、粤海饲料有限公司、粤海中纤板公司、富昌水产品公司成为这一时期全区工业的主力军。与此同时，引导企业实施品牌战略，通过技术创新，提高产品质量，打造企业文化，树立企业形象，增强企业市场竞争力，短短几年，创造了富虹油品、粤海饲料等一批著名商标，全区工业发展上了一个新水平，总体规模与企业实力明显增强。"十五"期末，全区工业企业达53家，其中规模以上企业25家，年产值超亿元的6家。2005年，全区工业总产值33.58亿元，"十五"期间年均增长29%，工业增加值7.2亿元，年均增长27%。

国民经济和社会发展"十一五"规划时期，霞山区继续推进"工业强区"发展战略，采取一系列措施，鼓励和引导企业调整产品结构，更新装备，实现技术升级，产品换代升级，做强做大。骨干企业粤海饲料、同德药业、鑫宇化工、粤海中纤板、龙威水产等，通过技术创新和挖潜升级，企业发展上了一个新台阶，其中粤海饲料有限公司发展成集团企业，年产值突破10亿元大关，龙威水产、同德药业、东胜矿业、港洋食品、和鑫水产、四宇水产等年产值均超过亿元。与此同时，积极推进新项目的引进和建设，引进中纺粮品进出口有限公司，由该公司收购广东富虹油品有限公司，组建中纺粮油（湛江）工业公司，年加工大豆能力达100万吨；东兴炼油配套完善项目建成投产，年增产值超10亿元。推动工业园区建设步伐，为全区工业的后续发展构筑良好平台。至2010年底止，大鹏石化8万立方米油罐项目、湛江保税物流中心、新奥燃气储配站、渤海菜籽油综合加工项目等一批重大项目落户临港工业园，18个项目进入华港小区，其中龙威水产、欧亚板材、东胜矿业等8个项目建成投产，全区工业进入加速发展时期，综合实力迅速提升。2010年，全区规模以上工业增加值114.13亿元，"十一五"期间年均递增19.3%。

国民经济和社会发展"十二五"规划时期，是霞山区工业转型破局时期，面对整体经济持续下行、多重压力叠加的经济形势，区委、区政府调整发展思路，牢牢抓住转型发展这一主线，攻坚克难，推动经济扩量提质增效，实现转型破局。在工业发展方面，加大扶优扶强力度，一批重点项目落户临港工业园和华港小区，在园企业达 41 个，形成石化、大宗货物加工、农海产品深加工三大产业集群。至"十二五"期末，全区新增规模以上工业企业 25 家，其中新增亿元以上企业 3 家、10 亿元以上企业 3 家、50 亿元以上企业 2 家，工业实力不断增强。与此同时，全面推进企业创新提质，切实提高企业产能和效益。"十二五"时期，全区重点工业企业实施技改项目 80 个，新增产值 80 亿元。加强创新载体建设，院士工作站、省（市）级工程技术中心、企业技术研发机构等创新平台建设深度推进，企业自主创新能力不断提升，"十二五"时期，企业取得各类科技成果 17 项，221 个产品获评高新技术产品，饲料、生物医药等高新技术领域科研成果处于国内领先水平。"十二五"期末，全区规模以上工业总产值 557 亿元，年均增长 10.3%；规模以上工业增加值 125.1 亿元，年均增长 9.1%。

（二）加强园区建设，构筑工业发展平台

霞山区在发展工业方面，既立足于当下，更着眼于长远目标。为此，区委、区政府高度重视工业园区建设，为工业发展创造一个设施完备、服务优良的环境。

建设临港工业园，发展临港产业群。在科学论证的基础上，霞山区决定开发建设临港工业园区，并及时制订方案上报。2006 年 7 月，国家发改委正式批准了广东湛江临港工业园的立项。从此，霞山区加快了工业园区建设的步伐。2007 年底完成了临港工业园首期 3506 亩和华港小区二期 729 亩征地任务，2010 年基本完成园区各项基础设施建设，为霞山区工业的后续发展构筑了优良

平台。至 2010 年底止，大鹏石化 8 万立方米油罐投产，湛江保税物流中心、中星石化年产 50 万吨重交沥青、中星石化丙烯、新奥燃气储配站、渤海菜籽油综合加工项目等一批重大项目已入驻湛江临港工业园建设。华港小区 18 个入园项目已有龙威水产、欧亚板材、东胜矿业等 8 个项目建成投产，其中年产值超亿元企业有 2 家。湛江渤海农业发展有限公司，2010 年 3 月 17 日成立，经营范围包括：食用植物油生产；大豆粕、菜籽粕的饲料生产、加工及配套仓储服务；农副产品初加工；销售食用植物油、农副产品、饲料；货物进出口、技术进出口。

"十二五"时期，霞山区的园区建设不断夯实。宝石一横路排水排污工程基本完成；临港工业园 110kV 仙塘变电站及输电线路工程完工，解决了临港工业园范围内项目的电力供应问题；兴港大道排水、排污工程竣工并投入使用；兴港大道、宝石路两侧已铺设通信电缆，解决了入园项目的通信需求。华港小区污水管网已接入南柳河污水排放管网，排入霞山污水处理厂集中处理；完成 LED 节能路灯改造和四条主干道排水排污建设工程；完成华港输变电站及输电线路工程。临港工业园成功申报省级产业转移园，产业定位由重点发展港口服务相配套的港口物流业调整为发展石化产业、先进装备制造业、资源生产深加工产业和临港现代物流业。

2016 年至 2020 年的"十三五"规划时期，国际国内形势的新变化倒逼我国扩大内需、调整经济结构和加快生产发展方式转型。传统资源型经济的空间进一步压缩，供给侧结构性改革深入推进，促进产业发展，加快向高中端迈进；国家推进新型城镇化、统筹城乡发展，创造了巨大的投资消费需求，也将加快形成新的经济增长点。

面对上述国际国内的新形势，霞山区在"十三五"规划中提出"做优临港石化产业集群。利用临港工业园相邻东兴炼油厂的土地作为石化产业用地，依托东兴炼油厂和中海油燃料油公司统筹优化项目布点，引导和促进同类项目、关联项目和配套项目入园集聚，引进污染少、能耗低、高附加值的精细化工项目，鼓励技术创新和资源共享，发展东兴炼油厂下游产品深加工配套产业"。区委、区政府提出，大力发展临港工业，建设临港工业重点区，围绕"拓空间、上规模、推项目、广招商、优服务"的发展思路，全力做强做优临港工业，致力打造全市临港工业重点区。具体措施是：

（1）加大临港工业园基础建设力度，助推经济起飞。由于过去基础薄弱和历史欠账多，基础设施的某些瓶颈制约因素仍未消除。在新的起点上推进新跨越，加强基础设施建设显得更加紧迫。聚力拓展发展空间，集中力量推进临港工业园二期、华港小区三期征地、开发建设、填海造园等工作，充分整合和利用园区周边农村留用地建设标准厂房，进一步扩大园区发展空间。建立园区企业淘汰退出机制，将产业层次低、投入强度小、效益不明显的企业"腾笼换鸟"，促进园区产业转型集约发展。加快处置园区企业"圈而不建、圈大建小、建而不投"等浪费或闲置土地的情况，采取自身消化、土地置换、回收重组等方式，盘活"闲置"资产，唤醒"休眠"土地，大力引进技术密集、知识密集、人才密集、资源消耗低、环境污染少、创税贡献大的项目，提升园区承载力。用好、用足、用活省产业转移政策，争取省财政资金扶持转移园基础设施建设。

（2）聚力扩大产业集群。做优临港石化产业集群。利用临港工业园相邻东兴炼油厂的土地作为石化产业用地，依托东兴炼油厂和中海油燃料油公司统筹优化项目布点，引导和促进同类项目、关联项目和配套项目入园集聚，引进污染少、能耗低、高附加值的精细化工项目，鼓励技术创新和资源共享，发展东兴炼油厂下游产品深加工配套产业。规划发展中海油燃料油公司下游精细化工产业区。壮大大宗货物加工业集群。凭借湛江港集团30万吨级散货码头、宝满集装箱码头和即将建设的多用途码头、通用泊位码头的临港优势，以渤海农业和中纺粮油项目为产业基础，在临港工业园引进一批优质的大宗货物加工项目，建成金港精糖加工项目。培育高端装备制造业集群。配合市加快湛化集团搬迁，规划引进以海洋工程装备、钢铁石化、新能源装备和智能制造装备为主的高端装备制造业，建成20万吨/年PC钢棒等制造业项目，形成新的支柱产业。培育战略性新兴产业。依托普奥思无血清细胞培养基和中国移动（湛江）数据中心项目，引导医药、电子信息服务等企业在华港小区集聚发展，带动华港小区转型发展，形成战略性新兴产业集聚园区。完成了中国移动（湛江）数据中心一期和二期建设。推动传统产业改造升级。加快推进工业化与信息化深度融合，全面提高产品技术、工艺装备、能效环保等水平。深入实施新一轮技术改造，围绕改造提升优势产业，加快突破工艺流程、技术和设备研发，推动劳动密集型产业实施"机器换人"战略，大幅提升生产效率，重点支持水产品加工、家具制造等行业使用智能机器人，促进转型升级。

（3）聚力优化服务环境。逐步理顺临港工业园与华港小区的管理体制，形成"一园两区"的格局。改革工业园区的运行机制，引入战略投资者，科学设计运营管理方案，形成投融资利益驱动的良性循环机制，推动临港工业发展进入快车道。完善扶持临港工业发展的优惠政策，强化园区规范管理；完善项目全程代理服务机制，为投资客商提供最优质、最便捷、最高效的服务，努力营造亲商、富商、重商的发展环境。加大项目建设保障力度，严打非法阻工等行为，全力为项目建设保驾护航。

在各方的共同努力下，霞山区临港工业园和华港小区建设热火朝天。中冠 20 万吨/年工业异辛烷装置及其系统配套工程项目、鸿达 10 万吨高级润滑油调和项目、同德药业省级工程技术研究中心及产业基地项目、中国移动（湛江）数据中心项目都在紧锣密鼓地推进中。工业园区基础设施建设逐步完善，临港工业园在 2017 年省产业园建设发展绩效评价中成绩优秀，2020 年完成工业投资 5.9 亿元。湛江综合保税区设在临港工业园，目前拟入区项目 16 个，总投资额约 1.3908 亿元，临港工业园区和湛江综合保税区均纳入广东自贸区的片区得到省委、省政府的优先考虑。园区主动融入双区双城建设，与广州企业进行对接；与此同时，园区领导还到深圳和海南进行考察，加强与海南的相向而行，与海口市龙华区建立了长期稳定的合作关系，签订了《龙华·霞山经济共建共享合作的框架协议》。

霞山区通过工业园区建设，不仅可以减轻城市基础设施建设的压力，提高基础设施投入效应，加快城市人口集聚，增强城市的产业支撑，而且可以引导企业向园区集聚，以项目带开发，以开发促发展，进而使工业园区成为城市的副中心，并最终成为城区的一个重要组成部分。2020 年，临港工业园区规模以上工业总产值 308.8 亿元，较"十二五"规划时期翻了一番。

（三）扶优扶强，实现跨越发展

世界上各个地区经济社会发展的历史和实践表明，工业是决定一个地区经济发展水平的先导部门。工业发展对整个产业结构优化具有关键性作用，是实现国民经济持续稳定增长的主要因素。面对新世纪工业发展新形势、新挑战，霞山区委、区政府作出充分利用深水港口、交通枢纽、南部沿海区位、廉价劳动力的优势，培育具有国际竞争力的大型企业集团，优化产业布局，大力地推进和吸引一批优势产业项目落户霞山，扶优扶强重点企业，全力发展临港工业的决策。

深化改革，建立现代企业制度，做强做大骨干企业。区委、区政府采取有力措施，深化企业改革，转换经营机制，引导有条件的企业向集团化发展。粤海饲料公司原是区属一家国有企业，为适应发展需要，霞山区采取断乳改革对公司进行改制，成立股份公司，把企业完全推向市场。改制后的粤海饲料公司，以市场为导向，建立现代企业制度，以优质产品、优质管理、优质服务取得用户的信赖，企业不断向纵深方向发展。粤海饲料公司尤其重视科技和新产品的研发，投资2000多万元，建立了广东省水产动物饲料工程研究开发中心，以及湛江、广西北海、广西钦州、海南等病毒检测防治中心，建立了湛江东海岛中试基地，公司获广东省科技进步奖和广东省优质产品等荣誉称号，产品畅销华南各县（市、区），远销马来西亚、越南等国家，形成了以对虾饲料为龙头，包括膨化鱼饲料、观赏鱼饲料、鳗鱼饲料、甲鱼饲料等完整的水产饲料生产体系，成为国家定点水产饲料生产基地和国家高新技术企业。

随着改革的不断深化，骨干企业大都建立了现代企业制度，走上了一条以市场为导向、以创新为驱动、以质量为标杆的发展之路。辖区内的湛江东兴公司，是一家国资控股的合作型企业，公司充分发挥中外合作企业体制机制比较灵活的优势，建立科学的组织和管理制度，大力推行精细化管理，生产持续稳定发展，各项经济指标逐年提高，成为中国石化驻粤三大炼化企业之一，取得了良好的经济效益和社会效益。

深化改革，扶优扶强是霞山区推进产业现代化、实现工业强区的重要抓手。"十一五"时期，霞山区采取得力措施，积极引导骨干企业推进传统产业的技术装备更新和产品升级换代，促使骨干企业做大做强。重点扶持的湛江市霞山鑫宇化工有限公司、龙威水产、同德药业、东胜矿业、港洋食品、和鑫水产和四宇水产等7家属地亿元企业，以灵活的经营机制、现代化的经营策略、勇于创新的企业精神，在市场上占有一席之地，并引领全区经济高效快速增长。五年间，全区生产总值由117.73亿元增长到230.92亿元，年均增长10.1%，规模以上工业增加值年均递增19.3%，工业发展进入新阶段。

"十二五"时期，霞山区进一步加大扶优扶强力度，采取有力措施，全面推动现有企业开展技术改造和技术创新，引导骨干企业做大做强，助推企业提升产业核心竞争力和持续发展能力，切实提高了企业产能和效益，促进了节能和减排。东兴石化、中纺粮油、粤海饲料、渤海农业等一批大中型企业技改和创新取得明显成效。五年来，全区重点工业企业开展技改项目80个，总投资约达15亿元，新增产值达80亿元；新增规模以上工业企业25家，目前全区规模以上工业企业60家，其中亿元以上33家，10亿元以上10家，50亿元以上3家，100亿元以上1家。通过推进扶优扶强战略，全区工业总产值先后突破500亿元、600亿元和700亿元大关，2015年规模以上工业总产值557亿元，年均增长10.3%；规模以上工业增加值达125.1亿元，年均增长9.1%。

区委、区政府意识到，要实现工业强区，从政府的层面，必须千方百计地搞好营商环境，对重点企业实行扶优扶强的政策。为确保重点项目广东富虹油品公司落户霞山，区有关部门全程跟踪服务，帮助企业理顺周边关系，妥善解决施工中企业与村民的纠纷，协调原旧厂职工安置搬迁问题、铁路专线征用问题等等，使该企业仅半年时间就建设投产。该项目固定资产投资2亿元，日加工大豆3000吨，年加工大豆100万吨，年产值约30亿元人民币，上缴税金约1.5亿元人民币。公司拥有2条铁路专用线，有1.2万吨大豆原料和1.2万吨成品油仓储能力。公司的预处理、浸出和精炼车间均引进德国鲁奇公司第三代最尖端的设备及工艺，特别是浸出生产线日加工大豆 3000 吨，为国内首条最大生产单线。一流的设备保证了一流的产品，公司主要产品有豆粕、大豆油、调和油、饺子油。由于采用现代化的生产、技术、工艺和严格的质量控制体系来组织生产，富虹油品经国家卫生部检测、认证，各项指标均符合国家卫生部制定的食用油标准，被中国食品工业协会命名为全国质量信得过食品，并获得国家免检产品的荣誉称号。扶优扶强政策结出了丰硕的成果。

为确保扶优扶强政策落到实处，区委、区政府狠抓政务环境建设，建成网上办事大厅，实现网上全流程办理率 100%；建成区行政服务中心实体办事大厅，设置 29 个服务窗口、2 个网上便民服务点；取消行政审批事项 81 项，行政效能进一步提高；推进公务卡结算制度改革，结算率达 100%；全力推进电子营业执照和全程电子化登记管理；实行工商登记注册与经营项目审批相分离、注册资本认缴制度；放宽企业场所登记条件，实行"一址多照""三证合一""一照一码"登记制度改革；创新"一个窗口许可""网上申请、双向快递"等登记方式，提升行政审批效能；2015 年全区新增各类市场主体 4045 户，增长 32.5%。制定《湛江市工商局霞山分局企业违法违规行为黑名单管理办法》，完善企业法定代表人"黑名单"数据库，并与国家工商总局"黑名单"库同步，依法记录和整合法定代表人个人信用信息，强化企业法定代表人个人信用管理，全面构建"宽进严管"的市场准入机制。在"十三五"时期，继续深化行政审批放管服改革，整合区、街两级审批服务执法等方面的力量和职能，推动社会治理重心向基层下移，编制完成 251 项公共服务事项，取消 43 项政府部门证明事项，工程建设项目审批事项由 74 项简化为 45 项。全面实施市场准入负面清单制度，规范审批事项，提升招商服务水平，营商环境进一步优化。

营商环境的改善，促进了优势产业的发展。"十二五"时期新引进中冠工业异辛烷，鸿达润滑油、调和油，金港精糖加工等12个项目，其中宝港物流、汽车检测站等项目建成投产。华港小区着重引进和发展现代服务业、电子信息产业、医药产业三大主导产业，"十三五"规划时期新引进了华铭光电LED、中国移动（湛江）数据中心、同德省级产业基地、南国药业生产基地、普奥思无血清细胞培养基等8个项目。

区政府从政策层面上对优秀企业加大财政扶持力度，降低企业发展成本，推进融资方式创新，缓解企业资金困难，引导产业集群经济，增强抱团抗变能力；在提高科技创新能力、促进产业结构优化升级等方面明确了扶持方向和力度，减轻了企业和社会负担，推动一批高新技术创新型企业快速增长，也带动了霞山企业产业结构的优化升级。

扶优扶强政策最显著的成果是华铭光电上市。2014年11月26日，华铭光电科技有限公司在上交所三板成功挂牌交易，成为霞山区第一家上市公司。该公司致力于全球低碳、节能事业，是集研发、生产、销售和服务于一体的专业LED照明产品制造商。公司从国外引进一批全新实验检测设备和高速高效自动化生产设备，推动生产自动化、数据化，进一步提升生产效率和产品质量。为了响应国家"节能减排"的号召，致力于节能照明产品的研发与创新，不断推出"更节能、更环保、更绿色"的照明产品。2016年公司被评为广东省高新技术企业，迎来新一轮的发展机遇。2017年，华铭光电通过省级工程中心认定，专利申请量突破2000件，排名全市第一。

2016年至2020年的"十三五"规划时期，霞山区委、区政府认识到，虽然企业竞争力和抗风险能力明显提高，创新发展能力大大加强，但面临的形势、存在的问题、发展的态势不容乐观，因此，一定要全面、辩证地梳理问题产生的根源，分析问题存在的症结，责无旁贷地发挥政府管理职能，致力于建立良好的社会环境、法律环境、竞争环境，为企业的市场运作提供支撑，提供服务平台，达到政府和企业实现双赢的新境界。

扶优就是要扶持高科技的项目，无血清细胞培养基工业化研发和生产线建设项目就属于这样的项目。该项目建设厂址位于霞山区华港小区内。租赁园区内现有建设用地 182 亩，其中 132 亩作为一期建设用地，50 亩作为发展建设用地。项目总投资为 86968.73 万元。公司主要生产无血清细胞培养基，主要品种有人血白蛋白、静注人免疫球蛋白（pH4）、人免疫球蛋白、狂犬病人免疫球蛋白、破伤风人免疫球蛋白和乙型肝炎人免疫球蛋白等 6 个品种共计 16 个规格。

还有一个高科技项目是中国移动（湛江）数据中心。该中心属于广东移动省级数据中心，按照国家 A 级、国际 Tier3＋、中移集团五星级、PUE 值 ＜1.5 的标准设计建设，是中国移动粤西地区规模最大的数据中心，占地面积 118 亩，总投资约 20 亿元，IDC 机柜有 906 个，至 2020 年出口带宽达到 2000G。

霞山区抓住了和平与发展的机遇期，改革开放以来，把工作重心转向经济领域，大力发展本区的制造业，并积极参与国际国内制造业的分工，增强了企业竞争力和经济发展后劲。主要经济指标年年攀升，到 2020 年 12 月为止，霞山区第二产业的结构占三次产业结构的 50.2%。全区工业产值达 173 亿元，比上年同期增长 13.4%，并形成了以化工、水产加工为龙头的经济体系。

商贸业方面

霞山区作为沿海开放城市的中心城区，在发展商贸业方面有着得天独厚的条件。建区 30 多年来，区委、区政府认真贯彻落实改革开放政策，利用地域和区域优势，以建设大商埠为目标，以改革为抓手，不断完善各项配套政策，把商贸业推向市场，激活老企业，实现产业的扩张。同时瞄准商贸发展新高地，不断打造新的商圈，构筑商贸发展新平台，实现整体规模和发展水平的飞跃。商贸业的改革与发展，为霞山区提供了大量的就业岗位，繁荣了市场，改善了民生，便利了市民生活，成为霞山经济发展的一个重要引擎。

（一）深化改革，激活国有商贸企业

1984 年新区成立之后，区委、区政府认真贯彻对外开放、对内搞活经济的方针，依托优势，采取措施，做强做优，推动了商贸业的发展。20 世纪 80 年代中期，霞山就先后建设和逐步完善了百货公司、饮食服务公司、五金交化公司、糖烟酒公司、食品公司等五大国营商业公司及蔬菜公司等集体企业。这些公司多为老企业，经营场所及设施陈旧，不适应改革开放新形势和新发展的需要。区委、区政府及时加大改革力度，推动国营商业企业及其他企业的改造升级，不断提高市场竞争力。内容主要就是简政放权，进一步改革商品管理体制，扩大市场调节范围，取消日用工业品指令性计划，取消农产品统派购制度等，具体归括为"三多一少"：建立以国营商业为主导的多经济形式、多种经营方式、多种流通渠道的商品流通体制，实行以城市为中心的开放式、多渠道、少环节的批发商业体系。

通过深化改革，调动了商业公司经营者和职工的积极性，国营、集体经济迅速发展壮大。南天酒店是霞山的老字号酒店，区商业部门从南天酒店改造入手，1984 年投资 25 万元，增设两个商场，扩大服务项目，提高服务质量。改造后，当年营业收入翻了一番多，使这间老字号企业焕发了青春。紧接着，商业部门又对霞山饭店、园林鸡饭店、百货公司的霞山商店、红霞商店进行全面升级改造，为全区商业注入了新的活力。是年，全区商业总购进额3556万元，商业总销售额4972万元，城乡集市贸易成交额3393万元，商业企业走上了新的发展轨道。

20世纪80年代末，是霞山区国营及集体商贸企业的改革、调整和有效增长期，区商业系统作出了《关于商业企业改革的六项决定》，简政放权，鼓励企业自主经营，打破企业吃大锅饭现象，实行承包经营责任制，进一步明确了企业以及管理人员、职工的责、权、利，充分调动了各方面的积极性，使企业焕发了生机和活力，经济效益有了明显提高。1987年，对商业门店采取"包死基数、确保上交、超收全留、歉收自补"的承包经营方式，对长期亏损的个别小企业实行租赁制。通过层层签订承包合同，推广浮动工资的分配形式和劳动组合的用工形式等多项改革，各门店的经济效益迅速提高，当年签订合同后的9—12月份，3个国营工业品公司商品经销就完成2343万元，比1986年同期增长33.2%，实现纯利57.8万元，比1986年同期增长105.6%。1988年，全区国营商业实现利润303.2万元，同比增长86.4%，并消灭了亏损企业。至80年代末，全区社会消费品零售总额4.19亿元，比1985年增长42.38%，年均递增40%；城乡集市贸易成交额4.2亿元，比1985年增长510%，年均递增43.6%。

20世纪90年代初，商贸市场竞争十分激烈，形势非常严峻。区国营商业深化改革，努力拓展经营场地和批发销售渠道，通过增加销售品种、延长服务时间、送货上门、引厂入店等办法和开展售后"三包"服务等形式，提高了经济效益和社会效益，1991年国营商业总销售额达2.62亿元，人均销售额7.68万元，同比分别增长8.3%和15.14%，商业系统销售、利润和上缴税利连续5年同步增长。

在深化改革的同时，霞山区积极调整社会商业结构，支持集体、个体商业的发展，多种经济成分不断壮大，促进全区商业全面发展。90 年代初期区的集体商业机构就已发展到 397 个，从业人员 3457 人；个体、商业（持证）发展到 4610 个，从业人员 6347 人。全区商业总购进额达 6.3 亿元，商业总销售额达 6.62 亿元，社会消费品零售总额达 5.14 亿元，城乡集市贸易成交额 4.92 亿元。从此，霞山区商贸经济多种所有制、各行各业齐头并进，购销两旺，商贸市场呈现出一片繁荣景象。

乘着改革东风，霞山区商贸企业进一步做强做大，"八五"期间，先后组建了粮食企业集团总公司、商业企业集团总公司和八达八集团股份有限公司等 3 个大型企业集团公司。1993 年 8 月，建成了湛江市光华五金交电化工总公司光华商场，经营范围是五金、交电和化工产品等。1994 年 5 月 24 日，广东湛江八达八集团股份有限公司正式成立。区政府以八达八集团股份有限公司为试点，进行商业股份制经营模式的探索，促进商业企业管理的科学化、规范化。八达八集团先后租赁赤坎新江大酒店、霞山八达城，并在椹川大道旁征地 3198 平方米，筹建 20 层的八达八大厦和两家工厂。八达八集团属下的红旗商店，是霞山区最早的现代化超市，主要业务范围涵盖服装鞋帽、化妆品、电子产品、珠宝首饰、黄金、图书文化用品等领域，全新的、开放的营销方式，完全改变和颠覆了传统的商业经营理念。1995 年，该公司购销两旺，总销售额达 1.3 亿元，创税利 1000 万元，成为当时全区乃至湛江市商业的一面旗帜。

（二）因势利导，引领民营商贸业走上前台

20 世纪 90 年代，中国经济社会进入新的发展时期。以党的十四大首次提出"建立社会主义市场经济体制"为标志，中国的经济发展也从传统的计划经济走向市场经济。1993 年，党的十四届三中全会作出了《中共中央关于建立社会主义市场经济体制若干问题的决定》。霞山区根据形势发展需要，逐步调整商业结构，积极支持民营商业的发展。具体做法是：彻底放开搞活小型企业，国营商业充分利用原有渠道、原有信誉，通过职工集资合伙等形式搞好商品经营。企业通过全方位盘活存量资产，利用现有场地租赁或合作开发。霞山区属下的商业部门，由于经营场地简陋、自有经营面积少、资金不足等，企业动力不足，步履维艰。更因为区的商业企业大多是老企业，存在"三多"问题（离退休职工多、下岗人员多、历史债务多），负担重，困难多，压力大，仅国营商业总资产负债率就达75%。根据中央提出的"下岗分流、减员增效、三年脱困"决策，区经贸部门对企业实行门店通过带资经营、集体承包、门店出租等形式，广开财路，努力增加企业收入，解决职工吃饭问题。经贸部门还成立了下岗再就业服务中心，要求各单位不能简单地将下岗职工推向社会，而要在本单位积极挖潜，开展二次创业，使下岗的职工重新走上新的工作岗位。例如八达八集团股份有限公司，面对国营百货业的萧条，及时审时度势，解放思想，大胆创新，将难以经营的场地转租出去，职工实行下岗分流。该公司多管齐下搞改革，减少亏损300多万元。

1995年以后，霞山区通过理顺各种关系，新的商品流通市场体系初步建立，商业企业股份化改造成效显著。非公有制经济、混合所有制经济商业进一步得到发展，成为流通领域市场的主要力量。1995年，广州百货集团（广州百货股份有限公司）首先落户霞山，在霞山黄金地段开办了广百湛江霞山分店（即广百股份湛江店）。这也是广州百货历史上第一个在异地拓展的连锁店。凭着优越的地理位置、优良品质及优质服务，广百霞山分店红红火火，带动了区域性商业发展，曾在粤西商业界轰动一时。广百股份湛江店从开业至2007年租赁期满停止营业，共运营12年，累计实现销售金额达 13 亿元，成为当时粤西百货商业的标杆，也标志着股份（民营）商业企业在霞山的蓬勃兴起。

随后，玛迪莎百货、国贸大厦相继在广百周边落户，并由此产生了蝴蝶效应，吸引和带动大批的民营商企落户，形成了一个生机勃勃的新的商贸中心，带动了全区商贸业的快速发展。广百毗邻的湛江国贸大厦（A 座）就是湛江商业界当时的后起之秀。国贸大厦（A 座）总建筑面积为 9.1 万平方米，商场营业面积 3.25 万平方米，是 2000 年市、区政府重点工程项目之一。国贸大厦从 2000 年 9 月 20 日对外营业开始，以先进的购物中心商业业态，改变了湛江零售商业的格局。国贸大厦汇聚了爱家超市、国美电器、购书中心、品牌时装皮具城、化妆品超市、数码通信廊、金银珠宝一条街、美奇乐园、流行前线等 300 多个国内外著名品牌。多年来，国贸大厦本着"顾客至上，信誉第一"的经营宗旨，以"营造放心购物环境"为己任，为商家创造一流的经营环境，为消费者提供优质的服务，先后被湛江市授予"消费者满意商场""购物放心商场""价格计量信得过单位"和"企业合法权益重点保护单位"等荣誉称号。不久，湛江友谊房地产有限公司也投入近亿元建设国贸二期工程，配有住宅、停车场、写字楼、仓库等。

不到 10 年的时间，霞山区商贸发展战略得到很好的落实，与 1985 年相比已不可同日而语。1985 年，霞山区全民所有制经济占的比重为 72.85%，到 2000 年已大幅下降，而民营经济 2000 年所占比重已上升到 75.1%。2000 年，全区商贸企业 2320 家，从业人员 7726 人，全区社会消费品零售总额 23.6 亿元，同比增长 6.6%；商品销售总额 26.4 亿元，同比增长 6.9%；市场贸易成交额 15.3 亿元，同比增长 12.6%。这个时期，霞山区商业企业猛增，商业从业人员猛增，市民的消费金额猛增，购销十分兴旺。

（三）打造商圈文化，商贸业成为城市名片

进入 21 世纪，正是我国"十五"计划（2001—2005 年）的开始时期。对霞山经贸经济的发展，区政府作出了这样的规划：以抓基础设施建设和培育市场为重点，建设一批档次高、辐射面广的商场、市场。从此，霞山区经贸经济发展进入了快车道，打造了一个个时代特色明显的商贸圈。

一是"广百—国贸—城市广场商圈"，即以前的红旗路到人民大道南霞山中心商务区一带。该商圈位于霞山区繁华商业圈的核心地带，交通便利，是霞山区人流、物流、信息流的交会点，地理位置得天独厚。1995 年广州百货股份有限公司率先进入之后，先后又有湛江国贸大厦 A 座、国贸 B 座、国贸 C 座（湛江城市广场）等商贸企业陆续进驻。其中湛江城市广场与国贸 A 座、B 座遥相呼应，建筑面积 12 万多平方米，总投资达 3.6 亿元，集娱乐、购物、休闲、运动、旅游、观光、餐饮、商住于一体，包括时尚女装城、男装世界、皮具城、数码通信廊、金银珠宝一条街及流行前线等多个功能板块，汇聚了国美电器、沃尔玛超市、肯德基、必胜客、美奇乐园、六福珠宝、福生生珠宝等国内外知名商企 200 多个。"广百—国贸—城市广场商圈"与湛新工业品市场（后称"江霞广场"）、岭南布匹市场、商业步行街等紧密相连，可购物、饮食、休闲、娱乐"一条龙"，赋予了"大商圈"和"城市广场"的丰富内容和深刻内涵。

二是"海滨大道南商圈（带）"。随着周围楼盘的开发，鑫海名城、昌大昌超市、荣基国际广场等大型商场相继建成，该商圈也一跃成为霞山区经济最活跃、购买力最旺盛的商圈之一。鑫海名城地处湛江市霞山区的黄金地段——繁华的海滨大道与海昌路交会处，设于高尚住宅小区鑫海华庭的第一、二层，营业面积约 1.6 万平方米，第三层为粤西地区最大书城——新华书店湛江书

城。鑫海名城紧靠湛江两大名胜景观——霞山观海长廊和海滨公园，是一座融时尚文化和海洋文化于一体的高档商场。鑫海名城的斜对面，是广东医科大学湛江校区的一条商业街，其中昌大昌超市是湛江市最早的大型超市之一。随后，更大的湛江荣基国际广场也落户"海滨大道南商圈（带）"，成为该商圈的佼佼者。荣基国际广场大型购物中心位于海滨大道南，与著名的湛江海滨宾馆仅一路之隔，总建筑面积近13万平方米，其中商场面积3.2万平方米，无论从规模、档次和区位优势上都彰显出时尚的气派和完善的功能。

三是"怡福国际商圈"。这是人民大道南商圈往南延伸的一个大项目——怡福国际广场。该广场位于湛江人民大道、海滨大道、椹川大道等主干道交会处，2007年1月开业。该广场交通方便，离火车南站、湛江机场只有十多分钟路程，集购物、休闲、娱乐、办公、餐饮、旅业、教育培训和商住于一体。广场背靠霞湖公园，总建筑面积10平方米，包括5万平方米购物广场，内有超过650间独立商铺，进驻商家有肯德基、万宁、金逸电影院、大型电子游戏中心、健身房等，是霞山区又一个具有示范效应的大型室内购物中心。

四是"鼎盛广场商圈"。鼎盛广场建成于2013年4月，是一个城市综合体项目，集高尚住宅、多功能商业、高端办公和五星级酒店于一体，可谓新型的综合体地标建筑物。其商贸中心开设了购物、饮食、休闲、娱乐等项目，商业文化氛围浓厚，人气旺盛，成为全市最活跃、最具品牌的标杆商场，加上一街之隔的新菉丰大酒店、附近的金辉煌酒店等，聚集了众多的人群，该商圈生意红火，后劲十足。"十三五"期间，鼎盛广场更是以商业组合体形式，不断完善产业结构和品牌组合，成为霞山新的商贸"热土"。

"大商圈"带来了巨大的经济效益，推动了全区商贸经济的快速发展。如对"十五"计划期间霞山商贸经济的发展，霞山区政府有一个充分的肯定和客观的概括："商贸业以抓基础设施建设和培育市场为重点，建成一批档次高、辐射面广的商场、市场，商贸业取得快速发展，出现了国贸、鑫海名城、昌大昌、海滨酒吧街和金辉煌等一批购物、休闲、娱乐中心，初步形成人民南路、海滨路、东新路等各具特色、功能互补的商业圈。"

21世纪，霞山区在加快"大商圈"建设，商圈经济一片红火的同时，不放松流通市场的发展，先后建设了水产品批发市场、金纺服装城、屋山家具城等一批专业市场。其中霞山水产品批发市场已成为全国最大、最具国际影响力的对虾集散交易中心，并荣获"全国十佳农产品批发市场"称号。2005年社会消费品零售总额达到54.71亿元，"十五"期间（2001—2005年）年均增长约11.7%。

国民经济和社会发展"十一五"规划时期（2006—2010年），区委、区政府制定出台《关于加快我区商贸流通业发展的若干意见》，充分发挥区域优势，致力提升商贸产业水平，推进流通产业发展，进一步巩固霞山区商贸中心地位。首先是专业市场取得新突破。霞山水产品批发市场批发总量突破100万吨，金额达101亿元，获国家商务部和全国农贸中心联合会授予2007年农产品批发市场"双十佳突出贡献奖"，是粤西地区唯一获此奖项的批发市场；启动了宝满保税物流中心和农海产品中心建设，金纺服装城、粤西纺织品市场、海新钢材市场、海新装饰材料市场、屋山家具城等大型专业批发市场交易更加活跃，东新路物流圈逐步形成。其次是商业业态实现新发展。国贸城市广场、国贸新天地、怡福国际、金贸大厦、江霞广场、银座女人世界、白马服装城、新菉丰酒楼等综合性商贸、饮食项目相继开业，国贸城市广场和怡福国际成功引进国际零售业巨头戴维斯酒店、必胜客等世界500强企业，金辉煌酒店评上四星级酒店等等。这个时期的社会消费品零售总额也迅速增长，由2005年的54.71亿元增长到2010年的160.9亿元，年均递增21%。

2010年，霞山区改造项目63个，面积达440多公顷，其中受益最大的就是商业。在"三旧"改造项目中，既有苏宁电器投资15亿元的民享西四路南片改造项目，又有湛江市中鑫公司投资30亿元的"渔人码头"项目。

到了"十二五"规划时期（2011—2015年），霞山区域优势进一步发挥，鼎盛广场、广百湛江店（重新开业）、丹枫白露酒店、星河国际家居城等一批商贸、住宿餐饮项目相继开业，成功引进卜蜂莲花等世界500强零售企业。"十二五"期间，全区商品销售额已达774亿元，商贸业在产业结构中的比例已达52.97%，成为全区经济发展生力军；全区社会消费品零售总额突破300亿元，2015年达334.73亿元，年均增长13.1%。

到了"十三五"规划期间（2016—2020年），霞山区社会消费品零售总额5年累计达到1798.9亿元，年均增长约6.1%，基本形成了东部滨海生态文化旅游商业带，中部大型购物、餐饮、娱乐综合性商业带，西部专业批发市场商业带的商业发展格局。

（四）创新模式，电子商贸拥抱新时代

随着形势的发展，世界已进入信息化和互联网时代。互联网的快速发展，科技与人类生活更加紧密，促进了人类生活方式的改变。尤其是支付方式的改变，催生了互联网的红利时代，电商就是互联网时代的衍生物。让利促销、价格打折、优惠券、指定时间送货上门……种种便利和优惠条件，使网购以及线上线下融合，已成为商贸和市民消费的一种新的发展趋势。

"十三五"是我国经济社会新的发展时期，商贸经济建设也进入新常态。区委、区政府紧跟时代步伐，顺势而为，继续抢抓先机，依托区位优势，锁定发展目标，夯实发展基础。区委、区政府在"十三五"规划中明确提出，商贸工作要"积极应用现代网络技术，以互联网＋为重点，大力培育新兴高端服务业，引导和鼓励区内企业整合资源，引进新的经营模式，结合实体经济，积极发展跨境电子商务、B2B、B2C、O2O 等电子商务业态，促进网络零售和传统商贸的融合发展。支持新宇大厦、广百百货、怡福国际广场发展跨境电商项目。支持制造企业、商贸企业利用电子商务实现转型升级"。区政府通过采取各种激励措施鼓励电商、快递等企业与实体店、商务楼宇和小区物业等合作，培育壮大社区团购、直播快播等新型消费，取得了良好效果。

一是"实体＋电子商务"模式。霞山区抓住省有关部门组织的"广货网上行"活动的有利机遇，积极推动企业上网触电，如推荐昌大昌超市申报广东省第四批"广货网上行"活动、举办"市场主体网上商城年"活动等，以信息化带动商贸流通现代化。同时积极应用电子商务，开展商业实体的宣传推广、网络采购和销售活动，有效利用网络交易促进企业产销对接，增强消费对经济增长的拉动力，为稳增长、调结构、惠民生注入新动力。

在互联网的大环境下，霞山区不少实体店也积极拥抱这个时代，努力融入电子商务大平台，实现转型升级。如入驻霞山国贸大厦 B 座的国美零售控股有限公司，通过线上线下融合，把互联网技术运用于实体门店，采取线上领券，线下打折领取福利的形式，吸引了大量顾客。又如湛江苏宁电器有限公司在霞山区的两间实体店，借助于自身多年来在线下经营积累的经验与品牌知名度，统筹线上线下的销售渠道，减少销售中不必要的环节，大大提高了对消费者的吸引力。仅 2019 年，湛江苏宁电子商务就实现网上全平台交易金额 7.1 亿元。

二是本地"网上零售超市"模式。就是依托强大的电子商务管理系统，通过网络超市这一平台，实行实体店＋的经营方式，打造"生产工厂—仓储中心—顾客之家"这样一个成本低、速度快、效率高的流通链条，让顾客能充分享受到"网上超市"这种全新的生活购物方式所带来的实惠与方便。目前，霞山区已拥有数家这样的超市，如进驻霞山的沃尔玛和昌大昌两家大超市近两年相继上线"京东到家"，所有在售商品包括300多种生鲜商品、食品干货、母婴用品、居家清洁以及个人护理等各种商品，都经过实体门店严格的质量检测流程，直接从门店货架挑选，保证来自正规采购渠道。自霞山区超市门店在"京东到家"上线以来，越来越多的消费者关注并青睐这种方便快捷的购物方式。

三是网店模式。网店已成为电子商务的重要组成部分，这是一种能够让人们在浏览的同时购买，且通过各种在线支付手段支付、完成交易的网站。近年来，网店作为一种现代商业模式，已在霞山逐步成长。

四是微商模式。微商是基于移动互联网的空间，借助于社交软件为工具、以人为中心、社交为纽带的新商业。微商模式最大的好处便是将多种渠道所接触的客户通通汇聚起来，形成一个属于自己的客户群，从而实现个性推荐、精准营销。目前霞山各生活区自成体系，尤其是高端住宅生活小区，为微商的发展创造了条件。2020年新冠肺炎疫情防控期间，这些微商大显身手，各显神通，为预防疫情闭门在家的市民，提供了极大的生活便利。

新的发展时期，霞山区商贸业获得了新发展，实现了新突破，形成了新优势，各项指标一步一脚印，一年一新阶。据统计，2016年，全区社会消费品零售总额达360.6亿元，同比增长7.73%；2017年，全区社会消费品零售总额达397亿元，同比增长10.09%；2018年，全区社会消费品零售总额达438.1亿元，同比增长 10.35%；2019 年，全区社会消费品零售总额 467.8 亿元，同比增长 6.78%。

（五）依托大港口，大力发展现代物流业

湛江港是中华人民共和国诞生后新建的重点港口，但 20 世纪 80 年代中期以来，随着国内其他沿海城市港口的先后崛起，湛江港口的发展受到挑战与制约。面对当时湛江港的港口经济规模偏小、集装箱吞吐量不足、港口物流发展水平低、物流业不足等问题，湛江港集团积极推行经济体制改革，转变观念，为湛江港作出了正确的定位：充分利用湛江的港口和区位优势，将湛江港建设成为中国沿海的主枢纽港和大西南出海主通道；实施国际化经营战略。加强国际市场营销开拓，加大与世界各主要港口城市的友好合作，大力拓展国际市场，站在太平洋重要物流节点和战略高度，高标准高效率建成国际港口物流业。

根据湛江港新的发展态势，霞山区审时度势，把握机遇，紧紧围绕临港优势做文章。依照既定目标和相关规划，不断出台有力措施，乘势做大做强霞山的临港物流业。

首先，加强区港合作，拓展临港物流业的发展空间。港口兴则城市兴，港口强则城市强，霞山区把港口作为全区发展的战略资源，建立健全区港合作机制，确保效率优先，渠道畅通，服务到位。全区一致行动，支持湛江港集团集装箱码头、散货码头。铁路调车场和保税物流中心等项目的建设，以服务港口为依托，配套发展港口运输、船务服务等物流业和服务业，实现港口建设、临港产业、现代物流、城市提质"四位一体"联动式发展。

其次，围绕新港区，发展临港物流业。湛江港的宝满港区以及东海岛港区是湛江港的"两个新港区"，是湛江港"十一五"时期发展的重点。其中在宝满港区建设大型集装箱码头、大型通用散货码头、大型散化码头，是一个生态型的、高起点规划、高质量建设、高水平管理、代表湛江港形象的现代化港区。宝满集装箱码头总投资近 18 亿元人民币，建成两个 5 万吨级专用泊位，2010 年全部完工。宝满集装箱码头一期工程建成后，建设二期 3 个 10 万吨级集装箱泊位，进一步提升集装箱通过能力。同时，还建设大型通用散货码头，吸引拥有资源的公司，合作建设大型堆场以及散装货物分销中心。此外，湛江港还在霞山港区南连接宝满港区的地带，建设 3 个 5000 吨级成品油码头。根据湛江港的发展战略目标，围绕霞山辖内宝满港区的发展项目，霞山加快临港物流业的发展。

（1）加快建设现代化临港物流区。"十一五"期间，在霞山临港工业园核心地带的西北面，依托湛江港已经形成的油品期货交割中心和铁矿石交易中心，建设一个充分发挥港口、铁路优势，具备大进大出功能的临港物流园区。物流园区面向大西南、环北部湾和东盟，开展石油、化工、铁矿石、大宗散货及大宗出口商品的储存、交易和中转等业务。通过采用先进的电子信息管理手段，将其打造成在全国乃至国际上具有影响力的商品集散、价格形成、信息交换和购销活动服务中心。以此为基础，逐步培育集运输、仓储、装卸、加工、整理、配送、信息等有机结合，并进行一体化经营的大型现代化港口物流园区。

（2）大力发展区域辐射型批发市场。通过政府引导和市场需求推动，加快霞山市场布局的调整和升级，建设具有鲜明特色、档次高、辐射广的大型现代化专业批发市场。以东新路为中心，包括火车南站、椹川大道、屋山家具城一带的商贸区，培育面向湛江市，辐射粤西、环北部湾的服装、农资、钢材批发市场群。

（3）以霞山水产品批发市场为核心，整合湛江及周边的农海产品资源，建设年成交额达 100 亿元以上的中国南方农海产品中心批发市场，并积极争取国家商务部的支持，将该项目纳入国家

"南方农业标准化市场"项目。

（4）建设益民农资物流中心。该市场面向粤西及广西、海南广大农业地区，通过规模化、规范化、网络化经营管理，提高服务质量，规范农业生产资料流通秩序，降低农资经营成本。

（5）发展和扩建海新钢材市场和海新建材市场。通过扩大经营场地和规模，增加经营品种，改善设施，完善市场的信息、结算等功能，建立电子报价、信息发布、结算和物流配送体系，将其打造成粤西最大的钢材、建材专业化市场。

（6）依托湛江港专业散装粮食码头、国家粮食储备库和新港粮油批发市场，建设大型的粮油综合市场，将其逐步培育发展成具有较强影响力的粮油进口、交易、加工、配送中心。

（7）以港口为依托，整合地域企业资源，大力发展供应物流、生产物流、销售物流和回收物流。以市场为导向，发展运输、仓储、加工、配送等有机结合的现代港口物流业，建设面向和辐射大西南和东盟的商品集散、信息服务、物资储运、原料配送和产品分装中心。依托交通、区位优势，在城区周边建立以家具、钢材、服饰等为主的仓储物流中心；以宝满保税物流中心建设为契机，催生一批现代物流企业，逐步形成以宝满港区为龙头的现代物流集聚区。

与此同时，重点建设临港物流加工区，引进行业龙头企业，大力发展钢铁项目中下游产业。继续支持中石油、中石化、中海油、湛化、东兴等石化行业中的龙头企业不断提高产业集聚力，带动工业经济的发展。充分利用丰富的海洋资源，培植水产加工产业链，重点扶持龙威、富昌、四宇等农海产品加工企业形成市场化、专业化发展体系。整合饲料市场资源。

第三，以港口物流业为轴心，推动现代物流业集约式发展。

"十二五"时期，霞山物流业以港口物流为轴心，发展现代物流业，实现物流业集约式发展。切入口是抓住国家将物流业列入十大产业振兴规划的机遇，以港口为依托，整合地域企业资源，大力发展供应物流、生产物流、销售物流和回收物流。以市场为导向，发展运输、仓储、加工、配送等有机结合的现代港口物流业，建设面向和辐射大西南和东盟的商品集散、信息服务、物资储运、原料配送和产品分装中心。依托交通、区位优势，在城区周边建立以家具、钢材、服饰等为主的仓储物流中心；以湛江保税物流中心、7万吨中央直属储备糖仓、雷能电力物流和广东德大物流建设为契机，催生一批现代物流企业，逐步形成港口现代物流集聚区。

"十二五"时期，霞山物流业取得了可喜成绩。2011年，临港工业增长迅猛，实现年产值406亿元，占全区工业总产值的66.5%，极大促进了霞山物流业的业务，新增年销售额达百亿元批发市场1家。

2012年，霞山水产品批发市场（宝满农海产品中心）建成开业，年交易额达300亿元。

2013年，霞山水产品批发市场（宝满农海产品中心）5万吨冷库投入使用。

更重要的是，港口物流业的发展，改善了临港工业园区的发展环境，吸引了投资者的目光。2012年，中国制造业500强排名第202位的山东渤海实业股份有限公司看中临港工业园的环境，投资20亿元在园区内建设加工厂，年加工粮油150万吨，年产值50亿元。2012年建成投资以来，生产和销售不断提升，市场前景看好。

对外经济方面

霞山区临港，拥有得天独厚发展外向型经济的条件和优势。

新区建设 30 多年来，霞山区历届领导班子站在时代的前列，大胆开拓，勇于创新，深化改革，扩大开放，在发展外向型经济方面取得了令人瞩目的成效，实现了跨越式的发展。资料显示，截至 2020 年 9 月，在霞山辖区范围内注册登记有对外贸易经营范围的企业共 755 家，区属外贸企业已经成为霞山经济发展的一支生力军。

（一）招商引资，助推经济提速增效

1984 年，霞山区升格为县级建制区。建区初期，由于底子薄，外向型经济基本处于空白状态。时任领导班子认识到，要实现经济的快速、高效发展，必须乘改革开放的东风，苦练内功，对内搞活，对外开放，吸引外资和技术，借助外力，发展经济，壮大实力。因此，霞山就把发展外向型经济的重点首先放在招商引资上，出台了一系列鼓励外商投资、发展外向型经济的政策措施，加强基础设施建设，改善投资环境，降低门槛，吸引外商的目光。与此同时，转变政府职能，把部分职责放在服务上，切实简化行政报批手续，减少审批环节，提高办事效率，为外商投资创造一个良好的外部环境和人文环境。

筑巢引得金凤栖，良好的投资环境吸引外商纷至沓来。20 世纪 80 年代中至 90 年代初，许多港商与霞山区属企业合资或独资在霞山区投资设厂，发展实体经济，霞山区外向型经济迎来了一个发展小高潮。其间，全区陆续引进资金建成了天宝锡制品工业有限公司、霞兴乳胶制品有限公司、新阳电子有限公司、湛业纺织有限公司、霞港毛织服装有限公司、霞山帐篷厂等 10 多家外向型企业，奠定了全区外向型经济发展的基础。1992 年至 1994 年，全区招商引资又向前迈进了一步，三年共新签利用外资项目合同 71 宗，合同利用外资 90772 万美元，实际利用外资 7270 万美元，引进了上湛钢管、中美化工、福盛化纤、凤梨纤维、粤海中纤板等超亿元产值项目，壮大了全区经济总量。在发展"三资"企业的同时，大力发展"三来一补"业务。1995年，签订加工装配项目7个，合同出口总额4842万美元。同年成立对外加工装配服务公司，开展对外加工装配服务。对外开放不断取得新成果。20世纪90年代后期，霞山区把对外经济建设融入国内国际经济发展大环境，进一步拓宽招商引资渠道，在稳固与港澳台等地区的外贸合作基础上，把目光投向欧美等国家，通过多渠道引进技术和资金，扩大对外开放。至2000年，短短几年间，全区批准外商投资项目88个，合同利用外资10.79亿美元，建成"三资"企业38家，实际利用外资1.23亿美元，全区经济结构逐步向外向型转变。

从"十五"计划时期开始，霞山区根据全区经济发展新态势，瞄准国内外发展新动态，调整招商引资策略，从降低门槛为抓手，转向以提高服务水平为取向，从引资项目以数量为主，转向重点关注项目的质量和发展前景，大大提高了招商引资的水平，与此同时，注重构建"区港合作""区关合作""政银合作""校地合作"关系，营造"大霞山"、大开放、大发展的理念，把对外开放水平提高到一个新高度。"十五"计划时期，全区实际利用外资近3000万美元，年均递增11%；"十一五"规划时期，全区实际利用外资5331万美元，比"十五"时期增长近一倍。"十二五"规划时期，霞山利用外商投资呈梯级增长。2011—2012年，两年累计实际利用外资2325万美元，年均增长60%。2013年，全年实际利用外资7440万美元，总额占全市一半多。2014年实际利用外资9741万美元，增长30.93%，总量超过全市一半，提前完成"十二五"规划发展目标；2015年实际利用外资（在地）1.2亿美元，增长23.19%，总量全市第一。是年，共批准5家外商企业落户霞山，引进2个国际外资知名品牌。

"十三五"规划期间，霞山区进一步加大对外开放的力度，提高对外开放水平，主动出击，在深圳等地举办招商推介会，与国内外大型企业直接对接，构筑良好的合作关系，引进投资主体，开发智慧城等项目，利用外资持续增长，2016—2018年，共利用外资4018万美元，招商引资不断取得新突破。

（二）抢抓机遇，开拓国际市场

在扩大招商引资，大力发展"三资"企业的同时，霞山区采取有效措施，抢抓机遇，努力开拓国际市场，发展对外贸易。1988年先后成立了霞兴乳胶制品有限公司等10多家外向型工业企业，生产的乳胶手套、被服、纺织品、棉纱、塑料包装袋、藤制工艺品、原木家具、箱包、矿砂、家用电器等远销东南亚、日本、俄罗斯及欧美等国家和地区。与此同时，成立了霞山区进出口贸易总公司、霞山区外经物资公司、霞山区外经开发总公司、霞山区外经实业有限公司和霞山区经贸发展公司等五家国有外贸企业，开展外贸业务。全区出口量迅速增长，"七五"时期，霞山外贸出口总额达3348万美元。

进入20世纪90年代，霞山对外贸易继续向前迈进，新成立的中美化工有限公司、上湛钢管有限公司、华发纺织制品公司、永佳包装材料公司等"三资"企业以及区属的信威工艺制品有限公司以国际市场为导向，调整产品结构，生产的产品个性强，质量上乘，深受国际买家的青睐，在国际市场上购销两旺。聚苯乙烯、丙纶长丝等成为当时国际市场抢手产品。尤其是信威工艺制品有限公司生产的藤制工艺品、包箱等更是享誉欧美市场。信威公司于20世纪90年代中注册成立，主要生产藤、竹编工艺品和国际市场流行的箱包、欧美等流行的家具等。多年来，信威公司坚持质量优先发展战略，在每个生产流程上做到一丝不苟，严把质量关，稍为不满意的产品一律视为废品，当即销毁。由于产品质量上乘，信誉满满，很快打进国际市场，成为全区一个重要出口企业。

外向型企业的不断成长壮大，推动了全区对外贸易的快速增长。"八五"计划时期，全区出口总额4533万美元，比"七五"计划时期增长26%。

"九五"计划时期，霞山区确定"稳中求进"，有效增长的经济工作方针，继续扩大对外贸易，并引导出口企业优化出口产品结构，初步实现了由出口初级加工产品向主要出口制成品、优质品的转变，1998年，克服了湛江9615号特大台风对生产、生活造成的各种困难，全区对外贸易仍然向前推进了一大步。"九五"时期，全区出口总额5733万美元，实现在困难中发展的目标。

"十五"计划时期的2001年12月，我国加入世贸组织后，十分有利于扩大对外贸易的范围。霞山紧紧把握好这一契机，实施"引进来"和"走出去"战略，进一步改善投资环境。其间，重点扶持一批对外加工贸易企业，积极为企业排忧解难，引导企业用好用活政策，提高外贸意识。成立外商投资服务中心，简化手续，加强服务。鼓励企业积极参与国际竞争，提高国际市场占有量，全区外贸出口健康发展，信威工艺制品有限公司、四宇水产公司、银河公司、润炜文具公司等私营、"三资"企业创下佳绩。其中，2002年，全区外贸出口总额1651万美元，比上年增长33%。五年来，外贸进出口年均递增36.9%。

"十五"计划后期，针对在发展外向型经济中存在的薄弱环节，比如缺乏与国际接轨的机制，吸收外资渠道窄，未能把各种优势转变为现实的招商引资优势，实际利用外资总量不大，对外贸易对拉动全区经济增长作用有限等问题，区委、区政府调整经济发展思路，坚持科学发展观，全面实施"工业强区、商贸旺区、农业稳区、文化兴区"发展战略，紧紧依托港口优势，发展临港工业和商贸业，大力推动霞山经济结构从资源优势型向港口优势型转变，实现内在经济提质增效，外向型经济转型升级。实现地区生产总值、财政收入、工业总产值、工业增加值、固定资产投资、外贸出口总额六个翻一番，为"十一五"时期经济社会发展打下了坚实基础。尤其是2005年，区属出口企业达36家，年出口超千万美元的3家；全区外贸出口总额达1.11亿美元，是2000年的11倍多，成为湛江市首个年出口超亿元的县（市、区）。5年时间，区属外贸出口总额翻一番，出口总额年均增长61.5%，增长速度居全市前列。

"十一五"时期，霞山区确定这一时期力争外贸出口总额翻两番和实际利用外资翻一番的发展目标。其间，区属对外贸易各企业在区统一部署下，利用"泛珠三角"经贸合作洽谈会、中国—东盟博览会、湛江工业博览会等活动，走出去，广泛开展招商引资。并主动增进与中央、省、市、部队驻霞山单位的相互了解和信任，通过建立多重合作关系，较好地营造了"大霞山"的发展氛围，形成了经济部门唱主角，中央、省、市、部队驻霞山单位牵线搭桥、全民参与的招商引资新格局。其间，与湛江港集团有限公司签署区港合作框架协议，成立了区港合作的载体——湛江霞港联合开发有限公司，引进了首个进入临港工业园的项目——中星石化50万吨重交沥青项目。"三资"企业蓬勃发展，外贸出口屡创新高。其中2006年外贸出口总额为1.58亿美元。

2007年，全区以科学发展观统领全局，按照"工业强区、商贸旺区、农业稳区、文化兴区"的方针，深入实施"一条主线、两张牌"发展战略，围绕建设现代化港口工业城区、区域性商贸中心和美丽的海滨城区三个目标，对外贸易成绩喜人，其中外贸出口总额1.5亿美元。

2008年是霞山区全力推进科学发展的重要一年。这一年，国内外经济环境发生了复杂深刻的变化，影响霞山发展的不利因素明显增多。面对日益严峻的形势，在市委、市政府的正确领导下，霞山区紧紧围绕"一个目标"，建设"两个园区"，打响"三张牌"，拓展"四个商圈"，做好"五个经济板块"，促进"六方面和谐"，坚持加快发展不动摇，在克服困难和应对挑战中不断前进，继续保持了经济社会平稳较快的发展态势。是年，区属企业完成外贸出口总额1.94亿美元，进口贸易总额在全市率先突破1亿美元。

2009年是改革开放以来霞山区经济发展最为困难的一年，面对国际金融危机的严重冲击，区委、区政府坚持以科学发展观统揽全局，认真贯彻落实中央"保增长、保民生、保稳定"的大政方针和省委、省政府"三促进一保持"的决策部署，按照市委、市政府"弯道超车、逆势崛起"的目标要求，围绕区委"全面提升经济发展的总量和质量、全面提升城市管理的能力和水平、全面提升城市形象的知名度和美誉度"的工作主线，负重奋进，迎难而上，苦干实干，实现经济逆势平稳发展。尤其是对外开放方面，按照"超常规、跨越式"发展要求，宽领域、多渠道推进招商引资工作。创新招商方式，以园区为载体，以重点企业为主体，以专业队伍为骨干，以中介组织为辅助，突出园区集中组合招商，开展产业招商和专业招商，加强街道招商引资，鼓励以商引商，以友招商。强化对重点项目和重点发展产业的前期论证和策划，推出一批符合霞山实际和产业发展要求的大项目、好项目，吸引更多的国内外知名企业进驻霞山，实现"引来一个，带动一批，辐射一片"的良性发展。

2010年，区属对外贸易企业全力培育出口自主品牌，优化出口产品结构，推动农海产品加工等传统出口产品升级换代，增强市场竞争力。帮助企业用足、用好、用活鼓励外贸发展的各项优惠政策，以龙头出口企业为主体，全力支持出口支柱产业和品种做大做强，支持企业积极参加国际国内知名展会，抢抓订单，开拓出口市场。鼓励企业进行技术创新和技术改造，提高加工深度和技术含量，增强产品的国际竞争力。加强与海关、检验检疫、国税、外汇管理、市外经贸等部门的信息沟通，营造良好的外经贸发展环境。加强与港澳台的服务业合作，引进先进的服务业理念和优秀服务业人才。同时鼓励外向型龙头企业与跨国公司开展多种形式的合资合作。经过努力，2010年这一年外贸出口总额1.59亿美元，比上年增长14.6%。

"十一五"时期，全区外贸出口总额8.1亿美元，比"十五"时期增加5.7亿美元，增长2.4倍，圆满实现"十一五"时期外贸出口和实际利用外资发展目标。

"十二五"时期（2011—2015年），是我国全面建设小康社会的关键时期，也是在深化改革开放、加快转变经济发展方式过程中处于承前启后的重要时段。"十二五"时期霞山区以《中共中央关于制定国民经济和社会发展第十二个五年规划的建议》《中共广东省委关于制定国民经济和社会发展第十二个五年规划的建议》和《中共湛江市委关于制定国民经济和社会发展第十二个五年规划的建议》为指导，按照《中共湛江市霞山区委关于制定国民经济和社会发展第十二个五年规划的建议》的要求，在充分体现以人为本和坚持科学发展观的基础上科学编制发展规划，进一步扩大对外开放，提高对外经济贸易水平。

一是实施"外向带动"战略，提高国际资本利用与合作水平，扎实推动市场开拓、产业对接、资源开发和科技创新。促进企业自主创新。继续积极有效地吸收外资，提高对国外先进技术和管理经验的消化、吸收和创新能力。吸收外资突出提升技术层次，突出本土特色，将吸收外资与提高企业自主创新能力有机统一，突出提高总体效益，促进产业结构优化升级。

二是不断扩大外贸进出口规模，继续深入实施外贸主体、商品、市场和方式的多元化，着力转变增长方式，提高出口商品的质量、档次和效益，提高外贸企业的国际竞争力，从低价竞争优势向综合竞争力优势转变。进一步调整对外贸易结构，全面提高民营企业的国际贸易能力。鼓励外资企业扩大出口，继续发挥木家具、水产品、箱包、体育用品等传统产业的出口优势；确定重点培育对象，创建出口品牌，鼓励自主品牌企业出口，加大对品牌出口商品的支持力度，充分发挥信威、康年等品牌的积极带动作用；此外，将国内外各种专业展会作为出口企业推广自主品牌产品的有效切入点，加强上下游生产企业之间、生产和流通企业之间的协作配合，共同构筑更加稳固的国际销售网络。

三是提高对外贸易综合效益。引导企业提高出口产品的经济效益，增强比较优势产品的国际市场定价能力；以自主创新为核心，以品牌、技术和营销为重点，加强对进出口商品的质量管理和知识产权保护，提高出口商品的核心竞争力。

四是坚持"走出去"，"引进来"，组织康平橡胶、信威绿色家具等企业参加春秋两季广交会，与国际市场对接，组织钱大姐海产品有限公司、华铭光电有限公司参加在澳门举办的粤澳名优商品展销会和在南宁举办的中国东盟博览会，深化与港澳地区的经贸合作，提升与东盟国家在经贸合作上的水平，开拓新兴经济体和发展中国家市场。"十二五"时期，全区进出口总额年均增长20.8%，每年都有新的亮点。

2012年，全区进出口总额为3.82亿美元，比上年增长14.7%，大幅超进出口总额增长7%的奋斗目标。其中，出口总额为1.67亿美元，下降8.6%；进口总额为2.16亿美元，增长42.8%。

2013 年的对外贸易总额高速增长，完成进出口总额 9 亿美元，比上年增长 1.4 倍，增速全市第一。其中出口 2.3 亿美元，增长 37.72%，新增超亿美元进口企业 2 家。

2014 年外贸出口总额 2.54 亿美元。

2015 年霞山区主动融入 21 世纪海上丝绸之路建设，抢抓世界经济格局调整与珠三角、长三角等经济发达地区产业调整的机遇，大力引进经济效益好、创税贡献大、品牌信誉佳的国内外大集团、大企业，鼓励和引导区内有条件的企业到境外投资、合作、跨国并购。外贸进出口总额增长 8%。

（三）适应新常态，提高对外开放水平

"十三五"时期（2016—2020 年），是实现全面建成小康社会决胜阶段，是广东实现"三个定位、两个率先"的重要时期，是湛江市推进环北部湾中心城市建设的重要时期，也是霞山区与省、市同步建设小康社会的关键时期。这一时期，霞山区属对外经济立足当前、着眼长远，主动适应新常态，把握国家实施"一带一路"倡议和湛江打造 21 世纪海上丝绸之路战略支点市的机遇，加强与欧美、东盟各国、环北部湾地区的合作，构建全方位、多层次、宽领域的大开放格局，促进开放型经济加速发展，努力建设湛江"对外开放第一门户"。

全力加快霞山智慧产业城、湛江保税物流中心等重大战略开放平台建设。把保税物流中心打造成为环北部湾进出口贸易及物流集散中心和临港保税加工基地。把霞山智慧产业城建设成为环北部湾最大的智慧产业新城。全面提高城市建设与管理的档次，以国际化为导向重点发展国际商务、总部经济等外向型产业，打造成为湛江国际化程度最高的都市功能区。

充分发挥保税物流中心政策优势和湛江港交通优势，积极优化对外贸易发展环境，全面提升对外贸易水平。积极承接世界各

地及珠三角地区的加工贸易转移，支持企业在境外设立贸易机构和举办展销活动，培育引进对外贸易企业。切实转变外贸发展方式，鼓励外贸企业扩大出口，继续发挥农海产品、家具、箱包、体育用品等传统产业出口优势，实施科技兴贸、以质取胜、创建品牌的发展战略。发展专业对外贸易企业，组织外地货源，扩大全区外贸出口总量。促进对外贸易主体、贸易方式、出口商品和贸易市场多元化，扩大自主品牌商品出口，提高出口商品的质量、档次和效益，提高外贸企业的国际竞争力，从低价竞争优势向综合竞争力优势转变。依托港口和产业基础优势，鼓励大宗商品进口，进一步做大进口贸易规模。

鼓励和引导优势企业更多地参与跨国投资建设，积极稳健收购兼并海外企业，努力获取技术、品牌、营销网络和资金资源渠道，提升国际化经营能力，促进企业转型升级。重点支持龙威水产、和鑫水产等企业到境外投资建厂，华铭光电在国外设立贸易公司。

广泛开展跨行政区域的经济合作，积极举办交流合作论坛，开展招商推介活动，形成相互开放、共同发展的格局。加强与发达地区在优势产业、知名品牌等方面配套承接、协作联动、市场共享，承接发达地区优势企业、知名品牌及外商投资企业的梯度转移。

准确把握国际国内发展新趋势，敏锐洞悉国际国内先进产业新动向，不断创新招商引资方式，努力扩大招商引资规模。着眼于产业链延伸、产业配套完善，深入开展有针对性的产业招商、项目招商，着力引进技术含量高、品牌影响大、引领作用强的项目。积极引导外资重点投向高新技术产业、先进制造业、现代服务业，鼓励外资企业建立地区研发中心或分部，支持外资参与服务外包基地建设，吸引国际资本参与区内投资。

"十三五"时期，全区招商引资稳步推进，对外贸易高效发展，对外开放水平不断提高。

2016年，按照湛江建设海上丝绸之路战略支点城市和环北部湾中心城市总体部署，霞山区加强与东盟的对接，加强与珠三角等经济发达地区的交流，大力引进优质企业，产业转移承接取得实效。加强港澳台工作，促进与港澳台地区经贸合作，推动区域双赢逐步向纵深发展。引导企业开拓新兴经济体和发展中国家市场，做大对外贸易规模，支持龙威水产、和鑫水产到境外投资设厂，华铭光电到国外设立贸易公司。全区外贸进出口总额完成35.1亿元，其中出口总额13.1亿元，增长15.2%，超额完成进出口总额增长10%目标；实际利用外资2116万美元。

2017年，霞山区实现外贸进出口总额27亿元，其中出口总额14亿元，增长6.87%。与上年同比，进出口总额虽然下降，但出口总额呈上升态势。

2018年，是落实党的十九大精神开局之年，是我国改革开放40周年，也是全面建成小康社会决胜之年。进入新时代，湛江被定位为国家"一带一路"海上合作战略支点城市、北部湾中心城市、全国性综合交通枢纽和省域副中心城市，湛江迎来多重战略机遇叠加的黄金发展期。霞山作为湛江的中心城区，有依托区位融入湛江新一轮发展大格局的优势，从中受益加速发展。区委、区政府抓住机遇，在做大做强临港产业，拉动经济快速发展的同时，扩大对外开放，利用外资和对外贸易均取得了新成效，是年，全区利用外资的目标是902万美元，外贸进出口总额是35.6亿元，同比增长31.85%。成功引进"红星爱琴海购物公园"项目和"粤西九州通大健康产业基地"，以及"粤西现代医药中心"等项目。

2019年，霞山区坚持以习近平新时代中国特色社会主义思想为指导，全面贯彻中央和省、市重大决策部署，坚持稳中求进的工作总基调，深入贯彻新发展理念。在外向型经济工作中，努力克服因中美贸易争端期间给进出口贸易带来的影响，迎难而上，仍然取得外贸进出口总额29.6亿美元，实际利用外资73万美元的成绩。

2020年是实施"十三五"时期发展规划的最后一年，是年，突发的新冠疫情席卷全球，对经济社会和民生产生了重大影响。在这一特殊时期，霞山区委、区政府高举习近平新时代中国特色社会主义思想伟大旗帜，团结全区广大党员和群众，深入贯彻落实总书记对广东系列重要讲话和重要指示精神，认真落实省委1+1+9工作部署和市"三个一"建设部署要求，按照扎实做好"四篇文章"，全力推进"四大抓手"，深入实施"五大产业发展计划"，大力实施"东提西拓"战略，扎实做好"六稳"工作，全面落实"六保"任务，全面建成小康社会取得决定性成就的工作目标，努力克服新冠疫情给对外贸易带来的重重困难，迎难而上，完满完成"十三五"时期转型破局，经济增长更加稳健的既定目标，实现了"三个上台阶"，霞山经济社会高质量发展迈出坚实步伐。其中，全年全区外贸进出口总额累计158.4亿元，实际利用外资4374万美元。

农业方面

机构改革前霞山区主要行使城市管理职能，农业方面只管辖11个农业大队和5个农副业大队，农业人口25570人，耕地面积13695亩。1984年，霞山区升格为县级建制区，海头乡（现为海头街道办事处）划归霞山区管辖，耕地面积扩大到32343亩。农业的发展摆上了区委、区政府的议事日程。在全面分析农业生产状况的基础上，根据各村、各个区域的实际情况，调整发展思路，分类指导，促进了农业和农村经济的全面协调和可持续发展。

（一）加强农田基本建设，为农业发展打好基础

20世纪50年代开始，全区开展修堤、筑坝、挖山塘、修水库、打井工程，改善了农业生产条件。新区成立后，加大了农田基本建设的力度，推进农田田园化。至1991年，全区建有沙坡水库一座，蓄水量23万立方米；大小口径水井72眼；山塘350口，蓄水容量2200万立方米。从20世纪90年代初开始，逐年加大对农田基本建设的投入，新建、重建了一批水利工程。1993年投资5300万元，修建南柳河堤，疏通10.4千米河道；1998年全区投入2600万元重建港南大堤；1999年投资102.18万元加固赤溪水库。至2000年，全区已建有水库2座，蓄水容量330万立方米；防潮大堤1条，总长6.5千米；大小口径水井72眼，有效灌溉面积1.5万亩，基本满足了农业生产用水需要。

进入21世纪，霞山区继续加大对农田基本建设的投入，2008年，投资建设完善坛上、坛坡村400亩基本农田排灌系统，仅此项工程，每年可增产粮食10万千克；投资加固特呈岛6.7千米海堤，提高抗风抗险能力；在东纯村建设2400立方米沼气池，推动农村绿色可持续发展；投资2.2亿元，整治南柳河6千米河道，修建6千米堤岸，绿化6千米堤岸，大大改善了沿河两岸农业生产条件和群众的生活环境。

（二）利用优势，大力发展高效型农业

霞山区利用近郊农业优势，加强对农业产业结构和生产布局的调整，大力发展开发性和效益型农业。1988年，蔬菜种植面积1.6万亩，其中北运蔬菜种植面积1100亩。1989年，霞山区蔬菜种植面积1.4万亩，产量达1107吨。20世纪80年代末至90年代，霞山区先后在陈铁、西厅、北月、深田、岑擎、东纯等村建成了6000亩城市居民"菜篮子"蔬菜生产基地。为了提高蔬菜

质量，海头乡还建起了蔬菜试验田，为蔬菜生产推广良种提供样板。1995 年，蔬菜总产量同比增产 1540 吨；1999 年和 2000 年，蔬菜总产量均保持在 1.7 万吨水平。

积极发展畜牧业。湛江市政府提出大力发展"两水一牧"（水产、水果、畜牧业）决策之后，霞山区顺势而为，引导群众走专业化生产之路，全区畜牧业迅速发展。一批养鸭、养鸡、养猪专业养殖场通过改良技术、引进优质品种，生产规模不断扩大。据有关部门统计，1987 年，霞山区个体养猪已达 2.48 万头；养鸡专业户 19 户，养鸡 16 万只；养鸭专业户 125 户，养鸭 40 万只。1995 年，饲养业有了更大发展，建立了食品公司屋山养鸡场，培育了 5 户养猪专业户，每个专业户年养猪达 1000 头以上；养鸡、鸭、鹅专业户 78 户，年饲养量达 80 多万只。1997 年 10 月，作为湛江市"菜篮子"工程建设重点项目之一，畜牧业的配套工程，霞山肉类联合加工厂正式投产，屠宰能力日宰生猪达 1000 头、菜牛 200 头。

进入 21 世纪，石头、百蓬、南柳等村庄利用海滩、鱼塘基以及山坡空闲林地发展养猪养禽业，并逐渐成为畜禽蛋生产基地。2004 年，由霞山区菜篮子基地"浦生养殖场"牵头立项，在沙坡村筹建 2 万头规模的"金香猪养殖基地"，建立生态养殖公司，形成"公司（基地）＋农户"的经营模式，扶持和带动贫困村庄的经济发展。2005 年，建立湛台农业合作试验基地。2006 年，建成深田万头猪苗养殖场及三鸟养殖基地，全年肉猪饲养量 24.6 万头，出栏量 16.1 万头。

稳步推进渔业发展。霞山沿海村庄有浅海捕捞作业的传统，渔产品主要有龙虾、对虾、白鲳、马鲛、石斑、黄花鱼、海参、海蜇等优质水产品。1987 年，全区总共有渔船 558 艘，达 8200 多匹马力，其中有新装渔船 91 艘。1988 年，全区水产品总产量

4493 吨，总产值 1472.3 万元。1990 年，全区水产品总产量达到了 7445 吨，总产值 1921.5 万元。1991 年，海头和海滨两条专业渔村划归湛江经济技术开发区之后，霞山区从事渔业生产的人口减少，渔业生产情况发生变化。1995 年，全区水产品总产量 6008.5 吨，比 1990 年下降 19.29%，但总产值达 3448 万元。2000 年，全区水产品总产量达到 9386 吨，渔业总产值 6272 万元，渔业生产又上了一个台阶。

大力发展水产品养殖业。霞山区临近海湾，拥有广阔的海面，海滩涂资源非常丰富，发展海水养殖业条件得天独厚。区委、区政府鼓励群众开发水面和海滩涂，大力发展海水养殖业，走上了一条新的致富之路。1987 年，全区利用滩涂鱼塭新开发虾塘 1800 多亩，海水养殖面积扩大到 4800 亩；利用低洼地开发鱼塘 2200 亩，当年总产量就达 780 吨。1988 年后，由于自然生态和海洋资源的变化，海洋渔业作业减少，海产品产量有所下降。在此期间，为了不影响沿海渔民的收入和生活，区政府及有关部门积极引导渔民转产，扶持渔民发展海水网箱养殖和海滩涂养殖，保持了渔业生产发展水平。1998 年，全区养殖总面积达到 10980 亩。进入"十五"时期之后，霞山区利用得天独厚的自然条件，进一步加大力度发展海（淡）水养殖业，通过政策扶持、资金支持、技术指导等措施，引导群众走集约化养殖经营之路，不断扩大生产规模，增加养殖品种，提高产品质量。海水养殖从起初单一的鱼塭养殖增加了滩涂养殖和海水网箱养殖，从原始自然放养转为人工放养。海水养殖不但增加了养殖面积，而且增加了养殖品种，提高单产和总产量，渔业生产发生了质的变化，成为渔民寻求渔业出路的新兴产业。

（三）推进农业产业化、集约化发展

随着城市化步伐的加快，农村土地不断被征用，农业用地不断减少，农业发展空间不断被挤压。霞山区委、区政府意识到，要突破农业发展瓶颈，必须走产业化道路，实现农业集约化发展。

1. 建立生产基地，创新发展模式。20 世纪 80 年代，霞山区就着手调整农业生产布局，在陈铁、西厅、楼下、后洋一带建设10000 亩水稻和蔬菜生产基地，投入大量人力物力和财力，改造生产基地基础设施，建设规范化农田，修建标准化灌溉水渠、田间道路，按田园化标准完善生产基地各项设施；同时推广良种，实行科学种植，生产基地连年获得好收成，仅蔬菜这一项，年产量就达 8600 吨。

进入 21 世纪，霞山区进一步加大农业生产基地的建设力度，在陈铁村建起了 500 亩无公害蔬菜示范基地和蔬菜加工场，并以"公司＋基地＋农户"生产模式，带动名优蔬菜的种植，推动绿色种植业的发展。随后，市级农业龙头企业相继落户霞山，陈铁无公害蔬菜基地持续扩建至 2000 亩，生产品种多达 30 余个，绿色食品品种 8 个，每天可为城市居民供应无公害蔬菜 2 吨。2007年，全区蔬菜生产基地扩大到 19000 亩，亩产 1070 公斤，总产量20000 吨。此期间，霞山还在湛江机场公路两旁建起千亩火龙果生产基地和西厅、岑擎等村的水果生产带。

利用丰富的近海资源，建设海滩涂及海水养殖基地，大力发展养殖业，实现渔业生产的转型升级。早在 1986 年，沿海的宝满、调罗等村村民开始在海滩涂上试养贝类，海头成立海头乡北月虾塘管理所，承包北月、木兰村的家曾塭和石代塭共 1000 多亩，建成对虾养殖场。1987 年春，首次进行人工放养对虾，获得成功，调动了群众的积极性，群众纷纷加入养殖行业。短短几年，调罗、宝满等村先后开发海滩涂、鱼塘养殖基地 4500 亩，年产海产品 1000 吨，成为全区首个海滩涂养殖基地。

开发海湾水面资源，建立网箱养殖基地，发展海水养殖业。

80 年代中后期，为了保证湛江港进出港航道通畅，特呈岛逐渐放弃了传统的网门捕捞作业。1987 年，在霞山区有关部门的支持下，特呈岛管理区与香港商人合作创办了湛江市金海网箱养殖有限公司，在特呈岛周边海域试养海鱼。放养的鱼类主要有石斑、软唇、鲈鱼、红鱼、黑记、白花鱼、赤记、金古鱼等，获得成功，其中坡尾村村民投资养殖优质鱼取得了很好的收益。于是，网箱养殖在特呈岛上迅速推广开来。1995 年，网箱养殖发展到 3562 个箱，总面积达 22262 平方米，年产活鱼 300 吨。1996 年，湛江遭遇 9615 号台风重创，霞山渔业损失惨重，尤其是特呈岛海水网箱养殖基地更成为重灾区，3500 多个海水网箱全部被强台风摧毁。台风过后，霞山区采取有力措施，帮助群众抗灾复产，仅两个月就恢复了生产。1997 年，特呈岛网箱养殖从灾前的 3500 多个网箱发展到 5000 个网箱。1999 年，特呈岛网箱养鱼专业户已发展到 500 户。2000 年，网箱养殖达 7000 多个网箱，养殖面积 94.5 亩，产量 1457 吨，产值 1820 万元。2005 年，全岛已开辟网箱养殖面积 800 多亩，网箱 8900 个，年产鱼 4200 吨，产值 3600 万元，集体经济年纯收入 120 万元。特呈岛成为远近闻名的"海上渔村"和专业性网箱养殖基地。

调整产业结构，发展深海养殖业。为减少对海湾的污染，实现海水养殖业可持续发展，霞山区动员养殖专业户进军深海养殖，并引导养殖户成立特呈岛深海网箱养殖专业合作社，在岛东南面 30 多米水深处建立深水网箱养殖基地，获得成功。2013 年，深水网箱发展到 72 个，共有 50 多户家庭加入了合作社，养殖年产量达到 5000 多吨，年产值 7500 多万元。特呈岛已成为粤西地区最大的海上网箱养殖基地，出产的活鱼不但供应本土市场，还有 1/3 销往香港、澳门等地区和日本、韩国等国家，1/3 销往珠江三角洲等地。

霞山区大力推进"基地＋公司（专业合作社）＋农户"农业发展模式，继成立特呈岛深水网箱养殖专业合作社后，2008年相继成立特呈岛巾帼农业技术种养专业合作社、海春蔬菜农民专业合作社，2009年成立宏辉渔业生产合作社、盟心养猪生产合作社，2010年成立海源专业合作社。至2018年，全区共组建80个农村经济社、24个农民专业合作社。通过建立示范性生产基地，发展专业合作社，引导群众走上合作化、专业化、集约化的发展道路。

2. 坚持绿色发展理念，实现农业可持续发展。在建立农业专业化生产基地，推进农业集约化发展的同时，霞山区秉持绿色发展理念，鼓励群众从实际出发，发展绿色产业，实现农业持久、稳步发展。

2002年，霞山区确立了发展无公害蔬菜基地、发展农业高新科技园的思路，通过招商引资，调整农业生产结构，由广东省农业龙头企业——广东东升农场加盟投资，在陈铁村建立了无公害蔬菜示范基地，以"公司＋基地＋农户"生产模式，带动周边农户种植名优品种蔬菜。蔬菜园区整体规划，道路、排灌系统统一设计安装，实行自动化喷淋灌溉、田间科学管理。2004年，基地种植的超甜玉米及北运蔬菜、萝卜、辣椒等喜获丰收，收益良好。之后，基地不断扩大，2010年该基地增扩至2000亩，基地企业绿田菜业有限公司也成长为湛江市农业龙头企业。

2008年，霞山区实施生态家园富民计划，把农业生产、农村建设与养猪业有机结合，实施清洁能源生态工程，推动农村沼气工程建设。在边坡、黄西、东纯村分别建成了800平方米、600平方米、2400平方米的大型沼气池和生猪养殖基地，利用沼气发展农村循环经济，按照"猪＋沼＋菜（鱼）"的模式发展生态农业，促进农村经济可持续发展。

进入 21 世纪后，霞山区因地制宜，充分利用霞山乡村山清水秀、生态优良的特色，结合创建生态文明村活动，重点扶持发展乡村生态旅游、观光农业。重新规划乡村建设，根据"一村一品"方案设计乡村发展项目，开发了边坡村火车庄园、农业休闲园项目，岑擎村、东纯村农家乐、榕树生态观光园旅游项目，特呈岛生态旅游岛项目等，集农业观光、农家乐、农村生活于一体，发展现代农业旅游观光业，带动了种养业等相关产业的发展，霞山区农业步入了新的发展阶段，农业不断创造新的辉煌。

科技方面

霞山集中了湛江最具规模的科研和高等教育机构，是广东省除广州市外，高等院校及在校学生人数最多的城区，拥有雄厚的科学文化基础和浓厚的科学文化氛围，成为湛江市的科教文化中心。辖区内有省部级重点大学——广东医科大学、广东海洋大学，中央、省属驻霞科研单位——华南热带作物产品加工设计研究所、林业部湛江桉树技术研究中心、中国科学院南海海洋研究所湛江实验站、广东省制盐工业设计研究所等，市属驻霞科研单位——湛江机械研究所、湛江市化工研究所、湛江市科技情报研究所、湛江市软件研究所、湛江市产品质量监督检验所、湛江市防雷设施检测所等，区属科研单位——湛江水产饲料技术开发中心、海头农科站等，科技团体和服务中心——湛江市霞山区科技工作者协会、湛江市科技开发交流中心、港江市计算机技术开发中心、湛江市科技培训中心、湛江市科学技术咨询服务中心等。

霞山区科技资源较为丰富。截至 2018 年底，霞山区共有高新技术企业 17 家，国家级技术服务中心 1 家，省级重点实验室 1 家，省级工程技术中心 4 家，市级工程技术中心 8 家，院士工作站 1 家；饲料、医药、家具等高新技术领域的科研和科技成果达到国内先进水平。

（一）实施科技兴区战略，提升科技进步水平

20 世纪 90 年代，为激励科技人员学术研究和创新，区政府先后制定《湛江市霞山区科学技术进步奖励实施方法》《湛江市霞山区优秀科技工作者评奖方法》《湛江市霞山区科技成果转化奖评奖办法》等 3 个奖励方法，每年按照奖励方法评定获奖项目及获奖人，进行表彰和兑现奖金。1994 年至 1996 年，全区已评出优秀科技工作者 76 人次，获区科技进步奖项目 3 个，其中，一等奖（粤海对虾饲料）1 个，二等奖 2 个。同时，每三年评选拔尖科技人才一次，至 2000 年止，已评选 3 期，共选出 24 位拔尖人才。区政府给拔尖人才颁发拔尖人才证书、拔尖人才优诊证，并按月发给特殊津贴。为调动青年科技人员的积极性，区还开展树"青年科技标兵"活动，给予表彰奖励。

1990—1993 年三年间，针对全区工业基础薄弱、资金能源缺乏、经营活力不强的状况，区委、区政府把握改革开放的良好机遇，依靠科技进步改造和发展企业，增强其活力，引导企业走向市场。一批区属骨干企业积极适应市场，从单一的生产经营转向多元化生产经营。霞山机械厂与香港惠尔好实业有限公司合资兴建一座面积 4600 平方米的新厂，以生产陶瓷机械设备为主，同时生产糖机、化工、轻工等产品，提高了竞争能力。海头机械厂研制出倾斜式高效碎煤机、多功能薯类切片机、双色塑料印字机、250 型陶片挤砖机等新产品，畅销国内外。霞山饲料厂吸收消化台湾饲料生产技术，自行设计制造两条 2.5 万吨全自动生产线，提高了生产效率。三年间，全区工业系统引进科技项目 8 个，研制新产品 6 个、新花式品种 28 个，改造企业 6 个，提高了企业的效益。1992 年，霞山区工业增加值 7100 万元，比 1991 年增长 31.8%，比 1989 年增长 97.2%，其中独立核算工业企业完成增加值 3382 万元，比 1991 年增长 19.7%。

"十五"时期（2001—2005 年），全面实施科教兴区战略，大力推进科技进步和发展高新技术产业，科技事业得到了很大的发展。五年实施科技项目 50 个，全部建成投产，开发并推广新产品和新品种 53 个，为霞山经济发展培育了一批新的增长点。建立 1 家市级、1 家省级工程技术中心和 1 家国家级技术服务中心，初步形成了多层次的技术创新和成果转化体系。全区共获得科技成果 20 项，其中省级科技进步三等奖 2 项，市级科技进步一等奖 2 项、三等奖 6 项；申报国家专利 40 项，授权 32 项。创办国家级高新技术企业 1 家，省级高新技术企业 2 家，发展高新技术产品 11 个。民营科技企业 19 家，培植的民营科技企业 6 家。

"十一五"时期（2006—2010 年），科技工作取得新成绩，建立了省级工程技术研发中心 2 家，市级工程技术研发中心 3 家，高新技术企业 2 家，民营科技企业 36 家。获得中国名牌产品 1 个，省名牌产品和著名商标 7 个，专利申请量 458 件，授权 277 件，其中发明专利 40 件。促进科技成果转化，获得各级各类科技奖 19 项，其中获得省级科技进步三等奖 2 项，市级科技进步特等奖 6 项、一等奖 1 项、二等奖 4 项、三等奖 6 项。争取和组织实施各类科技项目 101 个，其中省级项目 60 个、市级项目 41 个，争取项目资金 500 多万元。建立省级科普示范社区一个。粤海饲料集团公司科协被评为全国科普惠农兴村先进单位。

"十二五"时期（2011—2015 年），创新平台建设逐步加强，全区拥有院士工作站 1 家，高新技术企业 4 家，省级工程技术研发中心 3 家，市级工程技术研发中心 5 家，重点骨干企业均建立技术研发机构。"人才强区"战略稳步推进，建立了霞山区科技人才库，入库各类科技人才 594 人；"霞山区名师引航'一十百千'工程"和"霞山区水海产品加工与流通产业高层次人才引培工程"全面实施；科技业务培训形成常态，科技人才素质进一步提高。科技水平稳步提高，华铭光电被省科技厅列为高企入库培育企业，南国药业建成省级工程技术研发中心，广东普奥思生物科技有限公司建成国际领先的细胞培养基研发中心。

"十三五"期间（2016—2020 年），大力实施创新驱动发展战略，以霞山智慧产业城为主要载体，以好平台、优环境、宽政策，汇聚人才流、资金流、信息流，将霞山打造成为在环北部湾颇具影响力的智慧产业和研发机构集聚地。顺应"互联网＋"发展趋势，支持节能环保、生物技术、信息技术、智能制造、新能源等新兴产业发展，激发创新创业活力，推动大众创业、万众创新。抓好工程技术研发中心、高新技术企业的培育，争取中纺粮油成功申报省级工程技术研发中心、华铭光电成功申报高新技术企业和市级工程技术研发中心，支持粤海饲料申报上市。

（二）发展高新技术产业与创新体系，增强科技综合实力

2006—2016 年期间，区委、区政府认真学习《中华人民共和国科学技术进步法》，围绕"自主创新，重点跨越，支撑发展，引领未来"的科技方针，深入贯彻落实科学发展观及省、市有关会议精神，创新工作思路，先后出台了《霞山区关于加快创新驱动发展的实施意见》和《霞山区科技创新奖励资助暂行办法》等意见和办法，这些举措促进了全区创新驱动发展活力。全区科技工作贯穿于提高综合实力和科技竞争力的主线，在发展高新技术产业、建设技术创新体系提升自主创新能力、科技项目的申报与实施、促进科技成果转化、引导企业推进技术创新和产学研合作、科技兴农、科技进步目标责任制考核等方面都取得了新突破，整体提升了全区科技进步水平，实现新的跨越，科技对经济增长的贡献率不断提高。霞山区在 2011 年、2013 年度通过全国县（市、区）科技进步考核。

　　抓住机遇，发展高新技术产业与创新体系。湛江海洋产业基地以霞山滨海工业区和麻章工业区为基础，规划建设临港工业、海洋生物、水产动物饲料和水产品加工等四大功能区。其中临港工业功能区和海洋生物功能区建在霞山滨海工业区，面积有10平方千米，海岸线15千米。区委、区政府对此十分重视，积极营造宽松的政策投资环境，全力扶持一批骨干企业作为基地开发的龙头，以海洋高新技术为导向，建设水产动物饲料、海洋药物和海洋功能食品工业群。产业集聚的作用效益正在日益凸显，现已呈现快速、持续、健康发展的局面，在带动霞山滨海工业区的产业结构升级、提升支柱产业竞争力和科技创新能力方面发挥了突出作用，使霞山区的高新技术及其产业发展均有较大提升。据2016年12月统计，高新技术产品累计有460个；广东同德药业有限公司、广东南国药业有限公司、广东粤海饲料集团有限公司、广东华铭光电科技有限公司等4家省级高新技术企业，都是按照国家科技部、财政部和税务总局新的《高新技术企业认定管理办法》，由霞山区评选认定后，报广东省科技厅批准认定。广东粤海饲料集团有限公司分别列入国家级创新型试点企业和省级创新型企业，广东同德药业有限公司列入省级创新型试点企业。

　　2014年以来，霞山区对区域企业进行分类指导，引导企业申报进入高新技术企业的入库培育，争取获得省科技厅经费支持。霞山区委、区政府认真按照中共湛江市委、湛江市人民政府贯彻《中共广东省委、广东省人民政府关于提高自主创新能力提升产业竞争力的决定》的意见和《湛江市促进中小企业平稳健康发展的实施意见》《湛江市自主创新行动计划》等决策部署，引导和扶持辖区企业作为技术创新体系建设的主体。2006—2016年期间，霞山区在构建技术创新平台的工作方面取得重大突破，逐步形成了多层次的技术创新体系，增强了科技综合实力，为霞山区经济社会发展提供了科技支撑。重点构建以驻湛高校和省部属研究所为主体的研发体系，构建以本区重点企业为主体，产学研紧密结合的技术创新体系。抢占行业技术制高点，力争做到生产一代、储备一代、研发一代，实现高新技术持续发展。至 2016 年 12 月，全区先后在通用电气、机械、生物医药、新材料、水产动物饲料等优势行业的重点骨干企业建立了广东省皮肤/黏膜释药制剂工程技术研究开发中心、广东省水产动物饲料工程技术研究开发中心等 3 家省级工程技术中心，建立了湛江市水产动物饲料工程技术研究开发中心、湛江市医用注射剂工程技术研究开发中心等 6 家市级工程技术中心，建立了湛江机械制造集团公司技术开发中心、粤海（湛江）中纤板有限公司技术开发中心等 6 家市级企业技术开发机构。

"十三五"时期，高新技术产业发展壮大。高新技术产业产值从 2015 年的 36 亿元增至 2020 年的 67 亿元，年均增长 16%。高新技术企业总量达 27 家，是 2015 年的 9 倍。高新技术产品达 196 个，连续五年保持两位数增长。创新驱动发展显著提升，累计建成各类研发机构 23 家，新增院士工作站和省重点实验室各 1 家，国家知识产权优势企业和省知识产权示范企业实现零突破。累计完成专利申请量 3959 件、专利授权量 2566 件，年均分别增长 69.8%、48.8%。每万人有效发明专利拥有量年均增长 35.61%。华港小区成功纳入省 5G 建设规划，建成 5G 基站 491 个，新建和改造智慧杆 102 根，园区基本实现 5G 网络覆盖。

（三）积极申报企业科技项目，企业科技成果显著

1. 积极申报组织实施各级各类科技项目

霞山区科技管理部门认真指导和帮助企业有针对性地申报各级各类科技计划项目，及时解决企业申报科技攻关项目中遇到的困难。深入区属各企业调查了解生产情况，热情指导通用电气、

机械、生物医药、新材料、水产动物饲料等优势行业的重点骨干企业，选择一部分科技含量高、市场前景好、效益较明显的项目申报国家、省、市各类重点科技计划。在区财政逐年增加科技投入情况下，加强与上级科技管理部门的联系和沟通，争取申报的项目能获得批准立项，培育辖区科技企业自主创新能力，以此引导企业开发新技术和新产品，推动霞山区中小科技企业的发展。对已立项的科技项目的实施情况进行跟踪检查，帮助执行项目单位克服困难，完成项目的实施，使每个项目真正发挥预期社会效益和经济效益，并取得具有自主知识产权的核心技术和知名品牌。

2002—2005 年，全区组织实施国家、省、市、区科技计划项目 63 个，均获得上级部门 234 万元的科技经费支持。其中 2002年，组织申报"国家火炬计划湛江海洋产业基地"的项目，由国家科技部、省科技厅的有关领导和专家对项目进行实地考察并开展论证，批准该项目为广东省唯一的国家级海洋产业基地。

2006—2008 年期间，霞山区加大对各级各类科技项目的申报力度，全区组织实施国家、省、市科技计划项目有 48 个，其中承担"ERP 专项技术在企业的应用示范推广""创新中药醒脑静微乳鼻腔喷雾剂的研究开发"等 17 个广东省科技项目；实施"聚苯乙烯板材专用料的研发及产业化""霞山区科技企业信息服务平台的建设"等多个湛江市科技项目，均获得上级部门的科技经费支持。

2009—2013 年期间，霞山区继续加大对各级各类科技项目的申报力度，全区组织实施国家、省、市科技计划项目 39 个，获得上级部门 701 万元科技经费支持。其中承担"南美白对虾配合饲料产品创新与产业化升级""皮肤/黏膜释药制剂科技创新平台""制糖业废弃物的综合利用""企业信息化系统技术咨询服务平台"等 18 个广东省科技项目，实施"醒脑静微乳鼻腔喷雾剂的研究开发""硝酸益康唑气雾剂微乳工艺的研究及产业化""卵形鲳鲹安全优质无公害全人工饲料关键技术研究与产业化""油脂脱臭关键技术的研究开发""区域知识产权发展计划"等21个湛江市科技项目。

2014—2020年，大力实施科技项目，不断提升创新能力。引导全区多家企业参加申报省、市科技计划项目25个，其中承担"湛江市新型科技公共服务平台能力建设"等13个广东省科技项目，"湛江市水产动物营养与饲料重点实验室建设""高效抗病型南美白对虾配合饲料专利成果转化与应用推广""湛江市医用注射剂工程技术研究开发中心建设"等58个项目列入湛江市财政资金科技专项竞争性分配项目，均获得上级部门的科技经费支持。2020年，全区共15家企业申报高新技术企业，广东海茂投资有限公司通过市级工程技术研究中心认定，并获得湛江市科技项目立项20万元经费支持。

2. 科技成果评审奖励

1984年至2000年底，区属单位获得市级以上鉴定通过的科研成果5项，专利授权3项，市级以上科技进步奖5项，民营科技企业6家，省级高新技术企业2家，开发新产品30个，其中列入省级以上重点开发计划的2项，实施省级以上"星火""火炬"计划3项。

2003—2005年度有9项成果获得奖励，其中《新蛋白源在南美白对虾饲料中的应用》成果获省级三等奖，《新型高效水产动物饲料的研制》等两项成果获湛江市科学技术进步奖一等奖，《"税信通"税收征管短信系统》和《维生素对南美白对虾生长及免疫系统的影响》等6项成果获湛江市科学技术进步奖三等奖。

2006—2016年期间，霞山区科技管理部门根据《湛江市科学技术奖励办法》的规定及《霞山区科技创新奖励资助暂行办法》，积极组织科技创新与经济社会发展紧密结合、支撑和引领作用明显增强的产学研创新成果和应用技术成果，申报各级各类的科技成果奖励。2006—2008 年度有 13 项成果获得奖励，其中广东粤海饲料集团有限公司的《新型高效水产动物（凡纳对虾）饲料的研制》获省三等奖，广东粤海饲料集团有限公司的《华南地区对虾产业高效技术》获得湛江市科学技术进步奖特等奖，《海水养殖鱼类新型高效无公害饲料的研究与开发》成果获得湛江市科学技术进步奖一等奖，《EO 级环保板的研制与开发》等 4 项成果获得湛江市科学技术进步奖二等奖，《高效缓释多功能消毒剂（邻苯二醛）的研究与开发》、广东粤海饲料集团有限公司的《环保型对虾饲料及抗病添加剂的研制》、霞山世鹏水产台湾鱼苗公司的《绿色食品生产技术研究与示范基地建设——罗非鱼》和霞山妇幼保健院的《妇女乳腺癌发病与相关因素的研究》等 6 项成果获得湛江市科学技术进步奖三等奖。2009—2012 年度有 9 项成果获得各级政府奖励，其中《凡纳滨对虾良种选育关键技术及产业化应用》成果获得 2012 年度广东省科学技术奖一等奖，《低盐度养殖凡纳滨对虾环保型饲料的研制与产业化》成果获得 2010 年度广东省科学技术奖三等奖，《纳米银隐形避孕套的研究与产业化》成果获得广东省科学技术三等奖和湛江市科学技术进步奖一等奖，《安全无公害对虾配合饲料新技术研究开发》等 4 项成果获得湛江市科学技术进步奖二等奖，《人工虾塘水体生物修复关键技术及产业化》等 2 项成果获得湛江市科学技术进步奖三等奖。2013—2016 年度有 13 项成果获得奖励，其中《珍禽贵妃鸡商用配套繁育体系的建立及推广应用》成果获得湛江市科学技术进步奖一等奖，《卵形鲳鲹安全优质无公害全人工饲料关键技术》成果获得湛江市科学技术进步奖二等奖，《基于开关式调光高效LED 照明关键技术研究与开发》等 3 项成果获得湛江市科学技术进步奖三等奖，《低盐度养殖凡纳滨对虾高效环保型配合饲料及其制备方法》等 2 项成果获得湛江市专利金奖，《新型膨胀木榫连接结构》等 6 项成果获得湛江市专利优秀奖。

（四）推动科技兴农，实现农业可持续发展

1. 推进特呈岛省级可持续发展实验区建设

2007 年，霞山区科技局与湛江市委组织部驻岛工作队联名向广东省科技厅建议，把霞山区特呈岛作为省级可持续发展实验区进行规划建设，2008 年 4 月省科技厅批准特呈岛为省级可持续发展实验区，也认定为 2008 年度广东省新农村建设科技示范点，实施"海岛生态农业科技观光示范基地"科技计划项目。2008 年 5 月，霞山区委、区政府按照《广东可持续发展实验区管理办法》的要求，组建了特呈岛可持续发展实验区领导小组、专家顾问团和管理办公室，合理分配省科技项目经费，有序地推进特呈岛省级可持续发展实验区的建设。实验区太阳能、风能发电、农村生活垃圾无害化处理等示范项目前期工作逐步启动，岛内避风港、航标灯、社区卫生服务中心、农村信息"直通车"、信息化体验站建成投入使用，人工鱼礁成功投放，数字电视和红树林网站顺利开通。经过 3 年多的建设，实验区规划中的 12 个可持续发展示范项目基本完成。2011 年 5 月，广东省科技厅组织专家组对特呈岛省级可持续发展实验区建设进行实地检查，对实验区按规划建设取得的成效给予了充分认定，省专家组一致通过了特呈岛作为省级可持续发展实验区项目的验收。

2. 培育农业技术示范基地

要解决"三农"问题，首先要在农村推广农业科技，引导农民依靠科技致富。霞山区根据湛江气候和地理位置特点，先后建立了台湾罗非鱼苗生产基地、火龙果生产育苗基地、三银花规范化生产基地、草莓生产科普基地、绿色食品生产示范基地、无公

害蔬菜生产基地等 6 个基地，其中台湾罗非鱼苗生产基地是属于国家级星火计划项目，三银花规范化生产基地属于国家规范化种植基地。这些基地的建立，起到了"孵化器"作用，带动了本区农业经济的发展，逐步形成有特色的种养农业。引导特呈岛渔民转变观念，大力发展海水网箱养殖业，逐步淘汰传统落后的网门捕捞业，特呈岛已经成为粤西地区最大的海水网箱养殖基地。陈铁无公害蔬菜基地建设占地面积 200 亩的示范基地，应用国内外较先进的生态栽培技术。

（五）加快推进产学研合作，实现科技成果的转让

霞山区重视抓好以企业为主体的科研开发和科技资金投入，注重引导企业走"产、学、研"相结合的道路，实施省部属高校科技特派员行动计划。积极引导企业转让高校的自主知识产权，鼓励企业与高校共同组建研发机构，共同承担科技计划项目，帮助企业解决技术研发和生产中的难题，提升企业的自主研发能力，优先支持科技特派员与企业共同实施的产学研合作项目。将企业资金、基地、市场资源与高校科研院所人才、技术、知识资源有效结合，加强联系，开展产学研合作。在 2006—2016 年期间，积极推进了广东粤海饲料集团有限公司等区内企业与中国海洋大学、广东海洋大学、中科院南海海洋研究所、华南农业大学、暨南大学、中山大学、水科院南海水产研究所等院所的研发合作，提升了企业技术创新能力，广东粤海饲料集团有限公司的产品获得 2007 年全国名牌产品称号。粤海中纤板有限公司与中南林学院、国家桉树研究中心进行研发合作；新同德制药有限公司与广州暨南生物医药研究开发基地、北京国药龙立集团、沈阳医科大学、黑龙江大学等紧密合作研发；霞山区政府与中山大学合作建设海洋生物技术推广中心和大型抗风浪深水网箱养殖示范基地；霞山区科技局与湛江师范学院联合承担实施"农村生活垃圾控制与综合处理技术与示范"项目。抓好科技孵化器建设，为企业搭建自主创新平台，积极推动广东海洋大学霞山校区科技孵化器建设，2015 年已有辖区的企业世和集团、中团集团与广东海洋大学签署了广东海洋大学创业孵化园合作意向书。2018 年，霞山区与广东海洋大学签订合作框架协议，区科技局作为联络单位，主动做好对接工作。霞山区 10 多家企业与中山大学、华南理工大学、中国海洋大学、广东海洋大学等 10 多所高校院所，通过科技特派员建立了紧密的产学研合作关系，有力推动科技成果转化。2020 年，辖区湛江海洋大学珍珠有限公司与广东海洋大学共同申报湛江市科技项目产学研协同创新专题，获得立项 50 万元经费支持；支持天圆地方电子商务有限公司建设科技企业孵化器及众创空间，湛江通用电气有限公司建设"光明谷"科创中心和众创空间，"光明谷"科创中心已吸引中科院湛江中科技术、阿里巴巴跨境电商湛江站、湛江乐田农业科技等知名企业和科研单位入驻。

城市建设方面

城市是一个国家和地区的经济、政治、文教、卫生、科学、交通的中心，也是一个国家和地区现代化水平和两个文明建设的标志。霞山区是湛江中心城区，总面积 120.9 平方千米，2018 年，户籍人口 36.94 万人。其中建成区面积 38.2 平方千米，辖 10 个街道办事处，38 个社区、33 个村委，64 条自然村，199 个市属以上企事业单位、538 个居民小区。霞山区以打造城市文化名片为目标，多头并举，着力扩大城市发展内涵，提升城市管理品质，把霞山建设成为宜居、宜商、宜业、宜游的魅力滨海之区。

（一）推进现代化小区建设，提升城市居住环境

霞山区把城市建设的首要任务放在扩涵上，采取一系列措施，推进现代化小区建设，改善人居环境。20 世纪 80 年代后，全区

实行多渠道集资和分片承包，综合开发住宅小区。湛江市土地开发总公司率先在霞山区海滨公园以北至海滨宾馆以南的海边吹沙填海造地，兴建滨海小区，建成了全市面积最大的住宅区。海滨住宅区配套设施齐全，集居住、生活、学习和娱乐于一体，为居民提供一个园庭美化、清静、舒适的生活环境。从 2000 年开始，霞山区成了房地产开发的一片热土，高档住宅不断向海滨一带发展。区内房地产开发建设不断向现代化、大型化、高档化推进，进一步提升城市居住环境。至 2000 年底，霞山区新建小区有荷花小区、菉邨小区、滨海小区、莲塘小区、菉溪小区、明扬花园、文明花园等，以及早期由企事业单位建设开发的湛江港务局福利区、渔业公司福利区、化工厂福利区、柳州铁路局南宁分局湛江车辆段福利区等，全区人居环境得到了大幅度提升。

　　"十一五"时期，霞山区委针对"区域发展极不均衡"和"产业结构不协调"这两个制约霞山实现科学发展、跨越发展的最大"结构性"问题，提出并不断完善了"东提西拓"的发展思路，高标准建设开发东部城区，提高东部城区发展水平和管理品质，提升霞山的城市形象。加快推进西部城郊地区的开发，引进资金、技术建设西部，拓展城市发展空间。依托"工业化"和"城市化"的"双轮驱动"，努力使霞山东西两翼逐步摆脱不均衡的发展状况，形成各具特色、互为补充、齐头并进的发展格局。其间，全区纳入省"三旧"改造项目库项目 286 个，改造面积约 2200 公顷。26 个单元规划编制项目获规划部门批复。拆除"三旧"改造建筑物 7.63 万平方米，7 个项目展开实质性拆迁，其中渔人码头、谢屋市场改造项目动工建设，腾龙苑经济适用房项目奠基，与招商地产、苏宁置业集团等知名企业签署了"三旧"改造战略合作协议。城乡面貌显著改观，创建省"六好"平安和谐社区 30 个，海昌社区被评为"全国学习型家庭创建示范社区"

和"广东省绿色社区"，菉溪社区被评为"全国和谐社区建设示范社区"。

"十二五"时期，紧紧围绕"推进区域均衡发展、努力建设幸福霞山"这个核心，大力实施"东提西拓"发展战略，"三旧"改造全面推进，东堤路、汉口路拆迁扩建任务完成。2011年以来，通过市规划评审项目34个，获市"三旧"办批复项目改造方案30个，城区以东通过引进保利原点广场、渔人码头、法式风情街等项目，进一步提升滨海沿岸景观；城区以西引进义乌小商品批发城、金科世家、富昌广场、东新豪园等16个项目；同时在中线引进鼎盛广场、金城大厦、香槟花园、银苑花园、城市美林花园、金辉煌领峰小区、新澳城市花园等一大批项目，进一步提升市民居住品质。区文体综合馆、新四中等项目的建成，使城市空间布局不断优化，城市形象大幅提升。

"十三五"时期，霞山区坚持城乡联动，打基础，改面貌，促进城乡品位持续提升。在加大推进东南部旧城区改造的同时，重点向西部拓展，2016年至2019年，全区投资近百亿元，建成了不少现代化小区，分别是：富昌广场、航城家园A区、荣基财富广场、城市尚居花园、东山俊园、海天一色、原点广场、渔人码头、金豪嘉苑、新澳城市花园南区、泰汇广场三期、东新豪园、新景豪庭、银帆花园、朗悦轩、大运家园A区、澳华花园、后海名门、保利原景花园、碧绿花园、荣福雅轩、世纪名门花园、原点广场原悦花园、天禧花园、紫荆铭鹏府、蓝海峰境、朗晴园、时代君悦、保利原汇花园、保利原宇花园、银盛豪庭。2019年开工建设项目4个，分别是钰海豪庭、万洲悦华府、万华城市花园、红星爱琴海购物公园项目（红星爱琴海国际广场），用地面积约488亩，建成面积83.5万平方米。

经过10多年的建设发展，全区城区面貌显著改善，东西区域均衡发展逐步到位，"三旧"改造和城区绿化日益推进，现代化小区建设成效明显，为霞山成为一个独具亚热带滨海风光、宜居宜业宜游的粤西城镇群中心核心区，打下了扎实基础。

（二）加强市区道路建设，不断改善出行环境

新区成立后，区委、区政府高度重视道路交通建设，把道路交通建设纳入城市建设总体规划，集中人力物力财力，建设城区主干道和重点区域的市政道路，保证市区交通无盲点、无死角。1984年，集中力量建设人民大道，建成霞赤两地交通主干道。1985年，扩建湖光路，沥青路面、砼路面6210平方米。至此，霞山区以文明路、建新路、洪屋路连成环形路带，以市人大大楼为轴心的人民路、解放东路、解放西路、工农路、霞赤路等形成环形放射状路网，连接着市区各条大街小巷。1987—1989年，新修了人民东一路、工农西二路、菉塘路等14条马路。至2000年，霞山形成了由乐山路—椹川大道中—椹川大道南—文明西路—解放西路—建设路—友谊路—人民大道南—洪屋路—东堤路—汉口路—海滨大道南—海滨大通中—乐山路等组成的大环形道路架构，与区内大街小巷形成四通八达的交通网络。

在完成城区主干道架构的基础上，霞山区把道路建设工作的重点转移到与主干道的连接上以及城区出口道路的建设上。"十五"期间，配合市政建设完成了椹川大道、机场路、东新路、湖光路等道路改扩建，其中，湖光路是湛江市南出口的重要通道，脏乱差状况较严重。为根治湖光路的脏乱差，2002年市政府投资3000万元对湖光路进行改造。征地和拆迁工作由霞山区负责，须拆除的建筑物总面积为18871平方米，征地拆迁工作涉及8个国有单位、6条村庄170多户人家。这项工作遇到了极大的阻力和困难，区政府和友谊街道办事处多次召开拆迁户会议，耐心宣传政策，做深入细致的说服教育工作，工作人员挨家逐户签订赔偿

协议、发放赔偿费。在取得绝大多数拆迁户的支持后，分两期组织力量实施拆迁工作，高效率地完成湖光路的拆迁任务，保证道路建设的顺利实施。

"十一五"期间，重点改造老城区交通，建设城区与市郊的连接道路。2006年，高标准建设绿阴路、大生路、土木路、工农西三路、南出口路等5条示范路。2009年，协助市加快疏港大道二期建设，全线施工顺利；短短4个月完成了海湾大桥西连接线的征地工作，成为全线第一个开工建设的标段，顺利完成新湖大道各项筹建工作。

"十二五"时期，注重以城带乡，城乡形象和品位不断提升。2013年湖光快线、社坛路建成通车，完成绿塘路等4条市政道路"白改黑"。2014年城乡设施有新改善，新湖大道建成通车，协助市完成9条市政道路"白改黑"，完成工农路等65条道路停车泊位画线，规范车辆停放位置，有效治理乱停乱放行为。2015年完成绿塘路（八中至海滨大道段）改造，缓解了该片区的交通压力；对椹川大道中和乐山西路进行全面整治，拆除违章建筑物，粉刷美化道路两旁围墙，规范临街商铺广告招牌，新增中间绿化带，配合完成了"白改黑"工程，街道景观焕然一新；建成泉庄路、银帆路、上坡路和华信路，完成友谊二横路、海头港三巷等160多处道路维护和污水管网疏通；完成湖光路、机场路、南山村至坛上村路段路灯建设工程，广获群众点赞。

"十三五"时期，绿民路、泉庄路、银帆路、上坡路等4条市政道路建设工程是市重点建设项目，也是广东省第十四届运动会比赛场馆的配套工程，2016年建成通车，完善了片区路网，缓解了交通压力。2017年，黎湛铁路电气化改造完成，新村入市救助站道路建设基本完成，椹川西五路、盛邦路等道路建设有序推进。2019年，连接人民大道和椹川大道的盛邦路建成通车，椹川西五路整治改造工程完成通车。2020 年，兴港大道等 8 条市政道路加快建设，城区路网不断完善，湛江大道、上坡西路即将建成。与此同时，抓好道路、路灯、绿化的维护管理工作，对区管道路破损路面、下水管道、沙井以及绿化及时做好巡查维护，确保城市整洁干净，绿化美化亮化。

目前，霞山区街道宽畅，道路四通八达，交通设施完备，交通井然有序，市民出行十分便利。

（三）改造小街小巷，创造舒适宜居社区环境

20 世纪 80 年代初，由于城区与城中村混成一体，在城市中心地带，如今岭南路、湛新市场一带，以及菉村路一带，当时均是荒地、农田和水塘，一些地方无路可行。因此，改建修建小街小巷成为区政府迫切需要解决的问题。但是，新区刚刚成立，家底十分薄弱，地方财政属于吃饭财政，拿不出多少资金改善环境。面对困难，区委、区政府没有止步，而是从实际出发，按照先急后缓、逐年推进的办法，作出建设安排。在资金方面，采取政府解决一点、社会筹集一点的办法，确保小街小巷改造有序地向前推进。

1987 年，铺设人行道和小街小巷 5 万多平方米；1990 年，铺设硬底化人行道 7.26 万平方米，硬底化小街小巷 2.7 万多平方米，至 1992 年，全区扩建新建岭南路、大生路、菉塘路和创新路等，铺设水泥路 9.6 万平方米、沥青路 2.3 万平方米，道路总长 7.3 万米，硬底化人行道 6 万多平方米；1997 年，多种渠道集资 350 多万元，修建了建设二横路、朝霞路、新村场二横巷等大街小巷，铺设大小排污管道几千米。至 2000 年共修建了岭南路、海昌路、新村场正街、文霞路、朝霞路、民享西三路、文明东路、文明西路、海滨大道中南段、人民大道中南段、乐山路、解放西路中段、长堤路、友谊一横路、建新东路、工农西二路、人民东二路、菉林路、海洋路等 60 多条大街小巷。社区交通和生活环境逐步改善。

2002 年，以"创建中国优秀旅游城市"为目标，霞山区加快小街小巷的建设步伐。一是承建三条小街小巷、三块小绿地的"民心工程"，选择岭南西路、椹川东三路和创新路这三条群众反映最强烈，路况最差，受益群众最多的道路进行施工。成立小街小巷改造工程办公室，建立工程管理责任制，制订施工计划，分解建设任务，责任落实到人，聘请监督指导，确保工程质量。在区委、区政府的大力支持下，责任单位克服了征地、拆迁、集资和施工等方面的困难，共铺设水泥混凝土路面 7600 平方米、沥青路面 2850 平方米、人行道彩色水泥方块砖 6884 平方米，种植路树 197 棵，建造绿地、花池 200 多平方米，优质高效地完成了建设任务。二是妥善解决解放西路建设工程的历史遗留问题，完成解放西路东段单车道和人行道的建设工程，共铺设混凝土路面 1700 平方米人行道彩色方块砖 3500 平方米。三是将友谊社区建成优美舒适的园林式社区，社区内人行道重新铺设面积 12828 平方米，植树 800 棵，绿化面积 900 平方米，工程总造价约 200 万元。

"十一五"期间，霞山区以改善居民人居环境、提升城市品牌为目标，加大对小街小巷的改造力度。五年共投入约 3000 万元，完成 68 条小街小巷绿化美化工程。2007 年，投入 800 多万元，完成了岭南路、社坛路等 21 个项目约 10 千米长的小街小巷改造工程，为群众创造了优美怡人的环境。2009 年，在经费紧缩的情况下，仍然完成 6 条小街小巷的改造，包括完成市政府宿舍区排污道路工程、荷花生活小区道路改造工程，修建了椹川东三路、新西路和新村场二巷，改善了市容环境，解决了群众行路难问题。2010 年全区下达 19 条小街小巷改造任务，工程投入资金

1013.8 万元。施工中，坚持抓质量、抓进度、抓施工管理、抓难点亮点，对民享东路、工农西一路、海头港正街等群众反映强烈的地段，优先开展改造，率先完成工程。为防止豆腐渣工程，严把质量关，整个施工过程都安排人员全程监督，每个项目要工程监理审核同意后才允许开工，安排工程监理不定期对混凝土等施工材料进行检查，防止施工单位偷工减料，以次充好，从而确保工程质量。

"十二五"期间，区委、区政府在小街小巷改造中，坚持以点带面与连片改造相结合，坚持道路改造与整治拆违相结合，坚持道路改造与绿化相结合，坚持道路改造与路灯改造同步实施，扎实开展城市建设和管理工作，逐步化解城市建设热点难点问题。五年来，全区共投入小街小巷改造工程资金 10200 多万元（含市级拨款及"一改三不变"市政道路资金），对城区（含城中村）100 多条小街小巷进行改造。2011—2012 年投入 1210 多万元，改造小街小巷 27 条、新建小绿地 4 块，海景路、海宁路、绿林路、绿亭路、华欣路、荷花路成片改造后面貌大为改观。2013 年区委、区政府加快小街小巷改造步伐，投入 2700 多万元，先后对椹川东四路、椹川西一路、华欣路等小街小巷和友谊片、方兴片、海头港社区、东堤片、海滨片、荷花村等片区进行连片改造，共改造小街小巷 76 条。修建硬底化道路，铺设环保渗水砖，总长达17.2 万米。改造城中村道路，完成村道硬底化 6530 米。建起绿化带、小公园、花坛 14 个。2014 年投入 986 万元，改造小街小巷36 条，修补路面退缩线 4.5 万平方米，改造工程包括南岑路（东段）、菉塘北五路、新村北七横路、湖光西三路南一路、创新路二巷等 7 条道路硬底化，湖光路、机场路等 18 个主道支路口以及80 多条道路滴水线等。2015 年完成了友谊二横路、海头港三巷等38 处 700 多平方米小街小巷破损路面修复，新建市四中周边的上坡路、银苑路、泉庄路和绿民路。按照"一改三不变"原则，新建绿民路、泉庄路、上坡路、银帆路等市政道路，总长4.02千米，总面积11.64万平方米。利用小空地、边角地，修建绿化带、小游园、花坛34个，提高城区雨水的渗透能力；加强区管道路两旁的绿化带、花坛、路树的日常养护管理；将椹川西一路、椹川东四路、市十中及啤酒厂宿舍等路段破旧实体围墙改为通透式，拆墙透绿；配合市综合局完成椹川大道、机场路等9条21.23千米市政道路"白改黑"工程。

"十三五"期间，城市更新步伐加快。完成"三旧"改造项目26个，改造面积合计884亩。完成492条背街小巷及道路退缩线整治、245个老旧小区改造，市民出行条件大大改善。

至此，全区城区道路改造实现全覆盖，大部分人行道铺设了环保渗水砖，城区道路变宽变靓，小街小巷路面完好率达98%以上，无明显坑洼、积水，为31个社区被评为"湛江市宜居社区"打下坚实基础。全区小街小巷改造中，打造出许多亮点，提升了城市品位，其中椹川西一路、友谊三横路等成为"五城同创"和"创建生态文明区"亮点工程，为全市创卫工作现场会提供参观点，在全市推广了改造经验。时任市长王中丙高度评价："霞山区小街小巷改造是全市的标杆，花小钱，办大事，用不足500米高速公路的钱，改造了城区小街小巷38千米，群众满意。"

（四）创建国家卫生城市，提升城市形象和品位

霞山区围绕"创建国家卫生城市、建设美丽幸福湛江"的总体目标，着力抓领导、打基础、破难题、强宣传、建机制，全力推进市容专项整治行动，坚决打赢创卫系列攻坚战，提升城市形象和品位，提高市民文明素质，为全市创卫顺利达标作出了积极贡献，被市委、市政府授予创建国家卫生城市先进单位。

领导带动，形成合力。成立区委书记任组长、区长任第一副

组长、31 个区直部门及街道办负责人为成员的创卫工作领导小组，下设办公室和 6 个专项小组，为强力推进创卫工作提供有力的组织保障；市长亲自挂点霞山区，市四套班子有关领导、市直有关单位以及区四套班子领导、机关单位全部挂钩到辖区街道办、社区（村委会）、网格，帮助基层解决实际困难和问题，辖区单位、企业、部队、学校和热心人士、志愿者积极支持和参与创卫，形成多级联动、齐抓共管、全民参与的工作格局；区政府与各街道、各部门签订了责任书，各街道、各部门也与下属单位相应签订了责任书，明确各级创建目标和任务，确保各项工作真正落实到位；市委书记、市长等市领导多次到霞山区"把脉问诊"，指导工作；区委、区政府主要领导带队深入问题最深、困难最多、压力最大的第一线，靠前督导，坐镇指挥。近三年来，霞山区克服困难，财政配套投入 7000 多万元，用于完善城市基础设施、扩大创卫宣传、推进专项整治等工作，为创卫顺利推进提供了财力保障。

宣传发动，营造氛围。组建了"尤伯"、"麦叔"、"七色"、"广百"、工会、妇女、团委等多支创卫志愿者服务队，涌现出创卫达人"尤伯"、创卫"美眉"等先进典型；建成民享步行街创卫示范街，制作创卫及健康教育宣传专栏 236 个、宣传长廊 39 个、巨幅标语 28 幅、温馨提示牌 16380 块，利用商场、机场、车站等 53 个 LED 屏宣传创卫，编印《创卫宣传手册》《居民健康知识手册》《禁烟知识摘要》等读本、资料 60 余万册（份），举办创卫及健康教育知识竞赛、专家讲座、主题晚会等 186 场次，创卫进社区、进农村、进医院、进学校、进企业、进机关、进门店活动不断深入；发挥媒介宣传优势，开通创卫网站专栏 1 个，发放创卫信息 1033 条，利用电视、报纸、网络等媒体宣传 125 次。

城建拉动，夯实基础。一是抓好环卫设施建设，投入 830 多万元，购置了环卫清扫、清洗、运输等车辆 64 台，新添了垃圾桶、果皮箱 10600 个，改造了公厕 67 座，新建和改造了垃圾中转站 10 座、垃圾屋 12 座。城区 80% 以上街巷实现了机械化保洁，100% 公厕实现了免费开放。二是抓好市政基础设施建设。投入 4100 多万元，完成了城区 128 条小街小巷、18 个主干道支路路口、77 条道路人行道至建筑物退缩线破损路面、19730 米村道、11560 米明渠改造，新建了小公园、小花坛、小绿地 40 个，改建了通透式围墙 1035 米，更换了饮用水管 5620 米，城区 95% 以上小街小巷完成了改造。三是抓好河渠基础设施建设，完成南柳河整治征地 171 亩、截污管道铺设 5.6 千米、堤坝建设 3.6 千米，昔日的臭水河的水变清了、岸变绿了。四是抓好沿街立面美化改造，投入 650 多万元，更新了沿街门店招牌 2856 个，安装了落地玻璃门 2059 户，粉刷了沿街墙体 58 万平方米，城市立面美化效果大为提高。五是抓好农贸市场升级改造，新建和改造了农贸市场 21 个，大大改善了市场硬件设施和购物环境。

整治联动，攻克"顽疾"。一是开展"六乱"整治，持续对市场周边乱摆乱卖摊档、夜间占道经营大排档、临街"大人抱小孩"乱搭乱建等重点、难点问题开展整治，根治工农路等占道违建经营摊档、延安路等外地人员占道经营烧烤档、川西一路等违法建筑等长期积存的"老大难"问题，形成了震慑作用。2012 年以来，共清理乱摆乱卖及跨门槛经营行为 2.7 万多起，拆除乱搭乱建 8.7 万多平方米，清除小广告 27 万多张、乱拉挂 17970 平方米，新建社会信息张贴栏 113 个；投入 600 多万元建成 5 个临时钟点市场，有效疏导流动摊档 300 多档。二是抓好"六小"门店规范经营，联合市食药、质监、工商、卫生监督、文化等部门开展执法行动，取缔了无证"六小"场所 277 家，全区"六小"行业持证率达 100%。建成食品安全示范街 3 条、示范店 46 家、餐饮服务单位"阳光厨房"121家，建成小美容美发店和小旅馆示范街1条、示范店60家。三是开展交通秩序整治，通过设卡检查、便衣巡查、联合执法等方式，严厉整治乱冲红灯、逆向行驶、非法营运等严重交通违法行为，有力维护良好的交通秩序。2012年以来，共查扣各类违法机动车约3.5万辆。在城区所有主次干道划设29408个机动车停车泊位，有效规范车辆停放。四是开展河渠污染整治，投入850多万元，完成绿村河等13条河渠清淤，拆除南柳河沿岸违法建筑5900平方米，清理禁养区猪栏360家，取缔排放污水的非法加工厂12家。五是开展"扬尘"整治，坚持严控源头、严格执法，新设了建筑工地清洗池232个，查扣了违规拌泥机35台、马达162个，取缔了违规经营建材门店6家，硬底化改造了17个主要出入口，完成了机场路"扬尘"污染专项整治任务。六是开展城中村及居民小区环境卫生整治，在驻湛部队、市帮扶单位的支持下，广泛发动机关干部和村民群众，出钱出力出车，对城中村及城乡接合部、无物业管理居民小区及破产企业院落的环境卫生进行全面整治，共清理了垃圾余泥1836车次，拆除了乱搭乱建6000多平方米。七是开展病媒生物专项防制，投入600多万元，加大城区公共场所特别是破产企业院落及无物业管理居民小区、城中村及城乡接合部的"四害"消杀力度，不断完善病媒防制硬件。2012年以来，安装了"四防"装置8511个、老鼠屋12000多个。八是开展传染病专项防治。投入200多万元，完成了区属医院医源性污水处理系统改造，严格按照规定设置传染病专科门诊，实行医疗废弃物分类处理，确保传染病各项防治措施有效落实。

机制引动，确保"常卫"。一是完善城区清洁保洁机制，制定环卫质量管理标准和考核标准，落实环卫定人定岗监督机制，大力推行环卫机械作业，全面提升城区清洁保洁水平，制定《区机关干部（含学校学生）周五下午上街大搞清洁卫生制度》，广泛发动干部群众自觉参与城区清洁卫生。二是推行农贸市场品牌化管理制度，以工农市场为试点，由市场方与各行业代表组成监督评审小组，采取授予标兵牌匾、免除部分租金、责令整改、处罚停业等方式，实行月评一次，促成户户争当卫生文明经营户，实现市场由物业管向档主管转变，各农贸市场均推行这一制度。三是建立门前"三包"管理制度，发出《关于做好门前"三包"工作的一封信》，制定《城区门前"三包"星级评比制度》，引导广大市民自觉履行门前"三包"责任，选定20条主次干道作为门前"三包"示范街，实施小额罚款，形成示范效应；成立6个督查组，对上级反馈、群众反映和督查发现的问题进行跟踪督办、分类处理，确保整改落到实处。

创卫，给全区经济社会发展带来的影响是全面的、深远的，给老百姓生活带来的变化是实在的、实惠的。创卫树立了霞山的城市新形象，增强了全区人民的自豪感，改变了市民的生活习惯，促进了经济社会新发展。

（五）实施城市精细化管理，提升市民文明素质

全市2014年5月成功创建国家卫生城市后，为切实巩固这一工作成果，全面提升城市品位和形象，霞山区积极谋划开展城市精细化管理工作，并承接市的工作部署启动开展五城同创活动，再次掀起建设美丽魅力城区的热潮。

2014年下半年，区委、区政府制定全区城市精细化管理工作暂行办法、考核评比方案以及系列实施细则等文件，并通过反复酝酿、成功模拟，于2015年1月正式在全市首推区级城市精细化管理工作。为确保这一工作开好头、起好步，并取得实效，区委、区政府将2015年确定为城市精细管理规范年。成立了以区委书记为组长、区长为常务副组长、13名区领导为副组长、42名市或区

有关单位负责人为成员的城市精细化管理年工作领导小组，为做好全区市容卫生管理工作提供有力的组织保障；各街道、各部门制订了城市精细管理规范年工作实施方案，明确具体的工作内容、时间节点和工作措施，分解各项工作任务，责任压实到人。

加强城区环卫管理，提升清洁保洁质量。区环卫部门及时整合资源，切实将环卫规范作业的标准、流程和要求落实到城区清扫保洁的每个环节、每个站组、每个一线工人，形成了严抓细节、严抓管理、严抓质量的"三严"工作态势，全面提高环卫机械化清扫率，全面提升辖区的清洁保洁水平；区环卫处和各街道办积极加强联动协作，确保辖区的卫生死角、大件废弃物以及建筑余泥等垃圾杂物得到定期清理，切实维护辖区良好的清洁环境，多次在全市双月考核市容环卫专项评比中获得好成绩，得到了上级领导的充分肯定。

加强市容市貌管理，提升城市美誉度。区城管部门和各街道坚持打防相结合，集中力量，重拳对车站、码头、农贸市场、学校、城中村及城乡接合部等重点区域、重点部位的乱摆乱卖、跨门槛经营等"六乱"现象进行强力整治，切实巩固市容秩序整治成果；各街道舍得投入，雇请临时人员对城区主次干道及农贸市场、学校、车站、码头等公共场所或人流集中的重点部位的小广告进行全天候巡查整治，切实清除这一城市"伤疤"；区城管部门和各街道联合牵头，会同工商、建设、路灯、供电等单位，组织对城区主次干道的户外广告、商店招牌、门店立面、道路（景观）设施进行检查和整治，拆除了一批违规的户外广告，有序规范了一批商店的招牌设置；区建设部门组织对区管道路（小街小巷）的路基、路面、人行道及附属绿化带、花坛等设施进行养护；积极协调市城市综合管理部门，及时处理城市主次干道的车行道、人行道、绿化带路沿石、平石以及树池框嵌边，及时清洗路灯的灯柱，更换损坏的路灯；加强对道路开挖行为的检查，切实维护良好的城市道路设施环境；区环卫部门组织对辖区的主次干道交通护栏进行清洗，区交警大队组织对倾斜、位移、脱节的交通护栏进行维护，确保交通护栏干净、完好；积极配合市路灯、供电、电信等部门，及时治理沿街的各类配电箱（柜）、电话亭、警亭、调度亭、候车亭、邮箱、水匣，拆除和调整了一批已失去原有功能的设施，并对保留的设施给予更新、粉刷和维护，全面提升街区的立面美化、净化和靓化效果。人民大道南等"四纵四横"主干道，观海路等30条重点次干道，秩序井然，街面清洁，立面美观，成为霞山城市美誉度最高的街区。

加强农贸市场管理，创造舒适购物环境。区工商局、物业站和各街道办加强联动，经常组织对辖区的农贸市场进行检查，及时督促业主进行整改，确保市场环境卫生干净整洁、物品摆放入线、食品防护措施达标、周边车辆停放整齐；各市场以创建品牌市场为带动，扎实开展文明经营户评选活动，形成了人人争先、档档夺标的良好氛围。完成7个品牌管理农贸市场和14个规范管理农贸市场的创建工作。

加强"六小"行业管理，改善经营服务环境。区食品药品监管、文化、卫计等部门按照"六小"行业场所规范化管理的标准，组织对辖区的经营场所进行检查，确保经营场所的卫生管理、亮证经营、"四害"防控等工作落实到位；以打造"六小"行业示范街、示范点为带动，将法式风情街和绿村路列为创建对象，打造两条食品安全示范街。

加强河渠综合整治，改善河渠水环境。切实抓好南柳河城区范围内河道截污清淤工作，有效清除阻塞行洪杂物及河道内的各类污染源，集中治理向河内倾倒垃圾现象，有效杜绝沿河渠排污单位超标排放，使河渠水质得到持续有效的改善；加强与市水务、城市综合管理部门的协调沟通，全面完成了南柳河13项实体整治工程，有效排除了河道安全隐患。积极协助市推进南柳河水系景观改造和综合开发利用，强化绿塘河湿地公园管理，努力为居民创造亲水、自然、休闲、舒心的环境。

加强城区交通秩序管理，形成文明出行习惯。区交警和公安部门，重点加大对市区主次干道及重点路口行人和非机动车交通秩序的整顿力度，严厉查处机动车逆行、行人过路口不走斑马线和非机动车、电动车闯红灯、在快车道行驶、停车越线等交通违法行为；从严整治车辆不按规定停放、占压人行道和摊贩占用车道等违法行为，加强路口交通秩序管理，确保道路畅通、安全。

加强居民小区管理，改善群众生活环境。各街道切实把示范管理小区、规范管理小区、无物业管理转向规范化管理小区作为重要任务，着力实施基础设施改造、环境卫生清洁、物业规范管理三大工程，大大改善小区的生活环境，从而实现了小区从过去的管理无序、环境恶劣、邻里抱怨向现在的管理规范、环境整洁、邻里和睦的巨变。2015年以来，全区共拆除乱搭乱建50850平方米，成功打造了示范管理小区20个、规范管理小区29个、无物业管理转向规范化管理小区23个。

加强文明教育劝导，提升市民文明素质。各街道以及城管、交警、环卫、建设等部门经常组织人员，督促沿街门店、单位、住户主动履行门前"三包"责任，重点引导沿街业主将门前的垃圾铲和扫把、水桶等放置在店（屋）内，将门前的车辆停放在指定位置。全区签约门前"三包"责任书比例达98％以上，门前粘贴门前"三包"宣传牌100％；组织街道、社区干部对公共场所的"三乱"（即乱扔垃圾、乱吐口痰、乱扔烟头）陋习开展专项文明教育劝导工作，及时纠正公共场所不文明行为，示范街的"三乱"不文明行为得到基本消除。区教育局开展了"十万学生·家长争当文明市民告别卫生陋习"活动、评选文明行为教育示范学校等系列主题活动，通过小手牵大手，大手带小手，形成全社会爱文明、讲卫生的良好风尚；各街道和区环卫处根据区的部署要求，积极组织对乱丢乱吐以及不落实门前"三包"等市容环境卫生违章行为进行曝光，使市民及时了解处罚的依据、标准和要求，在重点区域、重点路段安排人员，对随地吐痰，丢烟头，便溺，乱丢果皮、纸屑、塑料袋、饮料瓶和摊档乱丢垃圾以及门前"三包"不落实行为进行处罚，有效震慑和教育了一批违规者。

2015 年以来，霞山区以开展城市精细化管理工作为切入点，按照"创新机制、强化管理、抓好队伍"的工作思路，以实现长效管理为目标，以专项整治为抓手，以强化监督考核为着力点，全力推进街道市容环境卫生精细化、制度化、规范化管理，切实加大人、财、物投入，专心致力于全区环境建设，持续深入地开展大规模市容环境卫生综合整治，使辖区市容市貌和人居环境明显改善，整体卫生水平显著提高。2020 年，率先在全市建成区级数字化城市管理平台并投入使用，市区首座餐厨垃圾处理示范点建成投入运营，宜居宜商宜业水平进一步提升，为促进全区经济社会协调发展发挥了积极的作用。

今日的霞山，天更蓝，水更绿，人更美，已成为湛江一张靓丽的城市文化名片。

民生方面

霞山区历届区委、区政府牢固树立"以民为本"的发展理念，坚持促发展与惠民生两手抓，把保障和改善民生摆在重要位置，谋实策，举实措，办实事，讲实效，民生福祉得到持续改善，让人民群众充分享受到改革开放、经济和社会发展的成果。

（一）广开就业门路，稳定职工收入

霞山区委、区政府千方百计采取有效措施，广开就业门路，为困难群体解决生活出路问题。一是贯彻落实上级有关文件精神，采取劳动部门介绍就业、自愿组织就业和自谋职业相结合的方针，大力发展集体和个体经济，妥善安排城镇居民就业；二是实行企业内部调剂、社会安置等办法，广开就业门路；三是建设再就业基地，安置下岗失业人员；四是工商、税务等部门采取各种优惠政策，鼓励居民自主就业等。

——1984年，霞山区政府通过放宽政策和采取各种扶持措施，促进了第三产业尤其是街道和乡镇企业的发展，解决城市部分闲散人员的就业问题。据统计，全区当年共安排了770多人就业，解决了部分居民的生活出路问题。

——1990年，安排1668名待业人员就业，完成当年安置任务的111.2%，停工待工问题得到妥善解决；区、乡、街停产半停产企业职工从990人减少到324人。

——2000年，全面落实国有企业下岗职工基本生活保障和再就业工作。当年国有企业下岗职工再就业率达64.2%，城镇登记失业率控制在2.8%以内；城乡居（村）民最低生活保障制度规范化，全年支付金额29.3万元，保障了285户616人的基本生活费用。

——2005年，就业再就业不断扩大。实行就业再就业工作目标责任制，建立了公共就业服务体系，举办大型现场招聘会，帮扶全区下岗失业人员、"4050"人员、"零就业家庭"就业。"十五"期间，累计新增就业岗位1.27万个，农村劳动力转移就业7781人，城镇登记失业率控制在3.2%以内。建成新的劳动力市场，全区10个街道均成立了劳动保障事务所，较好地完成了各项就业任务。

——"十一五"期间全区城镇累计新就业岗位27424个，有10166名下岗失业人员实现再就业。其中就业困难人员再就业1827名。2010年底城镇登记失业率为3.2%。农村劳动力技能培训和转移就业工作成效显著，"双转移"工程稳步推进，全区累计农村劳动力免费技能培训人数达3531人，累计转移就业农村劳动力达7326人。2011年开展创建就业社区和就业援助活动，促进创业带动就业，是年举办大型或专场招聘会23场。

——2015年，新增就业岗位8190个，实现城镇失业人员再就业6370人，发放就业补助427万元，受惠人数1536人。"十二五"时期新增城镇就业35217人，发放就业补贴2215万元，1万多人受惠；城镇登记失业率保持在3.5%以下；创办残疾人就业基地2个；举办招聘会专场35场，组织5118人参加劳动就业技能培训，其中2554人通过培训考试，为劳动就业做准备。

——"十三五"规划时期，2016年至2018年三年间，投入民生事业的资金达37亿元，年均增长25%；三年间发放灵活就业补贴500多万元，受惠群众3000多人，城镇登记失业率保持在3.5%以下。

（二）发展均衡教育，确保居民子女均等享受优质教育

教育不仅是全体国民个人素质的保证，而且也关系国家的前途和命运。36年来，霞山区党委、政府非常重视教育工作，一是不断加大对教育事业的投入，切实为全区中小学的发展和升级创造条件；二是整合优质教育资源，确保全区教育事业的均衡发展；三是严抓教学质量，保证教育水平走在全市前列；四是改善教师待遇，充分调动教师的工作积极性；五是与时俱进，不断推进教育技术现代化和教育信息化进程。

——1984年，是霞山区建区的第一年。从下半年开始，区接管了21所中小学。为加快教育事业的发展，实行多渠道集资办学

的办法，以弥补教育经费的不足。当年全区增设了 24 个初中班，兴建了市第十六中学。当年在校中小学生达 38442 人，市区适龄儿童入学率达 99.7%。

——1990 年，区教育战线继续全面贯彻党的教育方针，正式实施九年义务教育，不断深化教育改革，办学条件得到改善，教育质量逐年提高，扫盲工作全面完成。全年投入教育经费 778 万元，同比增长 5.6%；教育战线 25731 平方米校舍全面动工修缮；高考工作取得好成绩，全区 1737 名学生参加高考，达到各类大中专线的考生 453 人，升学率居全市五县四区之首。

——1995 年，霞山区继续贯彻落实有关教育的法律法规，教师待遇得到改善；"普九"工作基本完成，进入扫尾工作；学校等级评估工作顺利进行，第八职业中学、第十八职业中学被评为省重点职中，市四中、市十二小、市七小参加省一级学校评估，市四幼被评为省一级幼儿园；1995 年全区投入校舍建设资金 3054 万元，新建校舍 14 幢，竣工面积 19426 平方米，完成教师宿舍 75 套；学校图书设备大大充实，校容校貌焕然一新；加强对学生的德育教育，经常性开展爱国主义教育；各科各类学科竞赛以及中考、高考都取得较好的成绩。

——2000 年，霞山区全面推进素质教育，以"两学会两主动"德育活动为突破口，推动全区德育改革的发展；积极实施《湛江教育产业计划》，顺利完成市七小、市十二小名校改制工作；教育教学质量稳步提高，中考"一分两率"成绩名列全市第一；高考成绩取得新突破，被市表彰为高考先进单位。组织城区 54 名教师支援农村薄弱学校，完成了 7 所薄弱学校的改造工作。师资队伍建设得到了加强。教育技术现代化和教育信息化进程不断推进，配置了多媒体电教平台 37 套、计算机 1034 台、双向点播视频系统 2 套、语音室 21 间，建成湛江教育信息网站 16 个，用拨号上网方式进入互联网的学校有 4 所。

——2005 年，是"十五"计划的最后一年。是年，"普九"教育成果不断巩固，小学学龄人口入学率达 100%，毕业生升学率达 100%，初中毛入学率为 99%，初中毕业生升学率达 96%；学校布局调整、扩容和改造工作力度不断加大，撤并新村小学和仙塘小学，市十四中与市十八中合并组建为霞山职业中学，完成或基本完成了市九小、市十一小、市十中、市二十中和市二十二中等学校的扩容，新建成二十中初中部，新增学位 2000 多个。湛江市四中积极创建省级示范性高中。

"十五"计划期间，尤其是 2003 年以来，累计投入教育经费 5.08 亿元，建设了一批教育基础设施，引进全国各地重点师范院校本科生 100 名，中小学扩容 3.2 万平方米，新增学位 8080 个，规范教育收费，落实农村免费义务教育政策，加大对城市贫困生的扶持力度，解决学生"上学难、上学贵"问题。

——2010 年，是"十一五"规划的收官年。五年来，霞山区继续保持教育事业的优先发展，体现在以下几个方面：一是免费义务教育政策全面落实，教师工资福利待遇稳步增长，实现中小学校教师工资待遇"两相当"，率先在全市完成教师"代转公"工作；二是优化了学校布局，完成了市九小、市二十小、市三十小、市十六中和市二十一中的整合；三是义务教育校舍危房改造工作成绩突出，2007 年霞山区率先在全市完成改危任务，增加学位 3500 个；四是市四中高中部和海头二中迁建项目顺利开展；五是学前教育稳步健康发展，全区幼儿园入园率达 100%；六是义务教育稳固提高，全区小学适龄儿童入学率 100%，小学毕业生升学率达 100%，初中毛入学率达 99%，初中毕业生升学率达 99.98%；七是高中阶段教育迅速发展，高中毛入学率达到 97.91%，实现了普及高中阶段教育的目标；八是高考成绩显著，如2006年高考，本科上线就达1694人，排在全市前列。

——2015年，是"十二五"规划的最后一年。"十二五"期间，霞山区教育事业实施均衡发展政策，成功创建了广东省教育强区、全国义务教育发展基本均衡区，连续两年完成国家义务教育质量监测任务，2015年荣获"国家义务教育质量监测县级优秀组织单位"称号；注重学生综合发展，建成特色文化校园32所、广东省"德育示范学校"2所、"书香学校"4所、广东省"红领巾示范学校"2所、"全国青少年校园足球特色学校"5所，被确定为全国农村学校艺术教育示范区；完善现代学校管理制度，挂牌"省依法治校示范学校"3所；教科研水平合成提升，教学质量屡创佳绩，开展省级科研课题19项，获国家、省、市级教学奖项的师生达2600多人次；教育基础设施建设不断完善，公办学校义务教育标准化学校覆盖率达100%；市四中建成了新校区，实现高中部独立办学，初中部组建霞山实验中学；新建成市三十五小、市六幼和区特殊教育学校；实现全区小学适龄儿童入学率100%，小学毕业生升学率达100%，初中毛入学率达100%，高中毛入学率达98.84%。

——"十三五"时期。霞山区教育事业得到进一步发展，率先在粤西地区成功创建广东省推进教育现代化先进区；湛江市第四中学顺利通过国家级示范性普通高中初期评估，湛江市第十中学成功创建省一级学校。湛江市第十二小学原点分校等4个新建扩建项目建成投入使用，新增学位2800个，2019年公立学校市三十七小投入使用，又新增学位2710个；全区民办学校义务教育标准化学校覆盖率达100%；"十三五"时期，全区共创建省艺术教育特色学校2所、省中华优秀传统文化传承学校1所，建成广东省禁毒教育示范学校5所，成功创建省级依法治校示范学校2所、广东省心理健康特色学校1所、湛江市规范家长学校4所。

2019 年高考本科上线 4468 人，增长 43.6%。

（三）关注人民健康，着力发展医疗卫生事业

人民健康是民族昌盛和国家富强的一个重要标志。中华人民共和国成立以来，党和政府高度重视医疗卫生事业，始终坚持以人民为中心的发展思想，构建我们国家的基本医疗卫生制度。霞山区建区以来，不断推进医疗卫生事业的建设工作，尤其是近几年建设社区卫生服务中心，医疗保障到基层，贴心为群众服务，深受群众的欢迎。

——1984 年，随着行政机构体制改革的完成，霞山区接管了市下放的一些医疗卫生单位。是年，区对这些医疗卫生单位进行了初步的整顿和改革，进一步建立和健全了各种规章制度，医疗设备不断更新，增加了病床，医疗条件不断改善，医疗质量不断提高，服务态度大为改进，群众保健工作得到加强，人民健康水平不断提高。

——1990 年，霞山区继续坚持医疗卫生改革，不断提高医疗水平和服务质量，积极做好霍乱、乙脑等重大疾病的检查、监测、防治，积极做好儿童计免、妇女保健等工作；1990 年，霞山区法定传染病总发病率为 368.96 人/10 万人，比上一年下降 64.27 人/10 万人；儿童计免工作经省审核验收，接种率达到第二个 85% 的目标；一年来为辖区 57 个单位 5200 名妇女进行了妇检。

——1995 年是执行"八五"计划的最后一年。"八五"期间，霞山区医疗卫生工作以卫生防疫保健为重点，不断健全医疗、预防、保健机构和体系。实施儿童计划免疫，全区已经 3 年未发生小儿麻痹症病例；区卫生部门大力宣传《食品卫生法》《传染病防治法》，加强传染病监控；区防疫站通过了计量认证合格；妇幼保健院率先创建爱婴医院，首批获得国家卫生部、世界儿童基金会、世界卫生组织联合颁发的爱婴医院牌匾。整个"八五"

期间，霞山区多渠道筹集，共投入资金849.8万元改善医疗环境，增建扩建医疗用房8259平方米；投入363.76万元购置更新医疗设备，常规诊疗项目齐全，拥有声控X光机、多普勒超声诊断仪、血气分析仪、血球计算仪等一大批现代诊疗设备；通过人才引进和晋升，建立了一支由101名中级职称以上技术骨干组成的医疗技术队伍，大大提高了全区的医疗技术水平。同时，五年来，不断加强爱国卫生运动和灭害防病工作，有效地改善了环境卫生。

——"九五"期间，霞山区医疗卫生水平不断提高，预防保健工作得到进一步加强。全区法定传染病总发病率大幅度下降，连续8年没有发生小儿麻痹症病例；全区消灭了丝虫病；爱国卫生运动深入开展，在巩固灭鼠达标基础上，又实现灭蝇达标；积极开展创建省级卫生城市活动，深入实施《湛江市993软环境整治计划》，投入大量人力财力物力，加大了对市容环境卫生的监督管理力度，经过全区人民的共同努力，最终顺利通过了省级卫生城市的考核。

——2005年，霞山区公共卫生体系逐步建立，农村合作医疗覆盖率不断提高；深入开展"三平"服务和"10元门诊"活动，解决群众"看病难、看病贵"问题；社区卫生服务、农村卫生站建设以及食品卫生、防疫、保健工作扎实开展。"十五"期间，农村合作医疗覆盖率已达73.1%。

——"十一五"期间，霞山区公共卫生体系逐步健全。全区启动了医药卫生体制改革，实施基本药物制度，有效调整医疗卫生资源配置；加强和逐步完善了社区卫生服务中心和农村卫生站的建设，公共卫生服务覆盖率达到98%。

——"十二五"期间，霞山区医药卫生体制改革持续深化，建成了10个社区卫生服务中心，实现了公共卫生服务全覆盖；流动人口卫生基本公共服务均等化试点和海头街道社区卫生服务中心与三级医院开展合作共建改革试点工作有序推进，海头街道社区卫生服务中心被评为省级社区卫生服务中心示范单位。

——新的发展时期，霞山区医疗卫生事业扎实推进。10个社区卫生服务中心全面建成，海头街道社区卫生服务中心与三级医院开展合作共建改革试点获得成功；重大疾病和弱势群体医疗救助服务更加完善；区属医疗单位源性废水处理系统完成改造，医疗垃圾处理率达100%。其中2019年人均基本公共卫生服务经费增至60元。

（四）建立保障制度，落实民生保障

坚持和完善城乡民生保障制度，满足人民日益增长的美好生活需要，是社会主义制度优越性的重要体现，也是党和政府工作的出发点和落脚点。36年来，霞山区在发展经济的同时，十分重视民生工作，制定和完善各项保障制度，保障城乡居民的生活。

——1995年，"八五"计划时期，霞山区开始建立由政府、企业和个人共同负担的新型社会保障制度。实行养老保险社会统筹和个人专户相结合，养老保险待遇与社会平均工资和个人缴费相联系的新模式，并建立起正常的增长调节机制；工伤保险改革进一步完善，社会保险基金管理得到进一步加强。到1995年底，全区独立核算的企事业单位253个10716人参加就业保险和养老保险，投保率为100%；参加工伤保险单位200个7233人；1995年区社会保险局发放离退休养老金共618.57万元、失业救济金4.55万元，离退休人员和失业人员生活得到了保障。

——"九五"计划时期，霞山区城乡居（村）民最低生活保障制度进入规范化时期，2000年全年支付金额29.3万元，保障了285户共616人的基本生活。"九五"期间，认真做好社会保险费由地税部门统一征收的改革，逐步提高社会保险费的征缴率。

——"十五"时期，霞山区建立了以社会保险为主，社会救济、社会福利全面发展的社会福利保障体系。2005 年，低保人数已达 6811 人，每月发放低保金 75.9 万元，做到应保尽保；开展社保扩面征缴效果明显，至当年 9 月底止，已全面完成市下达的全年攻坚任务，首次实现了养老保证基金当期收支平衡；加大对困难群体的帮扶力度，全区共认养了 48 个孤儿；当年 10 月起，给全区五保老人每人每月增加 100 元生活费。"十五"期间，全区农村合作医疗覆盖率不断提高，覆盖率已达 73.1%。

——"十一五"时期，霞山区的社会保障体系逐步完善，全区参加企业养老保险、失业保险、城镇职工医保、工伤保险、生育保险、城乡居民医疗人数分别达到 10.92 万人、6.52 万人、11.23 万人、5.97 万人、6.36 万人、17.5 万人；最低生活保障制度进一步完善，确保全区城乡特困居民无饥寒；全区 57 名孤儿实行"一帮一"帮扶助养；2007 年起，五保户、孤儿、困境儿童的每年生活补助从 1200 元增加到 2400 元。

——"十二五"规划阶段，霞山区的社会保障更加有力，城乡居民医疗参保率和新型农村社会养老保险参保率居全市前列，霞山区被评为"广东省新型农村社会养老保险全覆盖达标单位"；社会保险体系日趋完善，城乡低保补助标准分别提高到人均 470元/月和 260 元/月；为困难群众和重度残疾人发放补贴 8396 万元；推进居家养老示范中心建设，新兴街道居家养老服务中心基本建设完成；连续 5 年提高财政供养人员福利待遇。

——"十三五"时期，霞山区社会保险体系、医疗救助体系更加健全，2016 年、2017 年两年共发放医疗救助、优抚对象抚恤金 1577.9 万元，解决了困难群众和特殊群体的医疗和生活上的困难。2019 年城乡居民养老保险参保 3.7 万人，全市排名第一。

（五）关注弱势群体，完善各种援助和救助制度

一是建立健全大病救助制度。"十二五"规划期间，霞山区坚持"以民为本、为民解困、为民服务"的核心理念，稳步推进实施大病救助制度，出台实施《霞山区城乡特困居民医疗求助实施办法》，切实做好城镇居民和农村农民重大疾病的医疗求助服务。2011年，全区重大疾病医疗救助174人次，其中城镇医疗救助116人次，农村医疗救助56人次，重大疾病医疗救助支出共41.43万元。2012年，全区城乡重大疾病医疗救助203人次，重大疾病医疗救助支出共31.27万元。2013年，全区城乡重大疾病医疗救助183人次，重大疾病医疗救助支出共28.07万元。2014年，全区城乡重大疾病医疗救助353人次，重大疾病医疗救助支出共81.77万元。2015年，全区城乡重大疾病医疗救助285人次，重大疾病医疗救助支出共87.51万元。2016年，全区城乡重大疾病医疗救助302人次，重大疾病医疗救助支出共122.62万元。2017年，霞山区严格执行《湛江市城乡医疗救助实施细则》和《广东省困难群众医疗救助暂行办法》规定，大幅度提高了医疗救助比例，妥善解决了群众"看病难"问题。是年，全区城乡重大疾病医疗救助312人次，重大疾病医疗救助支出共217.48万元，为3536名城乡低保户和五保户购买城乡居民医疗保险53.04万元。

二是建立司法援助制度，推行司法援助。"十二五"规划期间，全区建立基层法律援助工作站70个，实现一村（社区）一法律顾问全覆盖，成功打造"半小时法律援助服务圈"。

三是切实保障残疾人权益。建立和不断完善区、街道两级残疾人法律援助工作站。充分发挥工作站的作用，切实维护残疾人的合法权益。2011年工作站共接受残疾人来信来访98人次，答复、办结率均为100%；2012年，积极做好重大信访事件和集体上访事件的预警预报工作，把矛盾化解在基层，当年接受残疾人来信来访26人次，办结率达100%；2013年接受残疾人来信来访

12 人次，办结率达 100%，为残疾人提供法律援助 80 人次；通过深入细致做好残疾人的来信来访工作，切实保障残疾人的合法权益，2014—2018 年期间，霞山区均没有发生残疾人重大信访和集体上访事件。

四是实施民政救助。36 年来，区委、区政府把社会救济工作作为重要的行政职责，扎实做好各项工作。（1）社会救济。对凡符合条件的都给予救济。1984 年至 1990 年，城镇救济费 26 万元（其中退职老人 7 万元），农村救济费 24 万元，其他生活困难救济费 12.5 万元；1992 年至 1995 年，区政府用于社会救济福利事业的经费为 64.5 万元；1996 年至 2000 年，社会救济福利事业费支出为 213.9 万元，其中 2000 年的低保人员共 1848 人，社会救济福利事业费支出为 61.4 万元。（2）自然灾害救济。1984 年至 1990 年，给农村发放灾害救济款 23.3 万元；1990 年至 2000 年，发放灾害救济款 137 万元，其中 1996 年遭遇历史罕见强台风，为帮助灾民重建家园，区当年发放救济金达 73 万元。（3）社会援助。1984 年至 2000 年，全区共安置 45 名老、孤、病、残人员到福利院、养老院，共收养孤儿弃婴 72 人。

"十二五"至"十三五"规划期间，霞山区的民政救助工作得到进一步加强。2011 年，出台《霞山区创建"全国综合减灾示范区"工作方案》，当年创建"全国综合减灾示范区"5 个，支出救灾款 10 多万元。2012 年，台风"启德"正面袭击湛江，区民政部门为 430 户受灾重点困难户发放应急救灾资金 19 万多元；6 月 30 日举行全区扶贫济困日活动，顺利完成 600 万元捐款任务。2013 年，及时为 720 户优抚对象和五保户支出冬春救助专项资金 18.22 万元；支付 6 号台风救灾资金共 8.85 万元；"6·30"扶贫济困日定向捐赠募集资金 412 万元。2015 年，全区城市低保标准从月人均 430 元提高到 470 元，农村低保标准从月人均 230

元提高到 260 元，全年共发放城乡低保资金 1781.89 万元；是年 10 月 4 日"彩虹"超强台风重创霞山区，区民政部门共向受灾群众发放救灾物资折合人民币 68.4 万元，为"全倒户"郑月琴重建家园补助 5 万元，为 13 家"严损户"补助共 6.5 万元。2016 年，继续做好"两保"提标和补差工作，区城市低保标准从月人均 470 元提高到 500 元，农村低保标准从月人均 260 元提高到 340 元，五保户供养标准从月人均 610 元提高到 650 元。2017 年，继续提高"两保"低保标准，城市低保标准从 2016 年月人均 500 元提高到 580 元，农村低保标准从月人均 340 元提高到 400 元，五保户供养标准从月人均 650 元提高到 674 元。2018 年，根据《湛江市民政局关于印发 2018 年湛江市城乡低保最低标准及特困人员供养标准的通知》要求，将城市低保标准从 2017 年月人均 580 元提高到 638 元，农村低保标准从月人均 400 元提高到 440 元，五保户供养标准从月人均 674 元提高到 704 元；城市特困人员供养标准达到每月 1585 元/人，农村特困人员供养标准达到每月 704 元/人。2019 年，低保、特困、孤儿、残疾人等困难群体提标任务得到全面落实。

第二节 革命老区村庄的建设和发展

一、发展综述

霞山区革命老区村庄有 18 个行政村 36 个自然村，老区人口占全区农村常住人口的 62.3%。

封建统治时期，这些村庄生产落后，村民生活贫困。法国强租广州湾后，加重了农业的衰落，1949 年前，西营（今霞山）农、林、牧、副、渔产值不高，粮食平均亩产 75 公斤左右，农业总产值 170 万元。

中华人民共和国成立后，老区村庄人民开展土地改革运动，实现了"耕者有其田"。接着，进行农业改造，把农民组织起来，走互助合作道路，发展生产，改造自然，兴修水利，挖塘、打井，引水灌溉，提高抗灾能力。

湛江兴建鹤地水库和青年运河后，解决了雷州半岛农业干旱问题，同时也解决了霞山区一带特别是陈铁、西厅等老区村庄农业的灌溉问题。农业连年取得丰收，尤其是陈铁等村的甘蔗、北月等村的番薯获得高产。1957 年，西营区粮食总产量 4297 吨，农业总产值 510 万元，比 1949 年增长 3 倍。1958 年，农村人民公社成立后，老区农村大搞农田基本建设，促进了农业生产的发展。

为进一步改变革命老区村庄的面貌，霞山区通过争取上级支持一点、区乡自筹一点的办法，支持老区村庄修公路、建电站、建学校、解决用水用电等困难。20 世纪 50 年代，支持老区村庄办小学，解决老区村庄子弟入学读书问题。1960 年至 1965 年，帮助老区村庄购置耕牛、生产农具和渔船等，支持老区村庄发展生产。

1984 年，霞山区成为县级建制区后，于当年成立老区建设委员会，委员会下设办公室，老区办设在区民政局，配备专职干部，负责全区老区建设工作。1991 年 4 月，霞山区编委发文正式成立霞山区革命老区建设委员会办公室，为老区建设提供了有力的组织保障。

（一）加大扶持力度，改善老区村庄生产生活环境

在加强老区组织建设的基础上，加大对老区建设的扶持力度。1988 年至 2000 年，省、市、区、乡（镇）政府及有关单位、部门拨款扶持霞山区老区村庄建设资金共 1239 万元，扶持修建南柳、南山、坛上等村 3 所小学；扶持特呈岛 11 万伏跨海 600 米高压电线路；扶持架设一条长 1 千米的新建村委会边坡村高压线路；拨款 450 万元，扶持特呈岛发展海水网箱养殖业；为解决老区村庄住房难、行路难、饮水难、读书难、看病难问题，保障老区村庄群众的生活，促进老区村庄经济发展，2011—2013 年，财政投入老区资金 7200 多万元，改善老区村庄住房条件；修建基础设施，改造老区学校，为困难群众提供生活保障和医疗保障、发展乡村经济。其中投入资金 1140 万元进行老区村庄硬底化道路建设，修建硬底化道路 45.6 千米，全区 36 个老区村庄（自然村）全部完成硬底化道路建设。老区村庄生产和生活环境有了很大的改善。

（二）加强农田基本建设，夯实老区村庄农业发展基础

首先加大投入，支持老区村庄兴修水利。水利是农业的命脉，我国各级党委、政府历来重视兴修农业水利工作。1958 年雷州青

年运河的兴建，解决了湛江大部分农村农田灌溉问题，霞山区老区村庄陈铁、西厅等村农田也因而受益。改革开放后，激发了广大农民的积极性，推动了农业生产的快速发展。但由于对农业基本建设投入不足，水利等设施跟不上农业发展需要，老区村庄农业发展后劲不足的问题日趋显现。针对上述问题，霞山区不断加大对水利设施建设的投资力度，帮助老区村庄打井筑坝、挖塘建库，花大气力新建、重建了一大批水利工程。1999年投资102万多元加固了赤溪水库。至2000年，在老区村庄建成水库2座，蓄水容量330万立方米。2006年沙坡水库除险加固工程也顺利完成，老区村庄抗旱减灾能力进一步增强。

挖掘深水井灌溉。霞山区地下水十分丰富，农村自古有打地下水灌溉的传统。中华人民共和国成立后，在各级政府大力支持下，老区村庄陈铁、西厅等村打自流井灌溉。每村都建有7—8口自流井。至20世纪80年代，全区拥有200多口自流水井。20世纪90年代之后，根据农业发展的需要，又先后打出各种大小口径的水井72口，仅1990年就打了深水井10口，增加农田灌溉面积1000多亩；2000年，又维修机井20多口，新打机井8口。解决了老区村庄农业用水问题。

筑建防潮防洪堤坝和灌溉水渠，解决老区村庄防潮防洪及灌溉问题。从90年代起，区政府每年加大农业基础设施建设的投入，投资先后加高加固老区村庄调罗等村两段长达688米防潮防洪的危险堤围；1993年，投资5300万元修建老区村庄南柳、蓬莱、溪墩一带的南柳河河堤和河道，长达10.4千米；1998年，又投资2600万元重建港南大堤，大大提高了老区村庄防潮防洪的能力。到了新世纪的"十一五"期间，区政府对农田基本建设的投入继续增加。2008年，投资建设完善老区村庄坛上、坛坡村400亩基本农田的排灌系统，确保这些农田之旱涝保收、高产稳产。是年，特呈岛 6.7 千米的海堤也得到加固，大大提高了抗风御潮能力。2011 年，是"十二五"规划开局之年，当年全部完成港南大堤调罗段 420 米土堤除险加固工程，完成特呈岛 3.6 千米海堤除险加固二期工程。2015 年，完成南柳河整治工程，共投资 2.2 亿元，整治南柳河河道和修建堤岸路各 6 千米，彻底改变了周边农田受污受涝的状况。

其次，推进老区村庄田园化建设，推动老区村庄农业新发展。为扭转老区村庄传统农业粗放型发展模式，霞山区高度重视老区村庄农田田园化建设，投入资金，改善农田基本设施，改进耕作方式，实现规模化生产、规范化管理。20 世纪 90 年代，由区投入人力物力和财力，对陈铁等村成片农田进行改造，按 70 米×25 米标准，划分出标准农田，每块标准农田配套建设排灌渠道和运输道路，确保种、灌、排、管、收、运配套齐全，运作规模。田园化建设，促进了农业的集约化发展，陈铁、西厅、楼下一带成为全区万亩良田。进入 21 世纪，霞山区把农田田园化建设提高到一个新的高度，在陈铁一带建成了 5000 亩规范化蔬菜基地，在后洋、岑擎一带建成了规范化水果生产基地，在深田村建成了标准化盆景生产基地，现代农业发展上了一个新台阶。

（三）调整农业布局，确保老区村庄生产稳步增长

霞山老区村庄种植业主要分为粮食作物和经济作物两大类。1984 年，新区成立后，不断加大对老区村庄农业生产的调整力度，在稳定粮食生产的同时，大力发展开发性和效益型农业，确保老区村庄农业生产稳步增长。

老区村庄是霞山粮食主产区，1988 年，全区种植水稻面积在 1.9 万多亩，其中老区村庄水稻种植面积超过 1 万亩。为发展老区村庄的粮食生产，霞山区建立农技推广服务体系，开展农业科技服务，引导老区村庄群众开展科学种田，先后引进水稻优质高

产良种野粤丝苗、七仙粘等，在老区村庄陈铁、后洋、楼下、西厅等村开发万亩良田，种植优质高效水稻和农作物。2000 年，老区村庄选采优质的水稻品种 100%，亩产 458 公斤，总产量达 5500 多吨。与 1988 年相比，平均亩产和总产量翻了一番。2018 年，随着城市的发展，老区村庄粮食种植面积有所减少，但总产量仍保持在 6000 吨水平。

在大力发展水稻生产的同时，霞山区积极支持老区村庄番薯的种植。20 世纪 70 年代，老区村庄番薯种植面积已达 1.3 万亩。90 年代之后，随着人们生活水平的提高，餐桌食物品种日渐丰富，番薯便逐渐退出了主粮地位。但是，消费者对番薯的品种及质量要求不断提高，为适应市场需要，霞山区引导老区村庄调整生产布局，适当减少普通品种的种植面积，扩大优质品种的种植数量，实现了番薯种植业的新发展。2002 年，老区村庄种植优质番薯约 4000 亩；2006 年，老区村庄优质番薯种植面积仍然保持在 5000 亩左右；2018 年，老区村庄大力发展多种经营，优质番薯种植面积略为减少。

大力种植经济作物。霞山区农村种植甘蔗历史悠久，清末种蔗产糖已具规模。1988 年，老区村庄种植甘蔗面积 1 万多亩。90 年代，随着外出经商务工的人员增多，农村不少土地闲置。为了充分利用土地资源，霞山区老区村庄动员农户把闲置的土地转让给种蔗能手承包耕种，发展蔗糖生产。赤坎糖厂先后承包了调罗、百蓬等老区村庄 6000 多亩土地，建成甘蔗高产示范基地，亩产突破 5000 公斤。此后，农业生产布局向"三高"农业调整，虽然甘蔗种植面积逐步减少，但亩产提高，基本维持在 4000 公斤以上，总产量不降反升。2000 年，老区村庄种植甘蔗 1000 亩，总产量 4000 吨；2007 年，甘蔗种植面积为 1200 亩，总产量超过 6000 吨。2008 年后，为推动老区村庄产业升级，逐步减少甘蔗种植面积，至 2018 年，老区村庄不再种植甘蔗。

发展蔬菜种植业。菉塘、石头、南柳、南山、陈铁等老区村庄土地肥沃，四季可种菜心、通心菜、白菜、芥菜、韭菜、茄子、黄瓜等。而且这些老区村庄靠近城郊，具有交通及物流等方面的优势。霞山区利用这些优势，引导老区村庄大力发展"三高"（优质、高产、高效）农业，不断扩大蔬菜水果种植面积。至 1988 年，老区村庄蔬菜种植面积已达 1 万亩。1989 年，蔬菜种植面积达 1.4 万亩，产量达 1107 吨。并先后在陈铁、西厅、深田、岑擎、东纯等老区村庄建成"菜篮子"蔬菜生产基地，生产无公害蔬菜。为提高蔬菜质量，海头还建起了蔬菜品比试验田，为蔬菜生产推广良种提供样板。1995 年，蔬菜总产量同比增产 1540 吨；1999 年和 2000 年，蔬菜总产量均保持在 1.7 万吨水平。

积极发展畜牧业。不少老区村庄具有靠近山林、土地资源丰富的优势，霞山区因势利导，引导群众走专业化之路，促进老区村庄畜牧业发展，一批养鸭、养鸡、养猪专业养殖场通过改良技术、引进优质品种，生产规模不断扩大。1987 年，个体养猪已达 2.48 万头；养鸡专业户 19 户，养鸡 16 万只；养鸭专业户 125 户，养鸭 40 万只。1995 年，饲养业有了更大发展，全年培育了 5 户养猪专业户，每个专业户年养猪达 1000 头以上；养鸡、鸭、鹅专业户 78 户，年饲养量达 80 多万只。

随着城市的发展，为减少生猪、"三鸟"散养对环境的污染，霞山区进一步调整农业生产结构，限制城区附近农村饲养生猪和"三鸟"。尤其是在推动新农村建设中，霞山区全面清理城区附近农村生猪、"三鸟"养殖场点，鼓励城郊地带发展集约式养殖基地。2005 年，建立湛台农业合作试验基地。2006 年，建成深田万头猪苗养殖场，全年肉猪饲养量 24.6 万头，出栏量 16.1 万头。

大力发展养殖业。调罗、石头等老区村庄临近海湾，海滩涂资源丰富，发展海滩涂养殖业条件得天独厚。区委、区政府鼓励群众开发水面和海滩涂，大力发展海滩涂养殖业，走上了一条新的致富之路。1987 年，老区村庄群众利用滩涂渔塭新开发虾塘1800 多亩，利用低洼地开发鱼塘 2200 亩，当年总产量就达 780吨。1988 年后，由于自然生态和海洋资源的变化，海洋渔业作业减少，海产品产量有所下降。此期间，为了不影响沿海渔民的收入和生活，霞山区各级政府及有关部门积极引导老区村庄群众转产，扶持发展海水网箱养殖，保持了渔业生产发展水平。进入"十五"时期之后，通过政策扶持、资金支持、技术指导等措施，引导群众走集约化养殖之路，扩大生产规模，增加养殖品种，提高产品质量，老区村庄养殖业上了一个新台阶。

生产的发展，增加了老区村庄的经济收入，提高了老区群众的生活水平。2012 年，老区村庄经济总收入 4.7 亿元，人均收入7000 多元，2013 年上了一个新台阶，经济总收入 5.42 亿元，人均 7894 元；2014 年、2015 年，每年经济总收入均超过 5.5 亿元，人均收入 9000 多元。至 2016 年底，老区居民人均可支配收入达14900 元，生活水平进一步提高。

（四）发展民生事业，造福老区百姓

在发展老区生产的基础上，霞山区投入资金，发展老区民生事业，让老区群众有了更多的获得感和幸福感。

（1）发展老区村庄文化事业，让村民享受到公共文化服务。霞山区采取上级支持一点、区财政解决一点、村筹集一点的办法，建设老区村庄公共文化设施，至 2018 年，所有老区村庄都建设一个文化室、一个文化广场，每个文化室藏书少的 1000 册，多的达12000 册，免费提供给村民阅览。各村还建立村民健身场所，配备健身器材，组织村民开展跳广场舞、舞狮、学习武术、唱歌等健身活动。每逢节日，村村在文化广场举办各种文化活动，丰富村民的文化生活。区里组织各文化演出单位坚持开展送戏下乡活动，每年送10场以上现代歌舞到老区村庄演出，每月为每个行政村放映一次农村公益电影。仅2018年，累计为老区村庄放映公益电影130场，公共文化服务走进老区村庄每家每户。

（2）发展老区村庄教育事业，提升村民的文化素质。霞山区高度重视发展老区村庄的教育事业，采取各种措施，支持老区村庄办学校解决群众子弟入学问题。20世纪80年代，支持修建南柳、南山、坛上3所小学，至20世纪80年代后期，老区村庄石头村、岑擎村、南柳村、新村、调罗村、南山村等都建有村办小学。20世纪90年代，特呈岛、溪墩村、西厅内村也相继办起了特呈小学、溪墩小学、西厅得英小学。进入20世纪，针对老区村办小学条件较差、校舍简陋、师资力量不足等问题，霞山区于2007年投入资金3444万元，完成9所城区中小学扩容改造和5所老区村庄小学改造。实行与城区名校挂点帮教试点。2013年，霞山区被确定为"全国农村学校艺术教育试验区"，先后投入1016万元帮助各个老区村办学校改进办学条件，添置设施设备，美化校园环境，不断提高农村学校的教学质量和管理水平，推动农村学校艺术教育、美育教育的发展。2014年，启动"总校＋分校区"管理体制改革，将16所农村较薄弱学校（大部分为老区村庄学校）与城区公办学校捆绑办学，鼓励优秀教师到薄弱学校、农村学校任教指导，提升农村义务教育师资水平。把农村学校作为公立学校的分校区管理，总校和分校实行"六个统一"（统一规划、统一领导、统一管理、统一师资、统一财务、统一考核评价）。

霞山区委、区政府全力支持老区村庄改善教学条件，扩建校园校舍，吸引高素质师资力量。

改善办学环境和办学条件。岑擎村建成一栋1580平方米的三层教学楼、一栋三层 1080 平方米的教师宿舍楼，整个校园硬底化，绿化面积达 6000 平方米。

石头村小学创建于 1958 年（现为湛江市第十三小学）。办学 40 多年来，一直以社会办学为宗旨，不断投资赞助扩大学校规模。1990 年，为学校建起一栋四层、面积 656 平方米的教学大楼。1992 年，村里赞助 40 万元改造学校瓦房教室，建成一栋四层、面积 1700 平方米的教学大楼，而后，不断投资为学校建篮球场、操场、跑道、大门、绿化花坛等。于 2000 年又建成一栋四层 1000 平方米的教师宿舍大楼。南柳村将学校旧教室全部拆掉，重建了一栋四层 1000 平方米的教学大楼，校园也从原来的 2000 平方米扩建为 4800 平方米，实现了校园硬底化、绿化和美化，面貌焕然一新。

菉塘村高度重视本村的教育事业，20 世纪 80 年代，村集体投资建成一幢三层、建筑面积 1650 平方米的教学楼、办公楼。1994 年，再投资 500 万元，建成两幢总面积为 2520 平方米的教师宿舍。1996 年 8 月，菉塘小学改制，更名为湛江市第二十八小学。各级加大对学校的投入，不断改善办学条件，2010 年 8 月，投入 609 万元建设新的教学楼，其中市财政投入 150 万元，区财政解决 60 万元，菉塘村委会出资 399 万元，建成总面积 3600 平方米的第三幢教学楼。2019 年，投资 1159.4 万元，建设第四幢综合教学楼，总面积 4373 平方米。2018 年度，湛江市第二十八小学设 41 个班，在校学生 1985 人，当年毕业生 326 人。

调罗小学原为启英小学，由调罗村划出 43 亩土地建成。2001 年，划归湛江市第九小学管辖。建有框架结构三层教学楼、一幢教师宿舍、一个运动场、两个标准篮球场，校园设施完备，教学条件良好。至 2018 年，调罗村 280 名村子弟考上大学。

坛上小学的前身是培美小学，于 1942 年 8 月创办。中华人民共和国成立后改为坛上小学，开设一至六年级 6 个班级，学生绝大部分为本村子弟。2001 年，农村教育体制改革，坛上小学划归湛江市第十四小学，属湛江市第十四小学坛上校区。2018 年，设 6 个班级，在校学生 200 多人。

西厅村西厅小学原为西厅得英小学，20 世纪 30 年代，由村贤林之祥、林之豪、林之乔、林之熙、林之楷等倡议资助创办。深田、后坑、岑擎、厚礼、沙沟尾、李家等周边村庄的子弟都到得英小学读书。20 世纪 50 年代，得英小学重修。1990 年，学校迁建至现址。2001 年，划为湛江市第二十七小学西厅校区。2018 年，西厅校区设 6 个班级，在校学生 139 人。

陈铁村陈铁小学的前身为黎明小学，1965 年改为陈铁小学。"文化大革命"前，附近村庄的孩子都在陈铁小学上学，曾经一个年级开 4 个班。1964—1965 年，陈铁小学增设农中班。2001 年，陈铁小学划为湛江市第十二小学陈铁校区。2018 年，设 6 个年级 6 个班，在校学生 220 人。

后洋村建有小学一所，前身为四成小学，1948 年在中共地下党组织的筹划下创办。创办时仅设 4 个年级，每个年级设 1 个班，每个班十来名学生。附近挖尾村、后坡村、草塘村的孩子也来学校上学。1958 年更名为后洋小学。2001 年划为湛江第十小学后洋校区。2005 年搬迁到现新校区。占地 30 亩，建成一幢三层教学楼，建筑面积 1000 平方米。2018 年，设 6 个年级 6 个班，在校学生 100 多人。

东纯小学始建于 1943 年，原为村办学校，学生来源为本村村民子女。2001 年作为湛江市第五小学东纯校区，归属霞山区教育局管理。校园内建有篮球场、乒乓球台、单双杠训练场，体育设施完备。2018 年，学校设 6 个年级 6 个班。

革命老区村庄蓬莱村建有一所小学，1978 年 10 月落成。随着教育事业的发展，2000 年蓬莱村对蓬莱小学扩建，新建一幢二层教学楼、一幢二层教师宿舍，校舍建筑面积从原来的 2500 平方米增加到 5000 平方米。2001 年，更名为湛江市第十一小学蓬莱校区。2018 年，开设一至六年级共 6 个班，在校学生 185 人。

革命老区村庄特呈岛十分重视教育工作，中华人民共和国成立初期，复办特呈太邱小学，开设一至六年级 6 个班，在校学生 100 多人。1954 年，人民政府接管学校，学校更名为特呈小学，学校规模不断扩大，1965 年，在校学生人数达 185 人。20 世纪 70年代，学校自筹资金新建两幢 8 间平房课室，增加面积 550 平方米。1989 年，筹集资金 480 万元，选址盐田岭新建特呈小学，新校址占地 2.33 公顷。1990 年新校址投入使用，并经霞山区人民政府批准，特呈小学更名为特呈学校，开设小学班和初中班，实行九年一贯制教育。是年，设有小学班 12 个班、初中班 6 个班，在校学生 884 人，其中小学生 648 人、初中生 236 人。2008 年 3月，特呈学校划归霞山区教育局直接管理。随着经济的发展，村民子女逐步迁往市区学校读书，特呈学校学生随之减少。2012年，全校共设 9 个班级，在校学生 195 人。2018 年，全校共设 6个班级，在校学生 273 人。

（3）推进老区农村医疗卫生的发展，让村民医疗卫生得到保障。20 世纪 70 年代，我国农村医疗实行农村合作医疗制度，霞山区海头公社每个生产大队都建有合作医疗站，配备有赤脚医生2—3 名，所有社员都享有合作医疗保障。20 世纪 70 年代末期，乡村公共积累下降，大多数合作医疗站解体或停办，仅有老区村庄菉塘村医疗站坚持下来。20 世纪 90 年代，新村、坛坡、岑擎等老区村庄重新自行办起了合作医疗站，至 2000 年，农村医疗站恢复到 7 个，医务人员 10 个。但这些医疗机构设备差，医务人员缺乏，满足不了群众的需要。

为了更好地发展老区农村医疗卫生事业，保障村民的身体健康，霞山区花大力气推进农村医疗卫生设施的建设和改革。

第一，建立健全村级医疗卫生网络，解决村民看病难问题。至2008年，全区共建设32个村级卫生站，实现村村都有医疗机构的目标，做到农村初级卫生保健网络全覆盖。

第二，实行以大病统筹为主的新型农村合作医疗制度（简称"新农合"）。新农合制度是为提高农民的健康和医疗保障水平而进行的积极探索，是建设社会主义新农村和谐社会的重要内容。霞山区在建设新农合制度中，不断推进和完善公共卫生体系的建立，开展"三平"服务和"10元门诊"活动，解决群众"看病难、看病贵"问题。积极引导农民参加新农合保险，至2007年，全区参加新农合保险的村覆盖率达100%。

第三，全力推进农村医疗卫生体制改革。2013年，霞山区制定了《霞山区基本型农村卫生服务一体化管理实施方案》，按照"六统一"（行政、人员、业务、药械、财务、考核）和"两独立"（财务核算独立、法律责任独立）目标，全面铺开农村卫生服务一体化建设管理改革工作。海头、霞湖医院整体改制为社区卫生服务中心。霞湖医院转制为解放街道社区卫生服务中心、海滨街道社区卫生服务中心和爱国街道社区卫生服务中心。是年全区成立5个公益一类事业编制的社区卫生服务中心，另外5个社区卫生服务中心采取院管院办、政府购买服务的形式，执行社区卫生的11项公共卫生服务职能，实施预防、医疗、保健、康复、健康教育、计划生育技术服务"六位一体"的公共服务项目。2015年，实行海头社区卫生服务中心与广东医学院附属医院合作共建。2016年，实行医疗一体化改革，10个街道社区卫生服务中心与各村卫生服务中心实行一体化管理。

（五）打好扶贫攻坚战，帮助老区村庄群众脱贫致富

霞山区老区农村大部分为近郊农村，近郊农业发展较快，农民的生活有了很大的改善，但由于地域经济发展不平衡，一些村民还处于较低生活水平状态，达不到广东省贫困人口脱贫标准线。据2003年统计，霞山区农村有贫困人口3714人。

霞山区高度重视贫困群众的脱贫工作，采取得力措施，打好脱贫攻坚战。第一，进一步减轻农民的负担。2003年，在市财政局的指导下，开展全区税务改革工作，共核实计税土地面积21667亩，全区全年应征农业税31.96万元。税改前，农民人均负担各种税费146元，税改后，农民人均负担各种税费15.8元，减负率89%。

第二，加大农村基础设施建设，改善农村生活环境。采取多种途径，加大投入，帮助困难村庄建饮水设施、建公共厕所、改造村道、开通网络和有线电视，大大改善了贫困村庄的工作和生活环境。

第三，采取"一村一策"的办法，帮助农村发展经济，增加集体经济收入，脱贫致富。老区村庄深田村是一个集体经济年收入低于3万元的贫困村，根据本村1000多亩地，除了少量水田外，其他都是荒地的实际情况，霞山区实施产业扶贫，引导该村降低门槛，引进种植专业户种盆景，建起"深田园艺庄园天外天盆景世界"。仅这一个项目，每年给村里带来10多万元的收益，还安置了村里的富余劳动力到盆景园工作。2001年，通过招商引资，又出租村里108亩丢荒坡地给茂名专业户，投资100万元，种植年橘5000棵。村民在园里打工学习年橘种植技艺，之后自己种植年橘增加收入，脱贫致富。东纯村通过种植速生丰产林，发展村办企业，取得了很好的收益，农民的生活有了较大的改善。2016—2018年，全区完成产业扶贫项目65个，帮助贫困户稳定

脱贫。

第四，突出重点，精准脱贫。2016 年，霞山区按照市里统一部署，展开新一轮的精准扶贫、精准脱贫工作，制定"一户一策"扶贫措施，按照"霞山区新时期精准扶贫帮扶责任表"，分层级定人定责到户落实，各街道、区直单位、驻霞单位等 94 个单位、97 个工作组作为挂点单位，直接挂点到户到人。2016 年，霞山区经核定，全区有建档立卡贫困户 275 户 639 人，均属于分散贫困户，分散在 8 个街道 26 个村委会，还有 42 户贫困户所住房屋属于危房。区里采取"三统一、一保障、主动服务"（统一设计、统一建筑风格、统一建设标准，改造资金由区财政兜底保障，全程主动上门服务）措施，投入资金 370.8 万元，提前一年完成了全区精准扶贫核定的 42 户危房改造计划。

同时，重点关注贫困户子女就读上学问题，对入读幼儿园小孩每人每月补助生活费 200 元；对在高中、各类大学就读的贫困家庭子女，按就读学校收费标准发放补贴，学费补贴最高不超过 11000 元/学年。2016 年至 2018 年三年内共发放贫困子女生活补贴 742.4511 万元，共 1230 人次；为符合条件的贫困户子女 168 人申请贫困子女高中免学费补贴 42 万元。

再就是把全区建档立卡贫困户五保户 271 人纳入低保范围。为全区 60 岁以上的贫困户购买了养老保险，并已开始领取养老金。对留守儿童、留守老人和残疾人，区财政每年都给予额外生活补贴。各挂点帮扶单位还进村入户，积极为贫困户解决生产生活难题，办了 600 多件实事。石头、调罗等老区村庄利用集体资产收益，在 2016 年至 2017 年间给每位村民发放 800—2000 元不等的生活补贴。石头村采取"以工带农、工农并进"的方式发展经济，建立了农村低保和特困户救济制度、失地农民生活保障制度，深入推进新型农村合作医疗制度，全村 16 岁以上的村民每人每月可领取 370 元最低生活补贴。霞山区自 2016 年起为贫困户建立健康档案，为患有重大疾病人员申请大病救助或临时救助款。通过大病救助资金全额资助，为建档立卡贫困户 100% 购买医疗保险，并将贫困人口全部纳入重、特大疾病救助范围，对各项医保政策报销后的合规医疗费不低于 80% 报销。

目前，老区村庄贫困户医疗、住房、教育"三保障"工作，政策落实率 100%。按照广东省脱贫户人均年收入 7598 元以上的标准，2016 年至 2018 年，全区实现稳定脱贫 636 人，脱贫率 99.8%，位列全市前列。

二、发展老区特色乡村经济

霞山区根据各个革命老区村庄的地理位置、发展优势，从实际出发，分类指导。引导革命老区村庄发挥自身优势，发展老区特色乡村经济，形成各具特色的老区乡村经济带，推动了老区经济的快速高效发展。

菉塘村是典型的城中村，交通便利，商贸资源丰富，地缘优势突出。该村把发展的重点放在商贸服务、饮食服务上，利用土地资源开发项目，发展集体经济，壮大经济实力，走共同富裕之路。改革开放初期。菉塘村率先办起村集体企业，建设 1 间综合厂、1 间红砖厂，每年纯收入 6 万元，全村人均收入 528 元。随着经济的发展和市区的扩容提质，菉塘村大部分土地被征用，传统农业退出，菉塘村审时度势，大力盘活留用的少量土地资源，采取自办、合办、入股、租赁等形式，建设了一批专业市场、商场、酒店，形成了以服务业为主的村集体经济体系，全村集体经济收入逐年增加，2017 年达 700 万元，属下的 14 个村民小组经济收入每年在 100 万—500 万元之间，群众走上了共同致富之路。

老区村庄新村靠近湛江火车南站，交通便利，土地资源丰富。

改革开放初期，新村人发扬光荣革命传统，敢为人先，进军铁路运输业，经多方奔走取得了铁路开发权，用第一笔征地款 80 万元，通过村干部联名贷款 500 多万元，共筹措资金 700 多万元，创办了全国第一条农民铁路专线和储运站，1987 年 12 月投入使用后，短短 20 天内就创造了 55 万元产值，1988 年一年纯收入 110 万元，成为全国性一大新闻，连续被各大媒体报道。这条铁路的建成，为新村铺设了一条经济发展新路。他们把从铁路上赚来的钱，再投资扩大经济实体，先后办起了农机厂、砖厂、汽车运输队等经营项目。

1996 年，新村又投资 2500 万元，兴建占地面积 5.3 万平方米的海新钢材市场；1997 年投资 450 万元扩建市场铺面 30 间，面积达 2 万平方米。这个市场共有铺面 240 间，露天堆场 7 万平方米，配有两座 150 吨地磅、10 台龙门吊机和大中小型吊机，年吞吐量达 70 万吨，成为粤西地区最大的钢材批发市场，每年纳税 200 多万元。同时还投资 3000 万元建成了镇海大酒店。在村办企业中，有大型专业市场 6 个、旅馆酒店 6 家、农贸市场 4 个。2000 年，全区村办企业 93 家，从业人员 3490 人，分别比 1990 年增长 47% 和 11%；总收入 4.6 亿元，比 1990 年增长 6 倍；缴纳税金 1725 万元，税后纯利润 2591 万元，固定资产原值 27888 万元，分别比 1990 年增长 9.44 倍、16.52 倍和 12.3 倍。

2005 年，新村在建成海新钢材批发市场、海新装饰材料市场以后，再投资 2800 万元建设海新钢材市场二期工程，建成占地面积 5.3 万平方米、拥有 380 间商铺新的海新装饰材料市场和仓库，主要经营瓷砖、板材、铝材、不锈钢以及各种装饰材料，每年纳税 140 多万元。2010 年，建成海新装饰材料市场家装中心，是湛江市首个"一站式"家装中心，为商家提供精美家装产品高档平台。2018 年，为推动企业升级转型发展，新村与上海红星美凯龙置业有限公司合作，将海新钢材市场和海新装饰材料市场二区、汽车修理厂两宗 200 多亩的用地，合作开发为大型商业中心、房地产。目前，新村每年集体经济收入 1000 多万元，村民人均年可支配收入 12000 元。

老区村庄特呈岛，四面环海，且与市区相邻，地理位置独特，海洋及旅游资源丰富，霞山区引导该岛开发海湾水面资源，建立网箱养殖基地，发展海水养殖业。20 世纪 80 年代中后期，为了保证湛江港进出港航道通畅，特呈岛逐渐放弃传统的网门捕捞作业。1987 年，在霞山区有关部门的支持下，特呈岛管理区与香港商人合作创办湛江市金海网箱养殖有限公司，在特呈岛周边海域进行试养海鱼。放养的鱼类主要是石斑、软唇、鲈鱼、红鱼、黑记、白花鱼、赤记、金古鱼等，结果试养成功。其中坡尾村村民投资养殖优质鱼取得了很好的收益，于是网箱养殖在特呈岛上迅速推广开来。1995 年，网箱养殖发展到 3562 个箱，总面积达22262 平方米，年产活鱼 300 吨。2000 年，网箱养殖达 7000 多个箱，养殖面积 6.3 公顷，产量 1457 吨，产值 1820 万元。1996 年，湛江遭遇 9615 号台风重创，霞山渔业损失惨重，尤其是特呈岛海水网箱养殖基地更成为重灾区，3500 多个海水网箱全部被强台风摧毁。台风过后，霞山区采取有力措施，帮助群众抗灾复产，仅两个月就恢复了生产。1997 年，特呈岛网箱养殖从灾前的 3500多个网箱发展到 5000 个网箱。1999 年，特呈岛网箱养鱼专业户已发展到 500 户，网箱 7600 个，年可产优质鲜活鱼 1400 吨，产值 5000 多万元。

2003 年 4 月 10 日，胡锦涛总书记视察特呈岛，嘱托各级党委和政府着力解决岛上村民"饮水难、行路难、卖鱼难、避风难"的问题。霞山区委、区政府牢记总书记的重托，2004 年，投资 192 万元，修建 7 千米长的水泥环岛公路，投资 232 万元建成特呈岛水厂，解决了岛上村民行路难、饮水难问题。2005 年至 2009 年，先后投资 300 多万元，建成了特呈岛避风港，岛上渔船有了安全的避风港湾。同时在省渔业部门的支持下，特呈岛与深圳专业公司签订了海产品销售合同，"卖鱼难"问题也迎刃而解。解决"四难"问题后，岛上群众生产积极性空前高涨，霞山区因势利导，引领群众走专业化、产业化的养殖之路，实现全岛农业集约化发展。2005 年，由 18 户渔户家庭入股成立了特呈岛深水网箱养殖专业合作社，成为特呈岛第一个迈向专业化、企业化经营的经济实体。合作社筹资 50 多万元，在岛东南面 30 多米水深的海面上建立了一个直径 53.5 米、周长 160 米，面积超过标准足球场的深水养殖网箱，可养鱼 80—100 吨，相当于 800 个传统网箱，堪称"海洋牧场"，获得成功。2005 年，全岛已开辟深海网箱养殖面积 800 多亩，网箱 8900 个，年产鱼 4200 吨，产值 3600 万元，集体经济年纯收入 120 万元。2013 年，深水网箱发展到 72 个，共有 50 多户家庭加入了合作社，养殖年产量达到 5000 多吨，年产值 7500 多万元。特呈岛已成为粤西地区最大的海上网箱养殖基地，出产的活鱼不但供应本土市场，还有 1/3 销往香港、澳门等地区和日本、韩国等国家，1/3 销往珠江三角洲等地。

建设生态旅游岛，发展海岛生态旅游业。2003 年 4 月 10 日，胡锦涛总书记视察特呈岛时，曾到渔民陈武汉家中做客。2004 年 3 月 28 日，渔民陈武汉给胡锦涛总书记报告岛上"四难"问题得到解决。2004 年 4 月 30 日，胡锦涛总书记给陈武汉复信，殷切希望特呈岛的乡亲们在当地党委、政府的团结带领下，奋发进取，早日把特呈岛建设成为文明生态旅游新海岛。特呈岛迎来大好的发展机遇，在各级党委、政府领导下，在社会各界的大力支持下，霞山区成立特呈岛开发建设领导小组，下设建设与发展管理办公室，长驻特呈岛，按照总书记"建设文明生态旅游新海岛"的目标开发旅游资源，大力发展新兴旅游业。2004 年，引进民营企业湛江市中鑫有限公司投入巨额资金开发建设特呈渔岛（温泉）度假村，2009 年 5 月正式落成开业。特呈岛先后建有环岛公路 4.5 千米，环岛绿道开通，购置车渡轮船 2 艘，大、中巴客船 5 艘，电瓶车 20 辆，还有渔家乐及餐馆 7 家等。旅游航线每天开通，渡口航班 20 个班次以上。随着特呈岛各种旅游设施的配套完善，旅游接待能力得到进一步提高，为游客观光、悠闲度假、娱乐、会议、购物、温泉养生、垂钓、水上运动、科考服务提供方便。开设海湾特色游艇观光旅游，促进上岛旅游人数迅猛增长。旅游接待人数、收入分别从 2015 年的 479.2 万人次、35.1 亿元，增加到 2020 年的 527.12 人次、43.39 亿元。

随着网箱养殖的快速发展和旅游业的深度开发，特呈岛面貌发生了翻天覆地的变化。全岛各自然村共建村民休闲、健身于一体的小公园 8 个，总占地面积 11000 平方米；中心广场 1 个，面积 6800 平方米；体育运动广场 2 个，占地面积 3000 平方米。"红岛特呈"被评为"湛江新八景"之一，是"湛江市五岛一湾"（特呈岛、南三岛、东海岛、硇洲岛、南屏岛、湛江湾）滨海旅游产业园区大格局中的组成部分。2005—2011 年，特呈岛先后被评为"湛江市最美丽的村庄"、"广东省文明村"、"广东省可持续发展试验区"、"广东省旅游特色村"、"广东省滨海旅游示范基地"、首批"广东省红色旅游示范基地"、"中国第二批特色景观旅游名村"。

位于城区南面的革命老区村庄石头村、调罗村，具有临海近港的优势，把港口运输服务业、海滩涂养殖业作为特色产业，加大发展力度，一步一步推进。20 世纪 70 年代中期，石头村办起畜力运输队，增加了村的经济收入。1995 年，石头村成立了汽车运输站，年创收达 500 万元。1996 年后，运输收入逐年增加，

2015 年 952.56 万元，2016 年超千万元，2017 年上升至 1140.60 万元。2009 年，石头村另一运输企业——石头村汽车投资运输公司成立，第二年运输公司收入 800 万元；2015 年至 2017 年，三年共收入 3231.03 万元，经济效益逐年提高。

革命老区村庄调罗村利用临海优势，开发沿海滩涂，大力养殖各种贝类、优质鱼类、对虾及牡蛎，形成具有特色的海滩涂养殖基地，增加群众的收入。

城区西部的老区村庄土地资源丰富，是霞山粮食和蔬菜生产基地，霞山区把发展农业集约化经营作为这一区域的主导产业。20 世纪 80 年代末，在西部老区村庄楼下、后洋、陈铁等村建设万亩粮食、蔬菜生产基地，稳定了粮食生产。20 世纪 90 年代初，区政府指导老区村庄陈铁村、西厅村整合土地资源，建成 1000 亩无公害蔬菜生产基地。向农业集约化经营迈出了第一步。2003 年，广东农业龙头企业——广东东升农场落户霞山，在陈铁村建成 500 亩无公害蔬菜示范基地，以"公司+基地+农户"生产模式发展蔬菜种植业。2011 年，海峡两岸蔬菜基地在陈铁村建成，无公害蔬菜生产基地扩大到 2000 亩，农业集约化经营上了一个新台阶。

同属西部的老区村庄南山、南柳、蓬莱、溪墩、坛上等村，紧跟时代的发展步伐，按集约化经营模式，发展淡水养殖，生产无公害蔬菜，利用山坡空闲林地饲养禽畜，成为区域性淡水养殖及禽畜生产基地，增加了老区村庄群众的收入。

城区西北部的老区村庄山清水秀，生态优良，该区域重点发展生态农业，形成富有特色的农业发展新态势。

边坡村利用靠近山岭、自然环境独特的优势，发展休闲、观光农业，建设火车旅馆、农业休闲园等项目，集农业观光、农家乐、乡土饮食于一体，实现了农村经济的可持续发展，成为新农村建设一大亮点。边坡村先后被评为"湛江最美丽村庄""广东省卫生村"和"湛江市生态文明村"。

西厅、岑擎、东纯、黄西等老区村庄重视生态建设，发展生态型农业。西厅建成绿色蔬菜生产基地，种植无公害蔬菜，增加村民的收入。岑擎村投入650万元，建设绿色村道、农民运动场、乡村艺苑、休闲小公园，村容村貌焕然一新，2008年被评为"湛江市卫生村"，2011年被评为"湛江最美丽村庄"，2014年被评为"湛江市生态文明村"。东纯村利用自然优势，建设农村休闲榕树公园，发展休闲型农家乐，增加了村民的经济收入。2007年，东纯村被评为"湛江最美丽村庄"。黄西村以改造环境为突破口，全力推进新农村建设，通过多种途径建成一个村民休闲广场、一个休闲长廊、一个村民健身苑，发展休闲农业，全村经济和文明建设同步发展。2005年，黄西村被评为"湛江市卫生村"和"湛江市生态文明示范村"，2008年，被评为"湛江最美丽村庄"。

坚持特色发展，霞山老区村庄富了起来，环境更美了，群众生活更好了，老区换了新颜。

7

第七章

革命足迹　永载史册

第一节 重大革命事件

（一）霞山区第一个党组织广州湾党支部的建立

全面抗战爆发后，广东党组织陆续派党员到南路开展革命活动，建立党的组织。1938 年 11 月，共产党员林琳来到广州湾，找到原来在广州结识的益智中学进步青年教师林熙保，通过林熙保认识调罗村启英小学青年教师陈以大，同月，陈以大介绍两人加入中国共产党，后陈以大又介绍进步青年林其材入党。1939 年 3 月，林熙保、陈以大、林其材 3 人在菉塘村世基小学后面的密林里秘密成立了中共广州湾支部，林熙保任支部书记，陈以大为宣传委员，林其材为组织委员。这是霞山区第一个党组织。广州湾党支部先由林琳领导，后在中共高雷工委、南路特委的直接领导下开展工作。广州湾党支部成立后，先后在新村、调罗、临东、临西、祝美、陈铁、调熟等小学建立活动阵地，组织学生成立雷歌团，编演抗日节目，宣传抗日思想；在世基小学创办抗日期刊《萌芽》，开设时事、评论、散文、诗歌等栏目，刊登抗日文章，提高群众的抗日意识；在附近开办夜校，向农民群众宣传抗日道理，培养革命骨干，发展进步力量；在湖光铺仔圩的"活力茶室"，西营的"德昌银号""天和堂药店"，赤坎的"南泰隆"（后改为"公泰隆"）、"益记"等处设立秘密联络点，开展交通情报工作，为西营乃至广州湾的革命作出了重大贡献。

（二）益智中学的罢课斗争

1940 年 3 月，益智中学教师陈翰华等人散布"抗日必亡"

论，并以此命题，要学生作文，激起爱国青年学生的义愤。他们在中共广州湾支部书记、益智中学数学教师林熙保的支持帮助下，出墙报，画漫画，揭露批判陈翰华的反动言论。这时校内的汪派分子造谣攻击进步教师，欺侮进步学生，破坏读书会，撕毁抗日宣传墙报，禁止学生宣传抗日救亡。抗日与不抗日两种力量在校内激烈交锋。广州湾党支部决定在学校发动师生进行罢课斗争。罢课的口号是"反汪肃奸，坚持抗日！"中共南路特委对这场斗争极为重视，罢课的第二天就派出遂溪县委委员殷杰和党员朱力亲临领导。罢课期间，益智中学学生陈树生、杨峰等人在学校贴标语、出墙报、画漫画，揭露亲汪分子的罪行，为罢课制造舆论。在殷杰的领导下，广州湾党支部成员陈以大、林其材，串联学谈高级机械职业学校和设在铺仔圩的益智中学高中部的进步学生黎江、张创和王烈等人，发动学生罢课，声援益智中学的正义斗争，反对学谈高级机械职业学校反动校长陈兆麟。接着，晨光小学、四维中学、琼崖联合中学、广慈小学等学校的师生纷纷响应，罢课支持。陈翰华、陈兆麟等勾结法广州湾当局，以"破坏法租界内的教学秩序"为名，派军警封锁学校，围攻殴打进步学生，扣押林熙保（后释放），开除进步学生陈树生等 5 名同学，将坚持了一个多星期的罢课斗争镇压下去。广州湾党支部成员陈以大将益智中学的罢课情况和陈翰华、陈兆麟等人的罪行写成控告书，递交给抗日爱国将领、国民党广东省政府第七行政区专员张炎。张炎对罢课斗争表示支持，并发布命令，通缉陈翰华、陈兆麟等反动教师。

（三）开办"而信行""裕富布庄""裕泰行"等商铺作为秘密交通联络站

1939 年 3 月，日军侵占海南岛。中共琼崖特委派琼崖抗日游击队独立总队军需主任谢李森、副官张刚和陈玉清到广州湾，在西营设立广东省琼崖抗日游击队独立总队驻广州湾办事处（简称"琼崖办事处"），负责沟通琼崖特委与八路军驻香港办事处、广东省委的联系，搜集传递广州湾及内地的交通情报，转运物资到琼崖等工作。办事处主任为谢李森，副主任张刚，秘书陈玉清。办事处在西营开办"而信行""裕富布庄""裕泰行"等商店，作为琼崖特委和抗日游击队独立总队驻广州湾办事处的活动阵地，并将运往琼崖抗日游击队独立总队的物资集中起来，用 7 艘木帆船运送到海南岛，支持了琼崖地区的革命斗争。

（四）汽车工人的罢工事件

1946 年 3 月，国民党粤南师管区特务排长到湛江市联合汽车公司西营汽车站强行购买优待票，遭到售票员的拒绝。特务排长蛮不讲理，殴打售票员和站长林石，还带来 30 多名士兵包围车站，殴打并抓走了麦洪等工人。中共湛江特支决定在不暴露党组织的情况下，领导工人罢工，开展斗争，打击国民党反动派的嚣张气焰，维护工人的正当利益。在党组织的领导下，全市汽车工人集体罢工，使湛江市的汽车行业停业三个多小时，国民党湛江警察局出面调停，并释放麦洪等汽车工人，罢工取得胜利。

同年 4 月，国民党湛江市市长郭寿华下令强迫湛江各汽车公司合并，改为官办的湛江市汽车统一管理所，郭寿华委派反动军官陈悦民为管理所主任，余光汉为管理所监督长，还向赤坎、西营汽车站派出监察员，统管湛江市的汽车行业。他们无理加大征收养路费，从中贪污，引起汽车工人的不满。中共湛江特支决定再次发动和领导全市汽车工人罢工，揭露陈悦民等官僚的罪行，向郭寿华提出严惩贪官污吏，合理征收和使用养路费等要求。汽车工人的罢工斗争，迫使郭寿华撤销陈悦民的管理所主任职务，罢工斗争再次取得胜利。

（五）正义中学的创办和爱国师生的革命活动

正义中学的前身是志成中学，由进步青年冯一功于 1944 年在西营民治路（旧新华戏院）创办，1945 年移至民享路（今步行街海军干休所位置）。抗战胜利后，党组织派大批党员和进步青年到该校任教和学习，校内可公开传阅有关中国共产党的书刊，宣传中国共产党的主张。志成中学成为中国共产党开展革命斗争的一个重要阵地。

志成中学的革命活动，引起国民党湛江市政府的不满，市长下令关闭志成中学。党组织与学校进步教师商量后决定采取"名为关闭，实为改名"的策略，在志成中学原校址上成立正义中学，由大革命时期的党员王莆川任校长，进步人士黄汉超任教务主任，共产党员苏德中任训育主任。1948 年，党组织安排林泽南（菉塘村人）入读正义中学，作为王莆川与菉塘党支部联系的交通联络员。中共湛江城区工委组织正义中学的党员学生林景光、庄宜三、唐翠竹、林公群、林枫、林连就等，组成正义中学党小组，林景光任组长，林公群为联络员，由城区工委党员谭向东领导。党组织安排大批进步青年进入正义中学就读。正义中学在校长王莆川的领导下，积极开展革命活动。

（六）策反国民党六十二军直属部队起义

经过各级党组织的长期策反，国民党六十二军警卫营营长邱德明率部起义。

1949 年 10 月，为配合邱德明起义，中共粤桂边区委派边区纵队政治部主任温焯华与中共湛江市工委书记黎江会面，指示市工委在起义发动时，为起义部队选派向导，破坏西营、赤坎之间和西营市区敌人的通信线路，组织担架队、运输队，并派出一支精干的武工队入城配合起义部队作战。黎江接受任务后，先后在菉塘、新村、沙坡、调罗、陈铁、西厅等村，召开研究配合国民党六十二军起义的行动计划。起义前夕，黎江又在菉塘、新村召开市工委成员、各村党支部书记、武工队长会议，具体布置、落实各项工作。

15 日凌晨 1 时，黎江带领市工委及东南区党委负责人林梓祥、林一株等人，飞马连连长殷福带领一部分武装人员等 30 多人，随赵世尧、王克经过菉塘村进入西营起义部队指挥所，赵、王担任起义部队的中共代表，负责处理物资和人员转移工作。凌晨 2 时，邱德明正式宣布起义，3 时战斗打响。参加起义的有六十二军军部直属警卫营、军直属辎重团下属三个连和驻西营的步兵营、炮兵营、运输营各一个连，以及工兵连、军部连、弹药队等。上午 7 时，西营区的敌军主力已全部被缴械，其余零散部队及曾做抵抗的工兵连，也不敢轻举妄动。至此，起义部队共缴获步、机枪一千六百余支，炮十余门，军用汽车百余辆，子弹百万余发，炮弹三万余发，炸药数吨，军用器材一批，电台十余部，粮食十多万斤，俘敌一千多人，击毙敌副军长张一中。起义部队打开监狱释放在押的革命同志、进步人士和群众共六百多人。

上午 8 时，西营市区已被起义部队和武工队控制。林梓祥、林一株、殷福等带领部分武工队员负责市区的巡逻和保卫工作。黎江、陈以大等在西营市区南天酒店楼上召开市工商界及知名人士会议，宣传这次起义的意义和中国共产党保护工商业者利益的政策，请他们与起义部队协作，一起维护城市的社会治安。会上，工商界广大人士纷纷表示全力支持。

这次起义，在中共粤桂边区委和中共湛江市工委负责人黎江、陈以大、周明、林为友以及边纵第六支队司令员陈一林、副司令员王克等人的领导和组织下，西营周边的菉塘、新村、楼下、陈铁、西厅、调罗、坛上、深田、后坑、南山、后洋、黄西、蓬莱、边坡、石头、坛下、木兰等十多个村庄以及市区运输队，共出动数千名群众和大批牛车、渔船、汽车帮助起义部队抢运枪支、弹药和军用物资，护送起义人员的家属安全转移，为起义取得胜利作出了贡献。

（七）解放湛江的战斗

1949 年 10 月，中国人民解放军第二野战军和第四野战军各一部自江西进入广东，在解放广州后，继续南下，横扫国民党的残兵败将和国民党各级反动政权，势如破竹。龟缩在赤坎、西营、城月、雷州城、沈塘等地的国民党残军和地方反动势力已成了瓮中之鳖。

1949 年 12 月中旬，中共湛江市工委在遂溪东南区古河村的徽泉公祠召开紧急会议，提出大力发动群众，做好迎接湛江市解放的各项工作。会议决定：一、以遂溪东南区武工队及各村村队为基础，抽调人员组成 170 多人的湛江市治安大队。二、全面开展策反工作，切实保护湛江电厂、报社等重要设施；通过民主人士、进步知识分子、开明商人，利用同乡、同学、好友等社会关系，在国民党内部宣传中国共产党的政策，分析形势，使有关人员与国民党决裂，站到人民的一面。三、广泛发动人民群众，做好后勤服务工作。要求共产党员、游击队员（村队队员）、农会会员、妇女会负责人带头捐钱捐物，带头报名参加运输队、担架队、后勤服务队，全力做好迎接人民解放军到来的各项工作。

在解放湛江市的战斗中，中共遂溪县委、中共湛江市工委指示毗邻湛江市的遂溪东区、中区、东南区的党组织认真做好支前工作。各村党支部、村队、农会、妇女会积极发动群众参加运输队、担架队、后勤服务队等的支前工作。附近村庄的群众把做好的包点、番薯、鸡蛋、茶水等食物挑到遂（溪）湛（江）公路边，供应从北海地区赶来参加战斗的人民解放军。

12 月 19 日凌晨 3 时，解放湛江市的战斗打响了。边纵第六支队十六团从左翼沿菉塘、海滨一线进攻，攻打国民党当局湛江市海关（长桥码头入口处），阻击下船逃跑的敌人；十八团经松林公园（今霞山儿童公园）直插市区；十七团沿洪屋街一带从右翼包抄敌人。国民党六十二军遭打击后，向长桥码头方向且战且退，三个师连夜登上军舰，留下一五三师四五二团和四五八团三个营作掩护，困守在西营法国东方汇理银行大楼、国民党湛江市政府大楼、六十二军军部、国民党湛江市海关楼、京华酒店、南天酒店等建筑物。战斗持续到中午，左翼部队打下敌人据点天主教堂后，国民党湛江市政府大楼和六十二军军部的敌军借坚固楼房踞守顽抗。因地方武装部队缺少重武器装备，进攻一时受阻。中国人民解放军第四野战军四十三军一二八师三八四团（中国人民解放军〇一四八部队第三支队）得知攻打湛江市的战斗打响，从北海地区（今属广西）急行军赶来参加战斗。他们抵达湛江市赤坎后，首先收缴国民党当局湛江市警察局二百余人的枪械，然后跑步疾奔西营。野战部队发扬不怕牺牲、不怕疲劳和连续作战的作风，向西营的国民党守军发起猛攻，国民党军被迫退至法国东方汇理银行大楼。野战部队利用迫击炮和自动步枪打击、封锁敌人的火力窗口。南路军分区第六支队十八团冲到松林公园附近，用火力封锁敌人。在强大火力的掩护下，我军冲击东方汇理银行大楼，经过激烈的肉搏战，终于消灭了这个据点的敌人，继而围歼国民党当局湛江市政府大楼、六十二军军部、海关楼之守敌。困守在京华、南天两酒店的敌人孤军作战，我军与敌人逐楼争夺，战斗甚为激烈。至 19 日晚上 9 时，敌人放下武器投降，湛江市宣布解放。

这次战斗，共击毙敌人 500 多人，俘敌 700 余人，缴获大批军用物资和敌伪档案。中国人民解放军第四野战军四十三军一二八师三八四团副连长胡玉、排长刘成林、班长李怀臣等 30 余名指战员光荣牺牲。

毗邻湛江市的各乡村认真做好支前工作。菉塘、新村、楼下、陈铁、西厅、调罗、坛上、深田、后坑、南山、后洋、黄西、蓬莱、边坡、石头、坛下、木兰等村的党支部、村队、农会、妇女会，积极发动群众参加运输队、担架队、后勤服务队，烧水做饭，抢救伤员，搬运弹药，协助人民解放军、游击队作战，为解放湛江市作出了积极的贡献。

（八）支援解放海南岛

湛江解放后，国民党广东省政府主席薛岳逃到海南岛，成立以薛岳为司令的"海南岛防卫司令部"。薛岳为挽救其覆灭的命运，在与雷州半岛隔海相望的海南岛北岸，构筑"伯陵防线"，企图与解放军长期抗衡。

根据党中央的指示，中国人民解放军第四野战军四十军和四十三军共六个师、高炮一师两个团和工兵一部，共计 10 万余人，组成渡海兵团，由第十五兵团司令员邓华、政委赖传珠、第一副司令员兼参谋长洪学智组织指挥。

1949 年 12 月 30 日，中国人民解放军四十军某师和四十三军某师相继进驻雷州半岛，开始紧张地做渡海作战的准备。湛江市的广大民兵和群众开展紧张的支援解放海南的工作。

1949 年 12 月，中共南路地委根据中共中央华南分局《关于支前工作的决定》和《关于支援海南作战的决定》，成立南路支前司令部。各市、县也相应成立支前司令部，加强对支前工作的具体领导。湛江市支前司令员为陈以大，政委黎江，副政委梁立、周明，参谋林为友。市所属的区成立支前司令部或指挥部，各乡也成立支前指挥所，分别由区委书记、区长和乡党支书和乡长负责。潮满区的负责人是林梓祥，新鹿区的负责人是冯清。各级支前机构成立后，深入农村、渔港，进行宣传发动，征集船只，动员民兵、船工，筹集粮草、钱物，修筑公路，指导海上训练，保证支前工作顺利进行。

当时新鹿区委负责联系调罗、北月、仙塘、临海等村庄，潮满区委负责联系菉塘、平乐、龙潮等沿海村庄，滨海区委负责联系麻斜、南三、特呈等村庄，动员群众有船出船，有力出力，支援南下大军解放海南岛。支前司令员陈以大是调罗村人，他亲自回到调罗村发动渔民群众，征集到渔船30多艘。在仙塘村，征集到20多艘，召集两村船工100多人。在特呈岛征集到渔船40多艘，召集船工70多人。损坏的船只集中到上述3条村进行修理。当地渔民有的当部队海上训练的教练，有的日夜赶修船只，很多渔民停止出海捕鱼，自愿把船只交给部队训练，有的还当舵手和教练。

为适应海上作战，提高部队战斗力，解放军进入紧张的海上练兵运动。渔民、船工积极协助解放军熟悉水性，传授驾船、掌舵、泅水、抗浪等技能。调罗村渔民陈家兰，把自己的小渔船无偿送给部队训练，渡海作战时，他积极要求参战。部队领导见他年纪大，家里又有妻子、孩子，生活全靠他支撑，劝他留下。陈家兰无私奉献，帮助解放军练兵几个月，受到部队和村里群众的高度赞扬。

特呈岛各自然村的渔民群众积极响应党和人民政府的号召，主动把掩藏在东村、里村和新屋村村前红树林内的渔船交给中国人民解放军四十三军所属部队使用，并踊跃报名当船工、舵手，参加渡海作战。1950年2月，参加支前的船工、舵手集结在里村冼太庙和庙前的海域，以及岛的南部、西北两处海域，协助训练人民解放军指战员，让他们学习驾船技术，熟悉水性。是年3月，中国人民解放军发起解放海南岛战役，特呈岛仅有的42艘渔船全部献出来，编入部队参战。

　　湛江市是支援解放海南岛的大后方，许多粮食、物资基本集中在湛江市，阳江、阳春、电白、水东等地运来的粮食大都经湛江市西营转运。经常有几十艘至100多艘的运粮船停泊于西营码头，大量粮食等待搬运。由于国民党飞机经常轰炸，很多外地搬运工人逃离码头。这时负责运输工作的支前参谋林为友，同原来搞地下工运的黄文海、杨慧等一起，发动霞山、龙画、兴隆、菉塘、新村、龙登等村群众500多人承担搬运工作。他们说：我们不怕敌机轰炸，我们也不要报酬，我们的最大心愿是做好支前工作。他们编好组，日夜搬运，很快就将100多艘船载的几千吨粮食搬运上岸。

　　当时，湛江刚解放，支前的粮食和物资一方面是没收地主的，另一方面是党组织动员一些开明人士捐献的。如开明人士林常（新村人）把自己的小商店转卖给别人，将所得的2000多元（光洋）和抵押店铺借的2000多元（光洋），用来购买汽油及物资送给支前司令部。他这种无私奉献的精神受到支前司令部和群众的高度赞扬。

　　1950年3月初，解放军四十军和四十三军分四批共七次渡海登陆海南岛，摧毁敌军"伯陵防线"。在岛上的琼崖纵队配合下，解放军乘胜追击，至4月30日歼灭海南岛南端三亚等地残敌。5月1日，海南岛宣告解放。

　　是年7月29日，中共湛江市委、湛江市人民政府、中国人民解放军第四野战军第十五兵团、第四十三军善后委员会第二分会、广东省人民政府善后委员会湛江分会在湛江市西营中国大戏院（今霞山区东风电影院），举行解放海南岛渡海船工功臣庆功大会。会议表彰400多名支前模范和渡海功臣。特呈岛的陈那如、陈桂、陈那尾、陈定聪、陈振伦、陈冼桂、陈冼福、陈仲、陈吴进等被评为渡海功臣。陈桂被评定立两大功，被保送到南方大学就读。调罗村陈昌盛、陈永福等随军作战，立下了战功。调罗村陈家兰、陈秀荣、陈家广、陈自希、陈自钦、陈自成、陈家真、陈作大等，以及北月村陈庆登等为支前工作做了大量工作。仙塘村陈绍伟、陈秋生被政府追认为支前牺牲的工作人员，其亲属得到政府照顾和优抚。陈绍芳、陈庭清、陈德春、陈那弄等在渡海作战中立下战功。

第
二
节

重要历史人物

（一）吴邦泽

吴邦泽，1875 年出生，清末遂溪县调宝社南柳村（今湛江市霞山区建设街道南柳村）人，抗法英雄。

吴邦泽为人正直，勇敢刚毅，善使长棍，以义勇闻于乡里。清光绪二十四年闰三月初二日（1898 年 4 月 22 日），法国殖民主义者以租借广州湾为由，派兵强占遂溪县海头汛，并向南柳等地进犯。法军四处骚扰，毁墓掠地，焚烧民房，杀人害命，激起当地村民的极大愤慨。吴邦泽首倡联络附近各村，打"番鬼"（指法国侵略者），保家乡，获得当地百姓和爱国乡绅的支持。清光绪二十四年五月初一日（1898 年 6 月 19 日），南柳村在后坡山晒谷场举行抗法誓师大会，与会者还有调丰、坎坡、东山、海头港等村群众，共 500 多人，发誓齐心杀敌，宁愿战死沙场，也要保卫国土家园。会上，大家推选吴邦泽为"棍头"，负责指挥战斗。歃血誓师后，抗法义军高举义旗，在吴邦泽的带领下，扑向法国兵营，挥舞大刀、长矛、木棍与法军交战，因力量悬殊，第一次进攻失败。

清光绪二十四年五月二十三日（1898 年 7 月 11 日），南柳、南山、海头港等村几百人在南山村上林寺前举行誓师大会。次日，吴邦泽、吴大隆、吴美观等率众志士手持藤牌、大刀、镖叉、棍棒，助以铁炮，兵分三路，再攻法营。吴邦泽率南柳志士百余人为中路，打先锋，其他村庄的志士组成左右两路并进。吴邦泽带领中路南柳队伍首先到达法营前面，展开激战，左右两路继到，投入战斗，杀敌数十人，直逼营房大门。敌枪炮先进，且有营墙，志士们所用土制武器威力不大，营前又无掩体，全靠卫国保家精神，以血肉之躯奋战，多次冲锋，未能破敌兵营，而伤亡渐多。吴邦泽观察战场形势，觉得不宜久战，立即把木棍后指，示意各路撤退，自己则率中路队伍作掩护。正撤退间，吴邦泽被敌弹击中，鲜血涌出，但他仍忍受极大伤痛，咬牙屹立，继续举棍向后，直至各队全部撤离，才倒在战场上。牺牲时，手中依然紧握指挥作战的木棍（此木棍现存于湛江市博物馆），时年 24 岁。初葬本乡东山岭，后迁葬沙坡岭，墓今尚存。

（二）吴大隆

吴大隆，清末遂溪县海头港村（今属霞山区）青年农民。清光绪二十四年（1898 年）闰三月，法军以租借广州湾为由，强行登陆后，焚烧海头港村，枪杀下地种薯的百姓。吴大隆深痛村庄被占，乡亲被杀，便约本村青年数人，潜入法军海头兵营，刺杀敌人，被敌人开枪打伤腿部。事后，法军进行报复，焚烧村庄。吴大隆不屈，率众返回南柳村，继续参加抗法斗争。

清光绪二十四年五月二十三日（1898 年 7 月 11 日），吴大隆与吴邦泽、吴美观等组织几百人在南山村上林寺前举行抗法誓师大会，誓死抗击"番鬼"，保卫国土家园。次日，在领队攻打法兵营的战斗中牺牲。

（三）林佐、林学礼

林佐、林学礼同胞兄弟，湛江市霞山区新村（今新兴街道新村）人。

林佐（1906—1938），字学诗。1928 年，他前往广州，考入广东空军部队。抗战时期，曾参加过著名的武汉大空战等战役。

1931—1936 年，广东军阀陈济棠为了扩大军事实力，将广东空军改编为 9 个中队。林佐从飞行员升为分队长，后晋升为副中队长。林佐是唯一一名参加武汉大空战的湛江籍飞行员。

1936 年两广（广东、广西）事变，广州国民政府军事委员会委员、第一集团军（由粤军组成）第一军军长余汉谋率部投降蒋介石，广东空军亦集体飞往杭州。其时林佐也随部队投奔国民政府。

1937 年七七卢沟桥事变，抗日战争全面爆发，侵略者疯狂进逼，北平、上海、南京等城市相继沦陷。1937 年 7 月，日本"出云"舰停泊外伶仃洋，昼夜派战机轮番轰炸广州，市民伤亡惨重，民众恐慌。国民政府派谢莽及林佐率领两个飞行大队飞临广州上空，截击日军战机，并炸伤"出云"舰，日军舰被迫逃离，使广州暂时得以安宁。

1938 年 4 月 29 日，是日本天皇的生日，侵华日军出动 36 架轰炸机在 12 架战斗机的掩护下企图偷袭武汉三镇，向天皇献礼。中国空军出动第四大队和苏联自愿航空队共计 60 余架战机迎敌，并制定了以伊－16 对付日轰炸机，以伊－15 拦截、引诱日战斗机脱离机群分而歼之的计划。战斗中，林佐驾机逼近敌机，"哒哒哒"，一颗颗子弹从他的战机喷射出去，敌机"鸣烟"拖着长长的黑烟坠毁。在持续 30 分钟的空战中，中苏空军共击落 21 架日军战机（其中中国军队击落敌机 14 架）。

当林佐驾驶的战机降落湖北孝感机场时，战友和同胞捧着鲜花迎上去，拥抱这位大英雄（他在保卫大武汉空战期间一人先后击落 4 架日军战机）。事后，空军最高指挥部门发出嘉奖令，表彰林佐等战斗英雄。并在林佐的座机上刻上四颗红星，以示奖励。

战斗中，林佐的战机受重创。经修理后，林佐重新驾着战机试飞。由于机件发生故障，飞机摇晃，他立即向指挥台报告，指挥员指示弃机跳伞。危急关头，他发现战机前面有一片农田，很多农民正在耕作，若弃机跳伞，肯定危及老百姓。刹那间，林佐毅然驾机飞向一个山坡，撞向丛林，此时林佐已来不及跳伞，不幸机毁人亡，牺牲时年仅32岁。

林佐殉职，轰动整个武汉，空军司令部在孝感机场召集全体人员，并通知林佐的亲属赴武汉参加追悼会。空军司令部追认林佐为烈士，并授予"抗日英雄"称号。随后又将他的遗体运回广州，安葬在广州沙河路附近公墓。随后把林佐生前遗物、遗照、挽联及生前事迹报告小册等物品运回他的家乡供民众瞻仰。

林学礼（1908—1940），林佐胞弟。1930年赴穗，考入广东航空学校第七期。1936年两广事变，广州国民政府军事委员会委员、第一集团军第一军军长余汉谋率部投奔蒋介石，广东空军飞往杭州，林学礼也随部队飞往杭州。

1937年，抗日战争全面爆发，日机狂轰滥炸，国民伤亡大。祖国危难，人民遭殃，山河破碎。林学礼报国的火焰燃烧着。当日本入侵中原之际，林学礼奉命与战友驾驶轰炸机，先后轰炸开封、郑州等地的日军设施，主要目标是火车站、装载军用物资的专列及地面部队工事等。他临危不惧，沉着应战，一次又一次地躲过敌人的炮火封锁，巧妙准确地向日军的军列、工事投掷炸弹，每次都准确地命中目标，敌人损失惨重。

战后，林学礼荣立抗日英雄功勋奖章。由于战绩显赫，上级派他上峨眉山受训。其后，林学礼奉命转到四川广元空军地勤运输供应站当站长。因积劳成疾，1940年，林学礼不幸病逝。

（四）林才连

林才连，1924年出生，湛江市霞山区新村（今新兴街道新村）人。1942年参加中共地下党工作。1943年春，日本侵略军侵占广州湾（今湛江市），林才连在培才中学（今湛江一中）读书，积极投身抗日救亡活动，受组织委派到徐闻下洋小学以任教为掩护，开辟抗日革命新区。1945年初，加入中国共产党，从事党的地下联络工作。

1947年，中共粤桂边地委任命林才连为湛江市市区交通站站长，负责地委与中共中央香港分局的联络，统管地委在市区的交通、情报和物资补给。在白色恐怖下，林才连把个人安危置之度外，不辞劳苦，日夜工作，还发动了弟妹参加革命，出色地完成了党的任务。交通站为南路人民武装秘密运送武器和医药等物资，传送大量情报，像一把尖刀插进敌人心脏，令敌人闻风丧胆。

1948年6月，粤桂边纵党委决定调集高雷部队袭击国民党在南路的统治中心湛江市。为保证战斗顺利进行，林才连受命侦察和收集情报。他勇敢机智，深入虎穴，准确获取大量敌军布防和活动的情报，为胜利袭击赤坎创造了有利条件。7月10日，根据粤桂边纵党委临时军委指示，粤桂边区人民解放军第二支队新八团袭击湛江市赤坎国民党广东省保安第十团第二营。击毙国民党中央通信局驻琼湛工作站主任张辅森，歼灭国民党广东省保安第十团第二营营部2个连，打死打伤80多人，俘虏40多人，缴获武器、物资及钞票一大批。林才连提供的情报在这次袭击中发挥了重要作用。

林才连策反的国民党军队某部连长李拓（又名李托），被国民党当局发现逮捕后叛变，市区的交通站遭到破坏。

1948年10月9日，国民党军警先后包围了赤坎环市路431号林才连家、海边街的"广汇行"和西营逸仙路林毓精的"珊瑚"咖啡店。林才连、林毓精、黄义民、沈培才、沈福生、李全坚等6位交通员和地下工作人员被捕。他们坚贞不屈，坚守党的秘密。当时林才连完全有条件越墙从荔枝园逃离，但为了保证党的机密不落入敌手，他沉着镇定地烧毁了所有文件资料，当敌人抓到林才连时只见到满地的纸灰。

国民党反动派对林才连除了用尽毒刑外，还阴谋软化林才连。国民党先叫林才连的族叔、湛江市参议长林某某以"保释"林才连为借口，劝林才连脱离中共组织。林某某甚至保证，只要林才连脱离中共组织，就可以马上释放他。林某某的"好意"，遭到林才连的坚决拒绝。国民党一计不成又生一计，诱骗林才连的母亲"劝说"儿子。林母利用"劝说"的机会，暗示林才连：党组织对他表示问候，他的弟妹都已安全转移，参加了游击队。林才连宁死不屈，受尽电刑、老虎凳、针刺手指等酷刑，门牙都被打脱了，也不透露党的半点机密。敌人利用金钱、美女、官位利诱，遭林才连一一拒绝。1948 年 11 月 27 日，林才连、林毓精等 6 位交通员昂首挺胸，浩气凛然地走向刑场，被国民党反动派杀害于赤坎南溪（今南桥河）畔，林才连牺牲时年仅 24 岁。

（五）林熙保

林熙保，1911 年出生，湛江市霞山区海头镇新村（今新兴街道新村）人。1938 年 9 月，毕业于广东省立勷勤大学建筑系。是年 11 月，中共粤西南特委成立，根据中共广东省委的指示，派周天明、林琳、阮明到南路地区恢复和发展党组织，开展抗日救亡工作。同月，林琳从梅菉来到广州湾，找到早已在广州结识的西营益智中学青年教师林熙保，并通过林熙保找到调罗村启英小学青年教师陈以大。林琳布置林熙保和陈以大结合广州湾的实际进行抗日宣传工作。同月，林熙保、陈以大加入中国共产党，由林琳主持，在调罗村启英小学举行入党宣誓仪式。

1939 年 3 月，经陈以大介绍，在菉塘村私塾教书的进步青年林其材也加入了中国共产党。同月，中共广州湾支部在菉塘村附近的树林里秘密成立，林熙保任支部书记，陈以大任宣传委员，林其材任组织委员。支部成立后，广东省琼崖抗日游击队独立总队驻广州湾办事处（简称"琼崖办事处"），根据八路军驻香港办事处的指示与中共广州湾支部取得联系，在菉塘村建立地下交通联络站，该联络站与中共广州湾支部一起开展工作。

1939年11月，林熙保根据林琳的指示，筹集一笔资金到梅菉市（今吴川市梅菉镇）开展窑地工人运动。1942年，林熙保受地下党组织派遣到徐闻开辟新的革命根据地，先后以曲界中学教员和下洋小学校长的身份作掩护，从事革命活动，培养大批革命青年。1944年，由于被国民党徐闻当局怀疑，党组织指示林熙保返回广州湾，在新村开办夜校、组织游击小组，继续开展对敌斗争。在林熙保的培养下，林才连等一批革命青年在斗争中成长为坚强的革命战士。

抗日战争胜利后，党组织安排林熙保先后在遂溪椹川中学和西营益智中学任教师，负责做营救革命人士和迎接湛江解放等工作。湛江解放时，林熙保作为军事代表参加接收湛江市的工作，保护黎湛铁路的图纸资料等档案（中华人民共和国成立前已有黎湛铁路设计图纸资料）。

中华人民共和国成立后，林熙保曾担任梅茂县建设科科长兼芦江中学校长、粤西行署水利队队长等职。1956年起，林熙保响应党中央号召，从行政干部转任技术干部，在广东省第四建筑工程公司担任工程师，从事建筑工程技术工作。20世纪50年代末至60年代，先后被湛江市地委抽调到雷州青年运河建设指挥部和湛江堵海工程指挥部担任工程师，负责技术指导工作。1983年，林熙保从广东省第四建筑工程公司工程师岗位上离职休养。2002年病逝，享年91岁。

（六）陈以大

陈以大，曾用名陈自可，1912年出生，湛江市霞山区海头镇调罗村（今友谊街道调罗村）人。1938年1月参加革命，同年11

月加入中国共产党。尔后，党组织委派陈以大担任广州湾私立调罗启英小学校长。陈以大以学校为阵地，积极开展抗日宣传工作，培养革命骨干，发展党员。1939 年 3 月，中共广州湾支部成立，任党支部宣传委员，是中共广州湾支部创始人之一。1942—1947年，先后在广州湾（湛江市）西营、赤坎、铺仔和徐闻县等地以教书、经商作掩护，建立游击小组和地下联络站，组织领导师生、工人、农民抗日和做好搜集情报及统战工作。1948 年开始至 1949 年 12 月湛江解放，历任粤桂边纵队漠南游击大队政治指导员、中共茂名县委委员、中共湛江市工委委员。

中华人民共和国成立后，陈以大先后担任湛江市支前司令部司令员，中共湛江市委宣教科长，湛江市建筑工程公司经理、党总支书、党委书记，湛江市建筑工程局局长，湛江市人民医院党总支书记，广东省第四建筑工程公司党委书记，湛江地区建委副主任兼建筑工程公司党委书记等职。为支援解放海南岛，为湛江市社会主义建设，尤其是为湛江市建筑业的发展壮大，贡献毕生精力。

1983 年，陈以大离职休养，享受地厅级待遇。1996 年，广东省第八建筑工程公司主办的《八建报》编辑出版《陈以大诗文暨生平》，收集陈以大撰写的诗文代表作。1995 年病逝，享年83 岁。

（七）林其材

林其材，又名林公元，1915 年出生，湛江市霞山区海头镇菉塘边坡村（今新园街道菉塘村）人。1938 年 2 月参加革命，1939年 3 月加入中国共产党。中共广州湾支部成立时任组织委员，是中共广州湾支部创始人之一。1938 年 8 月，中共琼崖办事处（驻西营）使用菉塘地下交通联络站后，林其材为菉塘交通站负责人。1940 年，林其材任中共广州湾支部书记后，以菉塘世基小学教师身份作掩护，冒着生命危险，发展党组织，筹集党的活动经费，培养革命人才，传递党的指示文件，掩护接送大批过往革命人员，转运军用物资，做统战工作。1945年，林其材受中共南路特委派遣，到高州地区开展革命活动，历任中共茂名县高州城特派员、中共茂电信工委副书记、中共高州地委副书记兼组织部长。

中华人民共和国成立后，1950年，林其材任茂名县军政委员会副主任、茂电信支前司令部副政委。1950年5月，林其材任中共湛江市委常委、宣传部长，湛江市土改团团长，湛江市第五届各界人民代表会议协商委员会副主席。1952年，林其材调往广州，任广州港务局监察室主任、工会主席，广东省交通指挥部办公室主任，广东省交通厅民间运输管理局副局长，广东省交通运输公司办事组组长。1974年，因病辞世，享年59岁。

（八）林琳

林琳，又名林林、林凌波，1917年出生，海南岛临高县新盈港人。少年时代，林琳受中共领导的琼崖工农红军战斗事迹影响，胸怀救国救民大志。1935年，在广州第一中学高中部读书时，参加广东青年抗日先锋队，1938年夏，在广州加入中国共产党。同年10月受中共广东中区特委委派来南路工作，先后在梅菉、广州湾（今湛江市）、高州等地开展革命活动，建立组织，发展党员，出色地完成党的交通联络、情报等工作。1939年3月，林琳在菉塘村创立中共广州湾支部。后来成立中共南路联络站，担负着南路各地的抗日情报工作。

1939年春，被调往廉江以教师身份作掩护开展革命工作，与中共廉吴边特派员黄景文配合进行抗日活动。经过林琳等人一年多的努力，廉吴边组织起抗日游击队300多人，加上当地其他抗日队伍，成为南路一支坚强的抗日力量。林琳领导的队伍先后在廉江成安乡两家滩、石门乡钩镰岭参加抗击日、伪军的战斗，缴获弹药一批，毙俘日、伪官兵多人。

1944 年冬，国民党广东省当局倒行逆施，调遣国民党军第一五五师来南路，对中共领导的抗日武装进行"扫荡"。1945 年 1 月，中共南路特委为适应形势的发展，宣布成立广东省南路抗日游击纵队第二支队，林琳被任命为第二支队第一大队队长兼政治委员。在纵队领导下，林琳大队北上廉江、陆川、博白边境建立抗日根据地。当部队进驻廉江木高山村时，遭国民党第一五五师的袭击。在战斗中，林琳身先士卒，掩护部队撤退，不幸牺牲，时年仅 28 岁。

（九）黎江

黎江，曾用名黎振洲，又名许明，1921 年出生，湛江市霞山区海头镇陈铁村人。1941 年参加革命。1946 年 5 月加入中国共产党。中华人民共和国成立前，黎江历任地下交通员，粤桂边纵队司令部军需处主任，中共东南区委委员，中共湛（江）遂（溪）边工作委员会委员，中共湛江市临时工作委员会委员，中共湛江市工作委员会委员、书记。抗日战争时期，黎江长期以教员、店员身份作掩护，在极其艰难危险的环境中从事地下交通、统战工作，为党的通信联络、护送干部、转运物资、筹集经费作出贡献。1945 年春，中共南路特委根据斗争形势的需要，为更隐蔽地跟敌人作斗争，决定在赤坎建立商号"长发庄"，作为活动地点。中共南路特委将这一任务交给黎江和吴德中筹办。黎江和林玉精两人拿出 25 万元国币作资本。长发庄开业后，中共南路特委领导人周楠、温焯华、杨克毅、吴有恒、曾珍等曾在此工作。曾任粤桂边纵政治部主任的温焯华为黎江写的《回忆长发庄》批示："黎江同志搞长发庄的工作为南路特委作出重大贡献，我们衷心感谢。"

解放战争时期，黎江发动人民群众坚持武装斗争，打击地方反动势力，发展革命力量。1949 年 10 月，为配合策动国民党第六十二军起义，时任湛江市工委书记的黎江，多次召开市工委及相关人员会议，研究部署配合起义的行动计划。10 月 15 日凌晨，粤桂边纵队派出的代表王克、赵世尧及黎江等到达西营起义指挥所后，邱德明率警卫营正式宣布起义。起义部队击毙第六十二军副军长张一中等，捣毁国民党陆军总司令直属工兵独立四团、第五十军留守处等据点 20 余个，俘虏国民党军官兵 1000 余人，缴获各种武器一大批。这次起义动摇了国民党在广东的统治。

中华人民共和国成立后，黎江长期从事政法工作和统战工作，先后任湛江市公安局副局长、中央公安学校学员、粤西行署公安局副局长、中共湛江地委统战部副部长、湛江专员公署副专员、中共湛江地委委员、茂名市科教办公室主任、湛江地区科学技术委员会主任、湛江地区行政公署副专员、政协湛江市第六届委员会主席等职。

1988 年，黎江离休，1994 年病逝，享年 73 岁。

（十）林展

林展，又名林特荀，1924 年出生，湛江市霞山区海头镇菉塘村（今新园街道菉塘村委会菉塘村）人。1942 年参加革命。1945 年 9 月加入中国共产党。林展长期从事党的地下斗争工作，先后担任过党支部书记、总支部书记、区委委员、南路特委电台工作员等，为建立革命根据地，抗击国民党"清剿"，解放南路进行坚持不懈的斗争。

中华人民共和国成立后，林展历任廉江县安铺镇镇长，安铺区支前司令员，安铺区区长、区委书记，廉江县委委员、县公安局副局长，廉江县委统战部副部长、部长，廉江县总工会主席，廉江县交通局局长、县工交办副主任，廉江县人大常委会副主任，县政协副主席兼秘书长，湛江市直属机关党委书记，政协湛江市第六届委员等职务。在主持廉江县落实政策办公室工作期间，贯彻中央指示，平反大批冤假错案，为新时期的革命工作作出贡献。

林展于 1989 年 9 月离休，享受正厅级待遇。1995 年病逝，享年 71 岁。

（十一）吴福田

吴福田，1920 年出生，湛江市霞山区海头镇南柳洋仔村（今建设街道南柳村委会洋仔村）人。1936 年参加地下党工作，1938 年加入中国共产党。抗日战争时期历任广东省赈济委员会救济总队吴川县梅菉救济站负责人、东海岛西坑小学党支部委员，特呈岛党组织创建人之一。1947 年 11 月牺牲，年仅 27 岁。

1938 年，吴福田参加广州湾赈灾会属下广州湾华侨回国救护队。是年 7 月，与陈克等 14 人随救护队到达广州，参加广东爱国民主人士陈汝棠成立的看护干部训练班。1939 年，与陈克等人随广东省赈济委员会救济总队第八分队被派回广州湾地区，负责救济海南岛难民工作，为广东省赈济委员会救济总队第八分队党支部成员、吴川县梅菉救济站负责人。1940 年 5 月，受中共广州湾难民支部书记沈斌的委派与陈克返回广州湾西营负责情报工作。1941 年 5 月，任东海岛东山（镇）西坑小学教师、党支部委员。是年 8 月，与陈克创办特呈岛民众夜校。1943 年 1 月，与陈克、严雪等中共党员创建特呈岛党组织（党小组）。1947 年 4 月，任中国人民解放军粤桂边纵队第二支队第九团政工队队长，后到海康县（今雷州市）乌石、北和新区开展工作。1947 年 11 月 4 日，在海康县西区被敌人逮捕杀害。

（十二）林华奎

林华奎，1908 年出生，湛江市霞山区海头镇菉塘村（今新园街道菉塘村委会菉塘村）人。其父林昌庆在 20 世纪 30 年代是广州湾有名的工商业者，拥有许多土地、房屋和店铺。

1932 年，林华奎在上海复旦大学读书时，适逢淞沪战役爆发，受十九路军爱国行动的影响，曾想从戎抗日，但家庭要林华奎回家随父行商，以继父业。回家后，目睹法国殖民主义者统治下的广州湾，政治斗争复杂，奸商尔虞我诈，于是自己定下做人信条：既不出入官场当官，又不图利发大财，只循规蹈矩做人。1937 年，抗日烽火燃及广州湾。林华奎深感"国家兴亡，匹夫有责"，决心在家乡办学培养人才。1938 年办起菉塘改良书塾，使村中贫苦农民子弟能上学读书。1939 年，在林其材（中共广州湾支部创建人之一）的影响和支持下，林华奎拿出 2000 元大银把原来的书塾扩建为可容纳 200 多名学生的小学，取名"菉塘世基小学"，并亲任校长。

在抗日救亡运动中，林华奎积极支持师生募捐，将所有款项转送八路军驻香港办事处，得到廖承志、潘汉年等领导人来信表扬。南洋华侨回国抗日服务团和香港学生赈济会青年回国服务团回国参加抗日，秘密途经广州湾时，得到林华奎的热心支持和照顾，安排到世基小学住宿，确保这批人员平安地奔赴海南琼崖抗日游击根据地。

1939—1949 年，在林华奎的支持和帮助下，菉塘世基小学一直是中共地下组织在广州湾的秘密活动地点。中共广州湾支部、中共菉塘支部均在世基学校创立；中共琼崖特委与八路军驻香港办事处在世基小学设立交通站，互送情报，转运物资；世基学校培养出一大批有志青年加入革命队伍，作为交通点转送一大批革命人员奔赴革命前线。

1949 年 12 月，湛江解放后，林华奎到香港经商。1952 年，响应人民政府号召，回到湛江，按照党和国家政策，处理家中财产。经湛江市人民政府推荐，林华奎被选为湛江市政协副主席、广东省政协委员。1961 年，经人民政府批准，林华奎再次到香港定居。1980 年，在香港病逝，享年 72 岁。

（十三）林普中

林普中，1925 年出生，湛江市霞山区海头镇蓁塘村（今新园街道蓁塘村委会蓁塘村）人。1942 年 5 月参加地下党工作，中共党员。曾任中共湛江市东南区委委员兼中共东南区委第四总支部书记，1949 年 5 月在麻章北沟村被捕，同年 9 月在西营海边被国民党反动派杀害，年仅 24 岁。

1945 年 9 月，中共蓁塘支部在蓁塘世基小学成立，林展任支部书记，林普中任组织委员，林英（女，新村人）任宣传委员。在组织委员林普中等人的积极发动下，支部先后吸收林魁、林显荣、林华兴等 20 多人加入了中国共产党。

1947 年，中共蓁塘支部组织委员兼中共湛江市东南区委委员、蓁塘交通员林普中撤到麻章北沟村，到麻章圩一带开展工作。1949 年 5 月，林普中将调任中共湛江市东南区委副书记，不幸被国民党军队逮捕，先押到海关楼师部监狱，后转到国民党六十二军军部监狱。在监狱中，林普中受尽严刑拷打，惨遭施电刑、坐老虎凳、用铁耙钩等酷刑，被折磨得死去活来。苏醒后，仍然是一句话：父子都是做"牛中"（耕牛买卖的中介）的，别的事情都不知道。每次见到父亲，他重复说："没什么，我是做牛中的。有办法（营救）就想，没有办法就算（牺牲无所谓）！"不会给国民党可乘之机。9 月，国民党当局恼羞成怒，将林普中和其他 6 位被捕的青年秘密杀害在西营海边。

第八章

红色基因　代代传承

第一节 革命遗址

一、土地革命战争时期革命遗址

荟英祠堂旧址

1924 年春，广州湾西营商会会长陈斯静等人把荟英祠堂改建为广州湾益智小学，1926 年秋，扩办为广州湾益智中学。1928 年，广州湾新村青年林熙保和调罗村青年陈以大在西营益智中学读书，相识相知，成为革命战友。在学校里，陈以大、林熙保、黄崇伟、王才干等组成读书小组，学习进步书籍。益智中学成为广州湾进步师生反帝反封建的宣传活动阵地。1928 年夏秋，陈以大、黄崇伟、

荟英祠堂旧址

王才干等组织"双十节"提灯游行活动，纪念孙中山领导的辛亥革命。游行队伍从学校出发，经过法广州湾公使署等处，沿街高呼"拥护中国革命先驱孙大元帅""打倒法帝国主义""还我广州湾"等口号。1940 年，进步学生陈树生、杨岩、许承学等发动罢

课斗争，反对部分投降派师生的"亲日""亲汪""抗日必亡"的言论和谬论，提出"肃奸""抗日""择师"的口号。青年教师林熙保（林当时已聘为该校教师）组织师生张贴革命标语，散发革命传单，大造声势，把顽固、投降派的嚣张气焰打压下去。益智中学师生的罢课斗争消息迅速传遍广州湾，得到益智中学湖光分部（高中部）、赤坎晨光小学等校广大师生的积极声援。益智中学等校的学生运动，惊动了法殖民当局，益智学校师生为革命作出积极贡献。

二、抗日战争时期革命遗址

（一）启英小学

1937 年 9 月，调罗村进步青年陈以大与村上开明人士陈起槐商议，在村中三房祠堂创办调罗启英小学。1938 年 9 月，中共广东粤中特委罗范群派周天明、阮明、林琳等到南路地区恢复、发展党组织。同年 11 月，林琳到调罗启英小学吸收陈以大及在益智

启英小学遗址

中学任教的林熙保加入中国共产党，并在启英小学举行入党宣誓。至此，启英小学便成为南路党组织活动阵地之一。

调罗村优敏公祠——调罗启英小学旧址之一

（二）中共广州湾支部、菉塘交通站旧址

1939 年 3 月，经陈以大介绍，在菉塘村私塾教书的进步青年林其材加入中国共产党。经林琳批准，林熙保、陈以大、林其材在菉塘村林氏宗祠附近密林里成立了中共广州湾支部，林熙保任支部书记，陈以大任宣传委员，林其材任组织委员。这是西营（今霞山）第一个中共党组织。中共广州湾支部成立不久，林琳根据上级党组织的指示，在菉塘林氏宗祠设立菉塘交通站，开展交通情报工作。菉塘林氏宗祠便成为

中共广州湾支部、菉塘交通站、中共菉塘支部、世基小学遗址——菉塘村林氏宗祠（重建）

中共广州湾支部以至南路党组织的重要活动阵地。1939 年 9 月，林其材与村中开明人士林华奎商议，利用林氏宗祠创办蒙塘世基小学。

（三）中共南路特委机要联络站遗址

抗战时期，中共南路特委在西营（今霞山）建立特委机要联络站，负责南路特委机关机要文件及情报的收集、接送传递工作。

抗战时期成立的中共南路特委机要联络站遗址——
珊瑚咖啡室（今霞山区逸仙路）

（四）西营交通联络点遗址

抗战时期，为广泛收集敌特情报，及时掌握西营敌特动向，

抗战时期成立的西营交通联络点遗址——大欢街天和
堂药店（今霞山区逸仙南二路）

掌握对敌斗争的主动权,广州湾党组织在西营大欢街天和堂药店设立交通联络点。西营交通联络点利用熟识情况、人脉关系较广的有利条件,收集了大量有价值的情报。

(五) 中共新村支部、新村交通联络站遗址

革命战争年代,广州湾党组织在新村林氏宗祠成立中共新村支部,并成立新村交通联络站,开展农村革命斗争和情报收集传送工作。新村党支部成立后,组织发动群众投身革命,本村很多有志青年走上了革命道路。新村交通联络站利用各种社会关系做好农村情报的收集和传送工作,向党组织提供了大量情报。

中共新村支部、新村交通联络站遗址——新村林氏宗祠(重建)

(六) 陈铁黎明小学遗址

1946 年初,中共陈铁支部在陈铁黎明小学成立。1948 年中共陈铁支部发展为中共陈铁总支部。

中共陈铁支部、中共陈铁总支部、陈铁交通联络站、黎明小学遗址——黎氏宗祠

（七）特呈岛太邱小学遗址

1939 年秋，中共党员陈克、吴福田利用特呈岛开明人士创办的太邱小学开办抗日夜校，宣传抗日思想，培养革命骨干，为革命作出了重要贡献。2015 年 11 月，湛江市人民政府公布陈氏宗祠（太邱小学遗址）为湛江市文物保护单位。

太邱小学遗址——特呈岛陈氏宗祠（重建）

（八）西营志成中学遗址

志成中学由进步青年冯一功于 1944 年在西营民治路（旧新华戏院）创办，后更名为正义中学。1945 年移至民享路（今民享步行街海军干休所位置）。抗战胜利后，党组织派出大批党员和进步青年到该校任教和学习，校内可公开传阅有关中国共产党的书刊，宣传中国共产党的主张。志成中学成了中国共产党开展革命斗争的一个重要阵地。

广州湾西营志成中学遗址

（九）楼下村黎光小学旧址

楼下村与陈铁村同属一个乡，均是黎姓村庄。1939 年，中共广州湾支部派陈以大、林其材负责陈铁、楼下片的革命工作。1941 年 9 月，陈铁黎明小学分校在楼下村成立。1944 年，分校改名为楼下黎光小学。学校校长以及教师多为南路党组织派来的中共党员。学校组织读书会、宣传队，指导学生阅读进步书籍，演唱革命歌曲，宣传抗日。为保证革命来往人员安全，学校组织师生站岗放哨，从未出过任何事故。楼下村以学校为阵地，培养革命骨干，动员青年参军参战，为革命作出了贡献。优秀青年黎黄养等为革命献出了年轻的生命。

楼下黎光学校旧址（重建）

三、解放战争时期革命遗址

（一）石头村仙姑庙

石头村仙姑庙，始建于清顺治五年（1648 年），后多次重修，占地面积 400 平方米，砖木结构。清光绪二十四年五月二十四日（1898 年 7 月 12 日），武秀才林志辉组织村民 200 多人在仙姑庙前歃血盟誓"打杀番鬼，保家卫国"，并挑选精壮青年 108 人参加南柳等村民众攻打法军海头汛兵营。

1946 年，石头村成立中国共产党地下联络站、党小组和游击小组，仙姑庙是党小组、游击小组的活动据点。1993 年 9 月，湛江市人民政府评划石头村为"解放战争游击根据地村庄"。仙姑庙作为石头村抗法誓师遗址和解放战争革命活动阵地，2015 年被湛江市人民政府批准公布为湛江市文物保护单位。

石头村仙姑庙

（二）特呈岛革命遗址之一——里村冼太庙

革命斗争年代，特呈岛党组织利用里村冼太庙作掩护，发动群众，开展革命斗争。冼太庙成为特呈岛一个重要革命活动地点。2015 年 11 月，湛江市人民政府公布革命遗址——特呈岛里村冼太庙为湛江市文物保护单位。

特呈岛里村冼太庙

（三）特呈岛革命遗址之二——东村冼太庙

解放战争时期，特呈岛党组织以东村冼太庙为阵地，开展对敌斗争，为革命事业作出了重要贡献。2003年10月，湛江市人民政府公布革命遗址——特呈岛东村冼太庙为湛江市文物保护单位。

特呈岛东村冼太庙

（四）国民党六十二军警卫营起义地

1949年10月，在各级党组织的策反下，国民党六十二军警卫营营长邱德明率部起义。参加起义的有六十二军军部直属警卫营，军直属辎重团下属三个连和驻西营的步兵营、炮兵营、运输营各一个连，以及工兵连、军部连、弹药队等。起义部队收缴了大批枪支、弹药、军用器材，壮大了革命力量，动摇了国民党湛江当局的统治，为全面解放湛江打响了重要的一枪。

国民党六十二军警卫营起义地址之一——西营中正中学遗址（今为霞山区民有路）

国民党六十二军警卫营起义地之二——霞山看守所一带

（五）广州湾法国东方汇理银行旧址

1949年12月19日，中国人民解放军攻克国民党军最后固守的据点——原广州湾法国东方汇理银行，湛江市宣告解放。

原广州湾法国东方汇理银行旧址（今为中国工商银行湛江市霞山支行营业部）

第二节 古迹文物

一、南山村上林寺

南山村上林寺，始建于清康熙三十四年（1695年），由南山村乡贤吴涵山筹资创建，清光绪三十二年（1906年）重修，民国16年（1927年）再修，1994年再次重建。上林寺大门楹联为"上律天时时雨化成法雨覃敷渤海，林依地古古云屯作慈云相拥南山""上方元鹤千年寿，林外苍松万古春"。上林寺曾见证了一段村民抗法斗争的历史。1898年，法国侵略者入侵广东省遂溪县

上林寺旧址

海头汛（今霞山区城区），派兵强占周边村庄土地，到处烧杀抢劫，奸淫妇女，周边村村民不堪其扰，吴氏族人带领附近村庄800多名乡民在上林寺举行抗法誓师大会，吹响抗击法军、守护家园的号角。1961年，广东省人民政府公布该寺为广东省重点文物保护单位。2011年，上林寺被国家宗教局评定为全国首批宗教界爱国主义教育基地。

二、广州湾法国公使署旧址

广州湾法国公使署旧址，位于湛江市霞山区海滨一路3号，建于1903年，是法国于清光绪二十五年（1899年）强迫清政府签订《广州湾租界条约》后，在"法租界"内设置的广州湾行政总公使署的办公机构所在地。旧址为三层（包括地下室），混凝土砖木结构，欧式近代建筑，门窗作哥特式。单层建筑平面634平方米，总建筑面积1902平方米。

1943年2月16日，日本侵略军占领广州湾，取代法国对广

广州湾法国公使署旧址

州湾的统治。1945 年 8 月 15 日，日本宣布无条件投降。8 月 18 日，根据《波茨坦公告》有关规定，国民党政府主席特派、外交部政务次长吴国桢和法国临时政府主席特派、法国驻中国大使馆代办戴立堂分别代表本国政府在重庆签订《中华民国政府与法国临时政府交收广州湾租借地专约》，广州湾回归祖国怀抱。

广州湾法国公使署旧址见证了法国、日本的侵华历史。

三、国务院奖状

1958 年，陈铁农业生产合作社种植的甘蔗获得高产，亩产全市第一名，受到国务院的嘉奖，同年 12 月，国务院在北京召开"全国农业社会主义建设先进集体表彰会"，授予陈铁农业生产合作社"农业社会主义建设先进单位"的称号，并颁发了由周恩来总理署名的国务院奖状。

国务院奖状

一、纪念碑

（一）抗法纪念石雕

1898 年 4 月，法国派兵侵占广州湾（湛江市旧称），南柳村民高举义旗，组织抗法义军 500 余人，推举吴邦泽为首领，打制刀叉矛镖等武器，并联络邻村抗击法军、守护家园。

南柳人民抗法纪念石雕

6 月 19 日，吴邦泽率义军在祖祠誓歃血，首攻法营，未克。7 月 12 日，吴邦泽率军再攻法营，中弹牺牲。志士吴经发、吴经孝被法军斩首悬树。10 月 21 日，法军进犯邻村坎坡，吴兰进带领义军狙击，并诱敌深入南柳沙沟，与之激战。法国大败，弃尸二十余具。吴兰进不幸阵亡。10月24日，法军从侧面进攻南柳，吴邦权率众抵抗。清政府派人来劝降求和，导致南柳陷落。法军疯狂烧杀掠劫，焚毁民房七百余间。吴经道率义军撤至遂溪黄略。

南柳抗法之役，历时半年多，歼敌近百，志士牺牲载入谱牒者43人。御侮守土，功勋不灭。中华人民共和国成立后，南柳人民响应政府号召，迁村于此，支持国家铁路建设。抗法95周年，为缅怀先辈，特建此纪念雕塑和重建誓师旧址，以此鼓励后人弘扬爱国主义精神，投身振兴中华伟业。

（二）北月尖角岭革命烈士纪念碑

1949年12月19日，中国人民解放军第四野战军第四十三军一二八师三八四团与中国人民解放军粤桂边纵队协同作战，一举歼灭国民党驻西营守敌，宣告湛江市解放。在战斗中，中国人民解放军三八四团二连副连长胡玉等30余名指战员英勇牺牲。为缅怀先烈，激励后人，1958年1月10日，湛江市在北月村尖角岭建立了解放湛江革命烈士纪念碑。

坐落在北月村尖角岭的解放湛江革命烈士纪念碑

二、烈士陵园

（一）菉塘革命烈士陵园

在新民主主义革命时期，菉塘村有12位优秀儿女为革命献出了宝贵生命。为缅怀这些为民族独立、人民解放而献身的革命先烈，菉塘村于1986年清明节前夕建成了菉塘革命烈士陵园。陵园坐落在边山村旁即菉塘村百羊山上，占地近10000平方米，正中屹立着10.5米高的烈士纪念碑，碑身的前面和背面分别写着"革命烈士永垂不朽""缅怀先烈继往开来"十六个大字。碑前的左右两侧建有"浩气亭"和"英魂亭"。碑后是烈士墓，墓中竖着当年中共南路特委通讯员林毓精、中共东南区委委员林普中、东南区飞马连排长林华谦以及林美齐、林华明、林连就等12位烈士的墓碑。烈士墓后面建有"丹崖凝碧"碑亭，两边是长廊，用大理石贴在碑亭长廊墙上，并在碑亭长廊墙上刻上12位烈士的生平和英雄事迹。园内建筑是钢筋混凝土，外磨石米结构，金黄色琉璃瓦盖顶。整座陵园筑有围墙，并种上各种果树及花木，既壮观雅致，又庄严肃穆。1995年，中共湛江市委、湛江市人民政府确定菉塘交通站旧址暨菉塘革命烈士陵园为湛江市首批爱国主义教育基地。

菉塘革命烈士陵园正门

（二）新村革命烈士陵园

革命战争年代，在党组织的带领下，新村有志青年纷纷走上革命道路，参加各个时期的革命斗争，林才连、林里土、林江清等革命先辈为民族的独立、人民的解放献出了宝贵生命。为缅怀先烈，1995 年新村在该村西面陈屋洋岭建立了新村革命烈士陵园。

新村革命烈士陵园的革命烈士纪念碑

革命烈士

（一）抗日战争时期

林美齐　湛江市霞山区菉塘上村人，1922 年出生，1942 年参加革命，1944 年 2 月参加琼崖纵队，琼崖纵队第四支队战士，1945 年在海南岛儋县被日军围困牺牲，年仅 23 岁。

林华明　湛江市霞山区菉塘卜园村人，1921 年出生，1944 年 2 月参加琼崖纵队，琼崖纵队四支队战士，1945 年在海南岛儋县被日军围困牺牲，年仅 24 岁。

林里士　湛江市霞山区新村下井村人，1919 年出生，1945 年参加游击队，南路抗日人民解放军老一团战士，同年，在西征到广西十万大山时因病掉队被饿死，年仅 26 岁。

（二）解放战争时期

吴福田　湛江市霞山区南柳洋仔村人，1920 年出生，1936 年参加地下党工作，1938 年加入中国共产党。粤桂边人民解放军第二支队第九团政工队队长，1948 年 11 月 4 日在海康县西区被敌人逮捕杀害，年仅 28 岁。

林才连　湛江市霞山区新村人，1924 年出生，1942 年参加地下党工作，中共党员，湛江市赤坎交通站负责人，1948 年 10 月 9 日，因叛徒出卖，在湛江赤坎被捕。11 月 27 日，被杀害于赤坎南溪河畔，年仅 24 岁。

林普中　又名林辉，湛江市霞山区菉塘卜园村人，1925 年出生，1942 年 5 月参加地下组织，中共党员，中共湛江市东南区委委员兼中共东南区委第四总支书记，1949 年 5 月在麻章北沟村被捕，同年 9 月在西营（今霞山）被杀害，年仅 24 岁。

林毓精 又名林小清，湛江市霞山区菉塘下村人，1922 年出生，1942 年参加地下组织，中共党员，中共中央华南分局交通员，1948 年 10 月在湛江市西营（今霞山）地下联络点珊瑚咖啡室被捕，11 月在赤坎被杀害，年仅 26 岁。

陈那桂 湛江市霞山区北月村人，1926 年出生，1947 年参加武工队，湛江东南区武工队战士，1947 年 8 月在湛江市北月村被敌包围牺牲，年仅 21 岁。

林 同 湛江市霞山区菉塘边坡村人，1928 年出生，1945 年参加游击队，粤桂边人民解放军第二支队新二团一连战士，1947 年 10 月在遂溪笔架岭战斗中被俘，1948 年 4 月在西营（今霞山）监狱被折磨致死，年仅 19 岁。

林 程 又名林桂，湛江市霞山区菉塘边坡村人，1918 年出生，1947 年 7 月参加游击队，粤桂边人民解放军第二支队新二团一连战士，1947 年 10 月在遂溪桔仔村伏击战中英勇牺牲，年仅 29 岁。

陈昌文 湛江市霞山区北月村人，1912 年出生，1947 年参加游击队，徐闻县游击队税务员，1948 年 10 月，在湛江市北月村执行任务时被捕杀害，年仅 36 岁。

黎梓金 湛江市霞山区陈铁村人，1927 年出生，1948 年 3 月参加革命，中共党员，任中共遂溪东南区委志满财政队长，1949 年 11 月在志满圩被敌人逮捕杀害，年仅 21 岁。

杨公表 又名杨四哥，湛江市霞山区东纯村人，1923 年出生，1944 年参加游击队，粤桂边人民解放军第六支队第八团二连二排战士，1948 年 10 月在灯罗湾岭战斗中牺牲，年仅 25 岁。

黎黄养 湛江市霞山区楼下村人，1926 年出生，1948 年参加革命，中共党员，湛江东南区陈铁片党组织工作人员，1949 年在湛江海头圩被敌人杀害，年仅 23 岁。

吴玉谆 湛江市霞山区南山村人，1914 年出生，1946 年参加游击队，南路游击队飞马连战士，1948 年在湛江冯村岭与敌作战牺牲，年仅 34 岁。

吴芝福 湛江市霞山区南山村人，1925 年出生，1947 年参加游击队，粤桂边人民解放军第二支队第五团飞马连战士，1949 年在湛江南天酒店被敌杀害，年仅 24 岁。

林公希 湛江市霞山区菉塘卜园村人，1922 年出生，1947 年6 月参加游击队，粤桂边人民解放军第二支队新二团一连战士，1948 年病故，年仅 26 岁。1958 年追认为革命烈士。

林　追 又名林石才，湛江市霞山区菉塘上坡塘村人，1927 年出生，1948 年参加游击队，粤桂边人民解放军第二支队第五团飞马连战士，1949 年 7 月在徐闻县战斗中牺牲，年仅 22 岁。

林华谦 又名林华四，湛江市霞山区菉塘边坡村人，1926 年出生，1948 年 10 月参加游击队，粤桂边人民解放军第二支队第五团飞马连排长，1949 年 5 月在徐闻县战斗中牺牲，年仅 23 岁。

林江清 湛江市霞山区新村后坡村人，1932 年出生，1946 年参加地下党工作，新村联络站工作人员，1949 年在湛江市赤坎鸡岭被敌杀害，年仅 17 岁。

林连就 女，湛江市霞山区菉塘卜园村人，林普中烈士胞妹，中共党员，1929 年出生，1945 年 7 月参加革命，在东南区临海片负责妇女工作，因积劳成疾，缺医少药，1949 年 9 月在祝美村病逝，年仅 20 岁。

林　矮 湛江市霞山区菉塘边坡村人，1928 年出生，1947 年6 月参加粤桂边人民解放军第二支队新二团一连，1948 年 6 月在东南交通站病逝，年仅 20 岁。

冯康芝 湛江市霞山区岑擎村人，1919 年出生，1947 年 5 月参加革命，中共党员，1947 年 11 月 4 日在执行任务时于百儒岭被国民党反动派杀害，年仅 28 岁。

林美花 湛江市霞山区菉塘边坡村人，1922 年出生，1947 年 5 月参加粤桂边人民解放军第二支队新二团一连，中共党员，1950 年任滨海区人民武装助理员，同年 9 月 5 日在坡头高岭仔一带征收公粮时被匪特杀害，年仅 28 岁。

林其玉 又名林东，湛江市霞山区新村人，1925 年出生，1946 年参加革命，1948 年参加粤桂边人民解放军，后其所属部队整编为广东军区第七军分区第十九团一营三连，1949 年加入中国共产党，1950 年 2 月 4 日在广东云浮县三洞村剿匪时牺牲，年仅 25 岁。

附　录

大事记

土地革命战争时期

1924 年春　广州湾西营益智小学成立。

1926 年秋　广州湾西营益智小学扩办为广州湾益智中学。

1927—1928 年　广州湾新村青年林熙保和调罗村青年陈以大在西营益智中学读书，相识相知，成为革命战友。在学校里，陈以大、林熙保、黄崇伟、王才干等组成读书小组，学习进步书籍。益智中学成为广州湾进步师生反帝反封建的宣传活动阵地。

抗日战争时期

1937 年

7 月 7 日　日本侵略军在北平（北京）西南的卢沟桥附近，以军事演习为名，突然向中国驻军第二十九军发动进攻，第二十九军奋起抵抗。中国人民全面抗击日本侵略军的战争从此开始。中国共产党向全国发出通电，号召全国人民进行抗战，将日本侵略者赶出中国。广州湾地区人民积极响应中国共产党的号召，筹备组织抗日团体，开展抗日救亡运动。

11 月底　遂溪县第三区（含今霞山区部分村庄）抗敌会在遂溪七小（校址麻章）成立，负责人何森，并创办了会刊《抗敌战线》，郑星燕任主编。

1938 年

6 月　黄其江、陈其辉在广州江村师范加入中国共产党。

8 月 10 日　在黄其江、陈其辉等人的倡议下，遂溪县（含西营一些村庄）各界青年代表共 93 人联名发出组建遂溪青年抗敌同志会的宣言书，呼吁社会各界人士组织起来，开展抗日救亡运动。

8 月上旬　遂溪七小的何森和广州湾晨光小学校长许乃超发动遂溪、广州湾两地的进步师生 60 多人，成立遂湾联合抗日宣传工作团。该团设有演剧队、歌咏队、街头宣传队、下乡工作队、墙报组等，由许乃超任团长、何森任副团长。

8 月　黄其江、陈其辉分别介绍唐才猷、邓麟彰、支仁山、殷杰、殷英、招离、何森加入中国共产党。

10 月 20 日　中共广东省委成立中共西南特委、东江特委和东南特委，南路地区党组织归西南特委领导。罗范群任中共粤西南特委书记，冯燊任副书记。

10 月　罗范群根据中共广东省委的指示，派周天明、林琳、阮明到南路地区恢复和发展党组织，开展抗日救亡工作。

11 月　林琳在广州湾秘密发展市区益智中学青年教师林熙保和市郊调罗村启英小学教师陈以大加入中国共产党。

11 月　遂溪青抗会决定下乡开办抗日民众夜校，开展抗日救亡宣传工作，大力发展青年农民会员，使中国共产党的抗日主张为广大乡村民众所接受。是月底，遂溪青抗会派出第一批由 30 多人组成的工作队下乡开办抗日民众夜校。

1939 年

1 月 1 日　黄其江在赤坎潮州会馆主持召开遂溪县党员会议，

传达中共广东省委组织部的指示，成立中共遂溪中心支部，黄其江任书记，邓麟彰、陈其辉、殷杰、殷英任委员。中心党支部成立后，确定了大力发展农村党员、建立农村基层党组织的工作方针。

年初　林琳任中共梅菉市支部书记，分工负责广州湾的党建工作。

1月　中共粤西南特委改名中共广东中区特委。

2月　日军侵占海南岛后，加紧封锁琼州海峡，海南（琼崖）抗日纵队与南路特委以至党中央的联系越来越困难。

3月　经林琳同意，陈以大吸收在菉塘村私塾教书的进步青年林其材加入中国共产党。

3月　中共广州湾支部在菉塘村成立，林熙保任书记，陈以大、林其材任委员。该支部由林琳直接领导。支部成立后，先后在新村、调罗、临东、临西、祝美、陈铁、调熟等小学建立活动据点，在湖光铺仔圩开办"活力茶室"；在西营、赤坎两地建立南泰隆、林昌记、德昌银号、天和堂国药店、林梅住家等一批联络点。在党组织的领导下，西营益智中学的学生抗日救亡运动和菉塘、新村、调罗、陈铁、楼下、祝美、调塾等村小学的抗日宣传活动迅速地开展起来。

3月　中共琼崖特委派琼崖抗日游击队独立总队军需主任谢李森（又名谢里森）、副官陈玉清、张刚等人到广州湾西营贝丁街设立广东省琼崖抗日游击队独立总队驻广州湾办事处（简称"琼崖办事处"），负责中共琼崖特委与八路军驻香港办事处、广州湾及内地的交通情报、物资转运等工作。办事处主任为谢李森，副主任张刚，秘书陈玉清。琼崖办事处先后设在西营贝丁街（今逸仙路）益智学校（今湛江市第一小学校址）附近、海头港和黄继虎家。办事处在西营设立"而信行"作为交通联络点，负责人郑监河；同时也在硇洲淡水镇设立联络点，负责人曾鲁；在遂溪县麻章圩开办琼崖联合中学。

3月　广东省赈济委员会救济总队派第八分队到广州湾开展抗日救济工作。中共广东省委在救济总队第八分队中建立了党支部，林鸿发任书记，陈克任组织委员，党员有吴福田、朱力等6人。该支部随救济总队第八分队驻西营，由中共广东省委直接领导。6月，该支部随救济总队第八分队撤离西营，移师高州。

3月　中共高雷工作委员会（简称"高雷工委"）在高州成立，周楠任书记。高雷工委成立后，接收了中共广州湾支部、中共广东省赈济委员会救济总队第八分队支部等党组织。

4月　中共粤东南特委从香港派中共党员曾平、屈涤如来广州湾开展抗日救亡工作，发展党员，建立中共广州湾西营支部，曾平任书记。中共广州湾西营支部由中共粤东南特委直接领导，下辖西营、赤坎、硇洲、琼崖办事处机关等党组织，共有党员20多人。

4月　中共广州湾支部派支委林其材、陈以大到楼下村开展革命活动。林熙保回新村小学开辟革命联络点，开展抗日救亡工作。林其材在菉塘村筹办菉塘世基小学，创办地下刊物《萌芽》，以学校为地下联络点开展抗日救亡斗争。

6月　中共广州湾特别支部成立，书记曾平，副书记沈斌。该支部隶属中共南路特委领导，下辖中共西营支部、广州湾支部、琼崖难民支部（也称工业合作社支部）、晨光小学支部、赤坎支部和硇洲支部等。

7月　根据抗日斗争形势发展的需要，中共党员陈以大在调罗村启英小学组织了游击小组，组员有黎江、黎爵、梁玉心等。1940年，为了扩大游击小组，陈以大又在村里发展进步农民参加游击小组。

夏 中共广州湾支部在铺仔圩开设一间"活力茶室",作为地下交通联络站,负责联系菉塘村、临西村、祝美村、铺仔圩、益智中学高中部等的有关交通联络工作,孙树珊(临西村人)为交通员。

8月 中共琼崖办事处根据八路军驻香港办事处的指示,与中共广州湾支部取得联系,在广州湾菉塘村建立交通站,负责人张刚。中共广州湾支部派林其材协助交通站工作。不久,琼崖办事处交通站与中共广州湾支部合在一起工作,一齐使用菉塘交通站,林其材为菉塘交通站负责人。菉塘交通站建立后,成为中共琼崖特委与党中央、中共广东省委联系的"桥头堡"。交通站先后建立通往马来西亚、香港、海南岛三条地下交通线,并协助八路军驻香港办事处护送枪支、弹药、电台、密码、联络呼号等到中共琼崖特委,接待和护送马来西亚共产党员杨少民、陈青山、江田等人到海南工作。

8月 以陈振业、陈振瑞、陈振新、陈受应、陈希廉、陈庆仁、陈安鼎等人组成筹办特呈学校董事会,并得到知名人士陈学谈捐助100多个大洋的支持,在陈氏宗祠创办特呈太邱小学。学校聘请吴礼泰为首任校长。

9月 菉塘村世基小学开学,共招收一至五年级学生一百多名,夜班三个班学生近一百名。中共南路特委和广州湾支部选派一批党员、进步青年任教。学校成为南路党组织的地下联络点,开展抗日救亡斗争。

12月下旬 中共遂溪中心县委组织慰问团,由陈其辉为团长,王国强为秘书长,各界代表共20多人参加,携带慰问信,肩挑遂(遂溪)湾(广州湾)社会各界捐献的10担慰问品前往广西钦州慰劳蔡廷锴率领的抗日部队,鼓励前线部队继续抗战,激发后方人民进一步支援前线。

冬　国民党反动派掀起反共高潮。在南路地区，一些共产党员和抗日爱国民主人士遭通缉追捕，大批干部从广西、高州、电白、梅县等地撤退到广州湾隐蔽。大批从海内外来往海南参加抗日的干部也陆续途经广州湾。当地党组织负责送接，并解决食住等经费。

1940 年

2 月　中共高雷工委在高州召开扩大会议。参加会议的有陆新、刘谈锋、黄其江、张进煊、冯国安、林琳、邓麟彰等 10 余人。会议根据广东省委的指示，撤销高雷工委，成立中共南路特委，周楠任特委书记。会议选出陆新、刘谈锋、黄其江、张进煊等委员。不久，广东省委派温焯华任特委组织部长。中共南路特委统一领导高雷和钦廉地区的党组织。

3 月　被高州国民党反动派逮捕的张炎抗日学生军成员、共产党员周崇和（又名罗文洪）经张炎营救释放后，撤退到广州湾，由中共广州湾支部安排在调罗启英小学隐蔽。一个多月后，乘坐调罗村开明人士陈应期的渔船离开广州湾，转抵海南。

春　林琳工作调动，由中共遂溪县委青委书记殷杰负责中共广州湾支部工作。

春　益智中学顽固派（投降派）教师和个别学生公开发表反对抗日以及"亲日""亲汪"的言论，鼓吹什么"汪（精卫）先生出走是高见""抗日必亡"等反共投降谬论。投降派教师蓄意删改进步学生的抗日文章，指使一些学生撕毁抗日宣传墙报，殴打进步学生。校方害怕林熙保向高年级学生宣传抗日思想，特意将他调整到低年级任教。这些行为，广大师生极为愤慨。进步学生陈树生、杨岩、许承学等人发动该班学生罢课，提出"肃奸""抗日""择师"的口号。林熙保组织师生张贴革命标语，散发革命传单，大造声势。在中共广州湾支部陈以大、林其材的组织下，张创、黎江、王桂芳、林美瑜、王纯伍等进步学生立即声援益智本部学生的爱国抗日行动。中共南路特委迅速派出干部殷杰、朱力等前来指导学潮工作。在学生运动迅速发展的时候，益智学校校方勾结广州湾法殖民当局，镇压学生运动。法军警包围、封锁学校，林熙保被押往市郊平岭农场的炮楼监禁，迫于社会压力，后被释放。法军警通缉、追捕进步学生张创，驱逐进步学生黎江、王烈、许承学等出校，威迫其他学生复课，学生运动遭到镇压。

春　中共广州湾支部在调塾村成立国技馆，团结教育青年，发动农民抗粮抗税。参加国技馆的进步青年100多人。同年5月至6月间，该村地主恶霸提高田租和粮价，残酷剥削农民。国技馆的领导人梁玉香以公开合法的形式，成立"公益社"，组织400多农民杀猪歃血，誓不租种地主的田地，不购买地主的粮食。

3月至5月　中共南路特委先后接收中共广州湾支部、中共广东省赈委会救济总队第八分队支部、中共西营支部等党组织关系，并先后派殷杰和陈华领导上述党组织。

4月　国民党广东省政府南路行署逼迫张炎解散学生队（抗日学生军），并宣布取缔香港学赈会青年学生回国服务团。在张炎学生队和香港学赈会青年回国服务团工作的林琳、陈信材、黄秋耘等十多名中共党员先后从高州撤退到广州湾。中共南路特委通过广州湾的党组织分别安排他们在广州湾的市区赤坎、西营和郊区菉塘、新村、调罗、祝美、调塾、陈铁、晨光与东海的觉民、新民等小学以及东海的龙舍、西山、调文、东参、西坑、东坡等地隐蔽。

夏　党中央指示八路军驻香港办事处主任廖承志为海南琼崖特委购买一部较大型的火力发电电台。电台由海上运到广州湾，被迅速转运至菉塘交通站。由徐闻大塘村唐国珍货船运至徐闻北腊港上岸，接着运至唐家朝藏放，几天后，运至徐闻打银联络站梁步孔家，转交张瑞民、郑菁华护送上船，向临高昌拱港进发，再护送至美合独立队总部。

8 月　中共南路特委在赤坎陈屋港举办党员干部学习班，学习政治形势、党的政策、党的纪律、抗日游击战争等内容。由周楠、温焯华、黄景文、杨克毅等领导人讲课，20 多名县、区党员干部参加。为安全起见，学习班后转移到湖光料村继续举办。

9 月　在中共广州湾支部领导下，陈铁、祝美、调塾等村创办黎明、祝美、调塾等小学。中共南路特委通过广州湾党支部把原合浦中心县委委员赵世尧安排在黎明小学以校长身份隐蔽。赵世尧在黎明小学宣传抗日救亡，还在学生中秘密组织读书小组，阅读进步书籍。

11 月　中共广州湾支部通过黎江在陈铁村成立"群武堂"国技馆，以舞狮子、演国技来团结和教育群众，在农村中开展抗日救亡宣传工作。

12 月　中共南路特委在整顿基层组织和审查党员时，认为中共广州湾支部党员的社会关系复杂，没有经过深入调查研究，便停止了中共广州湾支部的组织关系。但广州湾党支部党员尚不知情，仍在支部的领导下继续从事革命工作，并经受了党的审查和考验，后来，大部分党员重新入党或恢复党籍。

1941 年

1 月　"皖南事变"发生，中国共产党领导的南方抗日部队新四军惨遭国民党反动派军队的伏击，军长叶挺被无理扣押，包括副军长项英在内的一大批指战员被杀害。消息传来，世基、启英、新村、黎明等小学广大师生对蒋介石的背信弃义无比愤慨，学校纷纷举行追悼会，沉痛悼念新四军烈士。

1月 中共广州湾支部组织蒙塘、调罗、新村、陈铁等村小学师生为抗日前线募捐,一次共捐款三百多元广毫,交给琼崖抗日纵队驻广州湾办事处主任谢李森,再转送八路军驻香港办事处。八路军驻香港办事处廖承志、潘汉年等领导亲自写信表彰世基等学校师生们的抗日爱国行动。

1月 蒙塘交通站先后接待和护送从国民党华侨委员会粤北乐昌华侨训练班(集中营)逃到广州湾的原被英国殖民当局逮捕驱逐出境的马来西亚共产党员杨少民、曾尚纪、陆古、黄汉光、谢应权、沈毅华、陈青山、江田、刘青云等人到海南工作。

5月 中共南路特委对南路地区的党组织进行调整,决定撤销原各县委,成立雷州、高州、合浦三个中心县委。中共雷州中心县委统一领导雷州半岛各县的党组织,由中共南路特委书记周楠兼任中心县委书记,陈恩任副书记,委员支仁山分管遂溪的工作,委员唐多慧负责海康、徐闻的工作。

8月 夏衍、小陶陶等一批文化界进步人士从桂林到达广州湾,蒙塘交通站安排他们在蒙塘小学隐蔽。夏衍等人在蒙塘、新村、调罗等小学推行"小先生制",向学生讲授马列主义,传播革命思想,进行抗日宣传工作。

8月 在党组织派到特呈岛开展工作的陈克、吴福田的帮助下,特呈岛太邱小学开办民众夜校,开展抗日救亡宣传。

12月 在与党中央失去联系后,中共琼崖特委领导人冯白驹派陈健为中共琼崖特委全权代表驻广州湾,与中共南路特委保持经常性联系,待机与中央建立交通线,恢复电台联系。随同陈健到广州湾的还有曾尚纪等人。中共南路特委分别安排陈健、潘云波在晨光小学,曾尚纪在蒙塘小学任教,以作掩护。

1942 年

4 月　曾尚纪根据中共南路特委委员潘云波的布置，先后带领原中共广州湾支部的陈以大、林熙保、林其材、蔡健、苏德中、唐南等一批中共党员和进步青年到徐闻以教书、经商和办农场作掩护，建立抗日游击小组，发动群众参加抗日斗争。

8 月　通过中共党员林其材的关系，中共南路特委干部杨克毅派中共党员吴德忠到菉塘村开明人士林华奎开办的"华昌行"当店员，负责交通情报工作。

秋　中共粤北省委遭受国民党特务破坏。中共南路特委吸取粤北省委被破坏的教训，决定改变领导方式，实行特派员制，采取单线联系、分片负责的领导方式。中共南路特委把南路地区分为高州、雷州、钦廉三片，分别设立特派员。陈恩任中共雷州特派员，统一领导雷州半岛各地的党组织。此时，雷州半岛各地的党组织也划为三片，每片设立一名特派员。中共雷州特派员陈恩还派沈斌任广州湾特派员，以单线联系的方式，领导广州湾法租界内的赤坎、西营、东海岛以及遂溪东南区的党组织。

秋　琼崖办事处安排陈健、张瑞民、韩美农继续留在广州湾，负责与中共琼崖特委联络，其余同志陆续撤回海南。从此，菉塘交通站主要由中共南路特委领导。

11 月　中共党员林其材派林石、林平、林福、林喜等人到市区开展工人运动。他们通过上层人士林芳的关系，分别到广州湾联合汽车公司西营和赤坎汽车站当站长和职员，广泛接触工人，传播革命思想。他们在汽车队、轮船公司和装卸队等工人中建立抗日游击小组，组织工人开展抗日斗争，并于翌年 10 月成立了广州湾装卸工会和广州湾海员工会，团结工人，开展革命斗争。

是年　黎槐（楼下村人）回家动员他的父亲黎益世节衣缩

食，卖掉口粮，在 1942 年至 1945 年间筹集了 1500 银元（光洋）交给中共党员廖铎，作为革命活动经费。黎江（陈铁村人）也筹集几千银元办了一个粮仓，帮助解决过往的同志衣、食、住、行、医等经费。

1943 年

2 月 16 日至 21 日　日军攻占雷州半岛和广州湾。日本侵略军为了断绝中国海上补给线，掠夺物资，以支持太平洋战争，派遣混成第二十三旅团进攻雷州半岛和广州湾。16 日，日军 1600 余人从雷州半岛东海岸广州湾通明港、海康下岚港登陆，分两路突袭海康县城雷城。17 日沿雷（城）遂（溪）公路占领客路，18 日进犯城月，19 日分路进犯洋青等镇和遂溪县城。另一股日军 500 余人于 17 日晨经广州湾窜占遂溪县麻章圩，20 日由麻章进入广州湾法租界寸金桥。当天，日军进占赤坎、西营。日本陆军某部长官进入西营会见法广州湾租借地行政长官特茂克海军大尉，密谋日法共同防卫广州湾事宜。21 日上午 11 时，日本占领军与法殖民当局缔结所谓《广州湾联防协定》，广州湾军事上由日军掌管，行政上仍由法国管理。在协定签署的当天下午 2 时，日军在西营、赤坎两地同时举行所谓"和平进驻广州湾仪式"。驻屯在寸金桥附近的日本陆军开进赤坎市区；在西营海面的日本海军陆战队随即登陆，占领西营市区。日陆军长官山田大佐随司令部驻寸金桥南强中学，海军长官小岛大佐驻广州湾日本海军武官府。整个广州湾落入日本侵略军铁蹄之下。

2 月　日军占领雷州半岛后，中共南路特委决定在敌后和前线放手发动群众，组织抗日武装，开展抗日游击战争，号召群众"联防自卫，保卫家乡"，建立抗日根据地。

3 月　雷州半岛和广州湾沦陷后，日军封锁水陆交通，斗争环境恶劣，琼崖办事处主任谢李森、交通员吴必兴撤回海南。

夏　在蒝塘、新村、黎明等小学任教的一批中共党员和进步教师自编课本，向学生宣传抗日救亡道理，抨击国民党投降卖国政策。学谈高级机械职业学校顽固派教师以"广州湾文化促进会"的名义，到各校检查课本，企图破坏进步学校，迫害进步教师，煽动群众不让子弟入进步学校读书。

11 月　特呈岛太邱小学抗日宣传队成立，由时任校长岑绵彭为领队，深入各村庄教唱革命歌曲，张贴革命标语，演出雷歌剧、话剧等节目宣传抗日。

是年　中共特呈小组成立。组长陈克（后由吴福田接任），成员有吴福田、严玉姬，均由组织委派，以后吸收张日明、陈芳、陈炳辉、陈惠珍、陈俊德、陈炳德等入党。

是年　北月村村民陈高钓被日本侵略军斩杀于麻章桥头，他的母亲血泪纵横，一针一线将儿子陈高钓的头颅缝接以求全尸，惨不忍睹。

1944 年

3 月　特呈岛妇女会在张日明家中成立，会长张日明，副会长陈淑贞、陈惠珍，会员 40 多名。妇女会发动岛上妇女积极参加生产，支持抗日。

5 月　中共南路特委书记周楠到达重庆，向中共中央南方局汇报工作。中央决定中共南路特委暂由中共中央南方局直接领导。至此，曾一度与中共广东省临委失去联系的中共南路特委，与上级党组织恢复了联系。中央即派交通员张雪如（又名张善如、陈福，海南人）从延安来到广州湾，与中共琼崖特委宣传部部长陈健接头，中共琼崖特委即派交通员曾辉来到广州湾，会见张雪如，办理联络事宜，恢复了琼崖特委与省委、中共中央的联络。

7月29日（农历六月初十） 日本侵略军侵占广州湾期间，特呈岛木帆交通船载客 30 多人前往西营途中突遭飞机轰炸扫射，死亡 14 人，受伤 8 人。

7月 日军发动打通中国大陆交通线战役，南路地区面临全面沦陷的危险，中共南路地方组织根据中共中央南方局及王若飞的指示，决定放手建立和扩大党直接领导的抗日武装，开展独立自主的游击战争，创建抗日游击根据地。根据斗争形势发展的需要，中共党员林其材指示在楼下村建立游击小组。先后参加游击小组的有黎槐、黎黄养、黎寿、黎富、黎从、黎庆、邱耀英、黎利、黎世德、林丽英等人。

8月 中共党员林其材、林石、陈以大、黄河等人在菉塘、新村、陈铁、调罗、调塾、祝美等村建立抗日游击小组。这些游击小组以送货上门、入城挑粪为名，深入日伪机场、营地和西营市区进行侦察、搜集情报、散发传单、张贴标语。

秋 中共南路特委干部杨克毅在西营开办"合益行"，并从"华昌行"调中共党员吴德忠到该行任经理，负责交通情报工作。

秋冬间 广东临时省委、东江纵队先后派交通员梁觉民、符铁民沿中区特委的交通线到达广州湾，与周楠、陈健取得联系。

1945 年

春 中共南路特委决定成立南路人民抗日解放军，周楠任司令员兼政委，李筱锋任参谋长，温焯华任政治部主任，领导南路各地党组织全面发动武装起义。广州湾赤坎、西营市区和附近郊区的大部分党员参加了南路抗日武装，投身游击区。

3月9日 日军解除广州湾法军警武装，拘禁法国军民，在军事上和行政上完全接管广州湾。随后，设立"广州湾自治区"，委任陈学谈为主任。

3月　中共后洋村小组成立，组长王美英，成员黄国英、吴惠莲等。

5月　中共东南区委负责人梁汝新被委派到调罗村开展抗日游击工作。

6月　中共南路特委委派廖铎为中共广州湾特派员，廖铎到广州湾后，与赤坎、西营以及市郊的菉塘、新村、陈铁、特呈等地的党员取得联系，发展党组织。

8月15日　日本天皇发布《终战诏书》，宣布无条件投降。

8月18日　根据《波茨坦公告》有关规定，国民党政府主席特派、外交部政务次长吴国桢和法国临时政府主席特派、法国驻中国大使馆代办戴立堂分别代表本国政府在重庆签订《中华民国政府与法国临时政府交收广州湾租借地专约》，广州湾回归祖国怀抱。

9月2日　日本天皇、日本政府和日本帝国大本营的代表在投降书上签字，中国抗日战争胜利结束。

9月21日　日军雷州支队在广州湾签署投降书。国民党粤桂南区总指挥邓龙光在广州湾赤坎主持受降仪式，日军雷州支队渡部市藏中佐在受降仪式上签署了投降书。邓龙光在受降仪式上接受了投降书。从此，被法、日帝国主义租占、侵略达47年之久的广州湾正式回到祖国的怀抱，雷州半岛各县全部光复。

解放战争时期

1945 年

9月　抗日战争胜利后，以蒋介石为首的国民党反动集团，加紧策划反共、反人民的全面内战。邓龙光率领第四十六军第一七五师、一八八师和第六十四军第一五六师，共约20000人，纠合雷州独立挺进支队、沿海警备大队等地方武装，进驻雷州半岛各县、区，以"接收""剿匪"为名，抢占战略要地，大肆掠夺人民财物，疯狂围剿中共组织和革命武装。

9月20日　中共广东区委发出指示——"我们的工作方针：一方面坚持斗争，保存力量，保存干部；另一方面是长期打算，准备将来合法的民主斗争"，并指明南路地区坚持斗争的地区应在"十万大山及沟漏山"。随后，中共南路特委在赤坎召开了各地党、军主要领导人会议，传达了中共广东区委的指示，并结合南路地区的革命斗争形势，对南路地区的革命斗争作出了新的部署，决定南路人民抗日解放军以第一团为主，再从其他各团抽调部分兵力，由团长黄景文、政委唐才猷率领，从遂溪突围西进，转移到十万大山，以避开国民党军的锋芒，其余部队则回各县以连、排为单位或以武工队、小分队的形式分散活动，依靠人民群众、党的基础和统战关系与国民党军周旋，坚持斗争。同时，中共南路特委还调整了各县、区党组织的主要干部，将已暴露身份不宜留在原地区活动的干部调整到新的地区。

9月　中共菉塘支部在菉塘村世基小学成立，林展任党支部书记，林普中为组织委员，林英为宣传委员。

10月　中共南路特委决定成立中共湛江市特别支部（简称"中共湛江特支"），以便配合各县党组织安排党员干部到湛江市进行隐蔽、掩护中共南路特委机关的活动、加强情报和地下交通工作等。中共湛江特支直属中共南路特委领导，由余明炎任书记，副书记廖铎，统一领导湛江市区和附近郊区的党组织。余明炎负责全市的党员教师、统战和赤坎片的工作；廖铎负责农村、工运和西营片的工作。中共湛江特支先后审查和发展了一批党员，健全和加强了党的基层组织，并陆续在新村、祝美等地建立党支部。

是年　在南路人民抗日解放军第一团突围西进后，驻南路地区的国民党武装加紧对各地游击区和抗日游击根据地的清剿，企图用最短的时间消灭人民武装力量。由于国民党军来势凶猛，南路人民抗日解放军各部队认真执行中共南路特委关于回原地分散活动的部署，以连、排为单位或以武工队、小分队的形式分散活动，在群众基础较好的村庄进行隐蔽。

1946 年

年初　中共湛江特支批准成立中共陈铁支部，书记黎梅清，党员有黎槐、黎竞轩、黎邱、黎秋廉、黎素珍（又名黎坚）等。

1 月 16 日　国民党湛江市政府正式成立，国民党广东省政府派郭寿华任湛江市市长。

2 月 2 日　中共湛江特支在湛江市区散发传单，宣传中国共产党提出的"和平、民主、团结"的方针。根据中共湛江特支的布置，陈以大组织赤坎晴明小学（原名大同义校）的进步师生 20 多人，利用除夕之夜，将传单散发到国民党的党、政、军机关，市区的学校、商店、酒楼，甚至国民党湛江市市长郭寿华的办公室和遂溪县县长戴朝恩的家（住赤坎）。第二天，市民争相传阅传单。湛江市国民党当局对市区实行戒严，派出警察回收传单。

2 月　南路党组织抓住《停战协议》和《政协协议》公布后的有利时机，先后派陈信材和黄其江、支仁山为代表分别与国民党粤桂南区总指挥邓龙光的代表和国民党雷州独立挺进支队司令兼遂溪县县长戴朝恩的代表进行谈判，要求国民党地方当局切实执行《停战协议》和《政协协议》，停止对人民武装的一切军事行动。国民党方代表毫无诚意，谈判无果而终。

2 月　中共蓬莱村小组成立，组长陈华庆，成员有陈朱生、陈居美、陈均惠等。

春　中共湛江特支利用国民党在农村建立保甲制度的时机，

派党员和进步人士陈以大、陈宏志、陈汉泉、孙树珊、林常、黎梅清、梁德初等人竞选担任北调（北月、调罗）、临东、临西、新村、陈铁、调熟等农村保长、甲长，建立两面政权。中共湛江特支还在农村中建立一批农会、妇女会和儿童团等群众组织。

　　春　原法国广州湾公局总局局长陈学谈离湛赴香港时，曾交代北月村开明人士、亲人陈正业、陈正森，从其留下的七八百支枪中选出一百多支，组织村自卫队，归保所管理。陈以大将情况向南路特委汇报，特委领导温焯华即派黎江、吴德忠传达特委指示，陈以大利用保长职务之便，动员陈正业拿出30多支枪，配备12名保丁，组织村自卫队。实际上，保的政权及武装掌握在党组织手中。

　　4月　蒋介石已完成关内小打、关外大打的军事部署，全面内战一触即发。中共广东区委根据形势的需要，撤销中共南路特委，设立中共南路特派员，实行单线领导。中共南路特派员温焯华传达了中共广东区委的指示，指出广东尚有一个相当长的黑暗时期，要准备10至15年的艰苦斗争，当前的工作方针是"长期隐蔽，积蓄力量，等待时机"。

　　4月　国民党湛江市市长郭寿华强迫湛江市各汽车公司合并，组建官办的湛江市汽车统一管理所。郭寿华委派顽固派军官陈悦民为管理所主任，余光汉为管理所监督长，向赤坎、西营汽车站派出督察员，统管湛江市的汽车行业，无理征收养路费，从中贪污，引起汽车工人的不满。中共湛江特支领导全市汽车工人罢工，揭露陈悦民的罪行，提出严惩贪官污吏，合理使用养路费等要求。在汽车工人的强烈抗议下，郭寿华被迫撤销陈悦民的管理所主任职务，罢工斗争取得胜利。

　　5月　中共南路特派员温焯华对南路地区的党组织进行了调整，统一实行特派员制，撤销中共湛江特支，设立中共湛江市特派员。曾珍任中共湛江市特派员，负责与谭德、文志明、黎江、陈以大、吴德忠、张兰馨等人单线联系。

6月　中共南路特派员温焯华任命沈汉英为中共雷州特派员，直接领导雷州半岛三县一市党组织的工作。

6月　中共新村支部成立，林福任书记，林寿、林为友任委员。

7月　根据中共南路特派员的指示，吴德忠、张兰馨等人在香港张兰馨家建立交通站，与湛江市菉塘交通站直接联系。这是南路地区与中共广东区委的海上交通线。交通员先后有张兰馨、林显荣、林生、黄庚、欧耀海、林毓精等人。他们利用客轮和押运员身份来往湛江和香港，传递文件，护送党的干部、电台机要人员、军需物资、医药用品等。

1947 年

年初　中共楼下村小组成立，组长先是黎槐，后是黎从。是年夏，党小组改为党支部，书记黎槐。翌年底，黎槐调离支部，支部书记改由黎黄养担任。

2月　王莆川通过其学生林英（国民党粤南师管区司令）的关系，以"琼崖同乡会馆"的名义，在西营创办正义中学（今湛江市二中前身之一），林英任董事长，王莆川任校长，黄汉超任教导主任。王莆川团结进步教师，培养了一批进步学生。他还利用与林英的关系，为中共南路特委搜集有关国民党方面的情报。

3月7日　游击队击毙戴朝恩（又称"铁胆"）及其卫兵共5人，打伤1人，俘虏7人，缴获长枪、短枪、子弹一批，击毁装甲车1辆。

4月　东南区武工队在花村成立，队长杨瑞，队员有冯清、林德仁等十多人。武工队成立后，攻打国民党新鹿区政府，收缴北月、乔北、古河、花村、克初、祝美、云脚、拱桥等村民团和自卫队的枪支。

4月 中共南柳村小组成立。梁德初、陈干英、林挺等人以南柳村为据点开展革命宣传工作，并成立中共南柳村小组。南柳村党组织通过农会、妇女会发动群众募捐大批物资，支持解放战争。南柳村共有20多人参加粤桂边纵队，为解放战争作出了贡献。

6月 中共东南区委成立，唐克敏任书记，梁汝新、杨瑞、李清廉为委员。中共东南区委由中共遂溪中心县委领导，管辖湛江市郊的潮满区（今霞山区海头街道大部分乡村）和新鹿区（今麻章区湖光镇）以及遂溪、麻章一部分地区。

7月 王悦炎接任中共东南区委书记。

8—9月间 蒋如倍带领司马村自卫队，暗杀了国民党新鹿区正、副区长彭景云、李炳煜。

9月28日 国民党新鹿区联防队队长杨世昆带领数百人包围祝美、后坛、临东、临西、杨屋、群井、调罗等村，抓走群众400多人，烧毁房屋300多间，抢走财物一大批。

10月8日（农历八月二十四） 国民党六十二军包围北月村"南边巷"抓捕共产党员陈鸿志，烧毁他和邻居陈庆岑的房屋，武工队战士陈那桂在突围时也被当场打死。

11月 从山东学习归来的黄其江、马如杰等领导人分头向各地党、政、军的领导骨干宣讲了人民解放军在全国范围内转入战略性进攻的大好形势，并报告他们在山东期间的学习心得。中共雷州工委把黄其江所写的学习心得《总路线、总政策学习提纲》印成小册子，发给雷州地区的各级党、政、军干部学习。

12月 中共广东区委遵照中共中央关于加强城市工作的指示，派出驻湛江市特派员，并于该月成立中共湛江市城郊总支委员会，书记林石，委员苏克、林梓祥、黎槐、林福。城郊党总支由中共雷州工委领导，管辖赤坎、西营城区工人中的党组织和郊区的菉塘、新村、楼下、陈铁、后洋等村的党组织。

下半年　中共边坡村小组成立，组长梁超（1948 年下半年陈那黎接任），成员陈杨保、梁基、黎忠武、林碧英等，均由组织委派。

1948 年

年初　中共南山村小组成立。

年初　中共深田村小组成立，组长刘保泉，成员有刘经溪、刘其碧等。

2 月　中共湛江市城区工作委员会成立，书记戴洪，委员林石、王戈木、陈华镇、梁周容，由中共雷州工委领导，管辖湛江市郊的菉塘、新村、陈铁、楼下、文保、龙潮、平乐等支部和西营、赤坎市区的党组织。

3 月　中共湛江市城区工委在市区 10 多间学校中挑选 100 多名青年学生，成立半公开的群众组织青年学习生活社。经过一段时间的教育、培养、考验，这些青年学生大部分转为地下游击小组成员。不久，以该社为基础，成立群众性的文化团体湛江市青年出版社，出版青年作者诗歌集《南方原野上的高音》，出版以青年为对象的刊物《学习生活》，由工委书记戴洪、工委委员梁周容和中共党员李克等人编写，但出版数期后停刊。

春　国民党政府大量发行钞票，货币贬值，物价飞涨，人民生活无保障。中共湛江市城区工委领导湛江市火柴厂工人罢工，反对国民党政府的通货膨胀政策，要求资本家提高工人工资，以实物（大米）代替工资。资本家被迫答应工人的要求，罢工取得胜利。

春　中共石头村小组成立，组长林挺（组织委派），成员有林芳莲、林静、梁德初（组织委派）。

春　中共东纯村小组成立，组长杨二，成员有杨益彩、杨益友等。

5月　中共溪墩村小组成立，组长陈均惠，成员有陈义、陈居美等。

5月　中共塭上（坛上）支部成立，书记吴有增，成员有吴秋兴、吴贵龙、袁爱梅、林玉英、王木秀等。

6月　中共岑擎村小组成立，组长梁超（组织委派），成员有冯清、冯光、冯华生，黎浩连（组织委派）、黎忠武（组织委派）等。

同月　中共后洋支部成立，书记王美英，成员有黎菜萍、黎秀琼、黎玉英、王惠珍等。

同月　中共湛江市城区工委主要领导人被捕，工委工作被迫停止。工委及所属党组织由中共高雷工委直接领导。

同月　中共雷州工委撤销，成立中共高雷地委，温焯华任书记，沈斌任副书记。8月，沈斌任书记，方兰任副书记，委员支仁山、卢明、李郁、陈醒吾、陈兆荣，地委分工方兰直接领导湛江市的党组织。

同月　中共粤桂边区委书记兼临时军委主席梁广在东海岛西山召开边区党委扩大会议，对南路地区工作进行总结。参加会议的有县、团级以上领导干部30多人，会议时间10多天。会议总结了梁汝新的农村工作经验和海康党组织采取武工队形式开辟新区的经验。

7月10日　根据粤桂边区委临时军委会议的决定，粤桂边区人民解放军第二支队政委温焯华、司令员支仁山率领新八团袭击湛江市赤坎国民党军队，新三团和新四团分别阻击西营和赤坎援敌。战斗于凌晨 2 时打响，上午 8 时结束。此次战斗，粤桂边区人民解放军歼灭国民党广东省保安第十团第二营营部 2 个连，打死打伤敌人 80 多人，俘虏 40 多人，缴获轻重机枪 8 挺，迫击炮 5 门以及步枪、手榴弹和军需品一批，港币 25000 余元，法币 2 亿元，此外，还击毙国民党中央通讯局驻琼湛工作站主任张辅森，释放被囚于市郊的国民党壮丁三四百人。这是中国共产党领导的武装队伍当时在长江以南地区第一次打入大中城市，震撼了敌人，鼓舞了群众，为雷州半岛和湛江市的胜利解放吹响了进军号角。

7 月　在袭击湛江的战斗中，在党组织领导下，遂溪东区、东南区靠近西营、赤坎的村庄也派出支前队伍参加战斗，以及配合破坏公路、桥梁和通信设施，阻击援敌。

8 月　国民党粤南师管区派一个连的部队驻扎石头村，计划在村民林开登、林永盛住宅处挖一条通往本村林氏宗祠的地道，企图阴谋长期驻扎石头村，对付共产党员。在党组织的指导下，甲长林开明及儿子林俊德、甲长林开益、林永用等想方设法，找到敌连长梁剑宏，进行抗争，迫使国民党粤南师管区停止这一行动。

9 月　中共南山村小组升格为党支部，支部书记林挺（组织委派），成员有黎黄养（组织委派）、方文桂（组织委派）、吴有盛、吴芝福（吴有盛之子，1949 年 10 月牺牲，后追认为中共党员）。

10 月 9 日晚　中共党员林才连领导的情报工作人员李托被捕叛变，敌人先后包围了赤坎环市路 431 号林才连的家、海边街的"广汇行"和西营林毓精的"珊瑚咖啡室"。林才连、林毓精、黄义民、沈培才、沈福胜、李全坚等六位同志被捕，受尽折磨，但他们坚贞不屈。

11 月 27 日　林才连、林毓精、黄义民、沈培才、沈福胜、李全坚等六位同志被敌人杀害于赤坎南溪河畔。林才连等六位同志被捕后,党组织采取了应变措施,吴德忠等从湛江市撤到香港,林杰从霞山"利兴号"撤回菉塘,同时派周明住在菉塘恢复地下交通工作。经过调整后,湛江市的地下交通工作很快得到恢复。

11月 中共南柳村小组成立,组长吴经民,成员有组织委派的梁基、林挺、林明、林永等。

12月 中共东南区委在畅侃村组建飞马连,连长殷福,指导员由东南区委书记林梓祥兼任(1949年2月,王南炳接任),副连长蔡南,教育员梁德初。全连共80人,步枪60多支,轻机枪1挺,冲锋枪1支,榴弹炮和迫击炮各1门。

冬 中共东南区委派武工队镇压了新鹿区副区长李炳玉和潮满区区长兼区自卫队长林天雄,打击了敌人的反动气焰,鼓舞了群众的斗争信心,使东南区的革命斗争得到恢复和发展。

年底 粤桂边区人民解放军第二支队司令员支仁山、政委沈斌等率领第八团,由通明港乘船南下海康、徐闻,开辟游击根据地。

1949 年

1月 中共高雷地委撤销中共湛遂边工委,成立中共湛江市临时工作委员会,王悦炎任书记,黎江、周明、李树生、林石任委员。中共湛江市临时工委由中共高雷地委领导,管辖中共东南区委和湛江市区的党组织。原中共湛遂边工委管辖的中共遂溪东区区委划归中共遂北县委管辖。中共东硇区委恢复为中共东硇特别区委,由中共高雷地委管辖。

2月 中共北月村小组成立,组长陈捷君,成员有陈王尊、陈文天等。

3月 中共粤桂边区委撤销中共高雷地委,成立中共雷州地委，沈斌任书记，方兰为副书记，支仁山、陈醒吾、陈兆荣为委员，辖湛江、遂溪、海康、徐闻四县、市的党组织。

4月　党组织地方武装计划在郊区行动，为防止西营敌军出兵增援，中共东南区委决定破坏西营至铺仔的公路和桥梁。4日晚，林一株和林挺等亲自组织塭上、石头、临东、临西、蓬莱、溪墩等村400多人，冒着生命危险，把西营至铺仔圩的桥梁和公路破坏了。

6月　国民党军从广州调第六十二军到湛江市，并发动所谓"秋季攻势"，对湛江市、雷州半岛和南路地区的遂溪、廉江等进行清剿，以巩固对湛江市和雷州半岛的统治，为华南国民党军队撤往海南岛作准备。

6月　由于形势发生急剧变化，菉塘交通站将一批交通员输送到部队和调往其他地方工作，只留下林杰、林梅、林远中等继续搞地下交通工作。在霞山增设"南成行""林昌发咖啡店""瑞昌皂厂"和林梅、林昌进、林显荣、林平、黎浩连等人住宅等联络点，与近郊的新村、陈铁、白水坡、笃头、东南区等交通站联系起来，形成城乡交通联络网络。

上半年　驻西厅机场的国民党守军围剿深田村，抓走党员刘经溪、农会长刘周清等7人，村甲长刘昌发及时认领保释，但是，因敌人怀疑，甲长刘昌发反而又被抓了。副保长刘永瑞及时出面，把被抓的人全部保释出来。

7月　中共雷州地委撤销中共湛江市临时工委，成立中共湛江市工作委员会，书记黎江，委员周明、林石、李树生、梁立、陈以大。中共湛江市工委由中共雷州地委领导，管辖中共东南区委和湛江市区的党组织。

8月　海南少数民族行政委员会副主任王国兴赴北京参加全国第一届政治协商会议。王国兴转转到湛江西营后，菉塘交通站派交通员负责王国兴的安全、食宿,办理前往香港的证照,再护送去香港。

9 月　中共湛江市工委书记黎江、委员陈以大分别做北月村开明人士陈正业的统战工作。陈正业交出手枪 21 支,捐出粮食 500 担。

10 月 1 日　中华人民共和国在北京宣布成立。下午 2 时,中国人民政治协商会议第一届全体会议选举产生的中央人民政府委员会在勤政殿举行第一次会议。中央人民政府主席毛泽东,副主席朱德、刘少奇、宋庆龄、李济深、张澜、高岗,以及周恩来等 56 名中央人民政府委员会委员宣布就职。会议结束后,中央人民政府主席、副主席及各委员集体乘车出中南海东门,前往天安门城楼出席开国大典。下午 3 时,北京 30 万群众齐集天安门广场,举行隆重的开国大典。毛泽东主席在天安门城楼上向全世界庄严宣告:"中华人民共和国中央人民政府今天成立了!"

10 月 15 日　在中共粤桂边区委、粤桂边纵队司令部的直接策动及国民党第六十二军直属部队策反小组的密切配合下,国民党驻湛江市西营第六十二军军部直属警卫营,军直属辎重团下属三个连和步兵营、炮兵营、运输营各一个连,以及工兵连、军部连、弹药队等,在警卫营营长邱德明等人的率领下,于凌晨 4 时左右举行起义。起义部队击毙第六十二军副军长张一中等,摧毁国民党陆军总司令部直属工兵独立第四团、第五十军留守处等 20 余个据点,歼敌 2000 余人,缴获六〇炮 3 门、八二炮 3 门、火箭炮 1 门、重机枪 1 挺、轻机枪 20 余挺、各式步枪一大批、各种子弹 50 万余发、电台 10 余部。

16 日　粤桂边纵队第二支队第五团,第六支队第十七团、第十八团,第一支队第一团和东南区武工队等地方武装参加接应国民党六十二军直属部队(起义部队),先后在赤坎、麻章、甘霖村附近的遂（溪）湛（江）公路，狙击国民党当局遂溪城的援兵。

17日晨　粤桂边纵队第十七、第十八团推进西营，在机场和赤（坎）西（营）公路沿线打击敌人，与起义部队并肩作战。是夜，起义官兵及家属800多人安全撤出市区，进入遂溪根据地。随后，起义部队在遂溪甘霖村整编为粤桂边纵队第六支队新编第十六团。

10月中旬　中共湛江市工委在麻章古河村的徽泉公祠召开紧急会议，要求大力发动群众，全力做好迎接湛江市解放的各项工作。

10月　为迎接解放，保护和接收市区，中共湛江市工委在东南区的克初村成立湛江市治安大队，大队长林一株，副大队长陈宏志，指导员王戈木，队员170多人。湛江市治安大队成立后，活动于湛江市郊一带，后编入粤桂边纵主力部队。

12月7日　中共粤桂边区党委在廉江中学召开扩大会议。参加会议的有区党委委员、县委及粤桂边纵队、南下野战军驻高雷部队负责人，由中共中央华南分局委派到南路工作的刘田夫、李进阶、邝强等也参加会议。会议宣布中共中央华南分局的决定：撤销粤桂边区党委，将粤桂边区原属广西的地区划归广西管辖，在广东南路地区成立中共南路地方委员会、南路专员公署及成立中国人民解放军广东省军区第八（南路）军分区。原边区党委书记、粤桂边纵队司令员梁广调任广州市（已解放）副市长，刘田夫任南路地委书记兼军分区政委，邝强任军分区司令员。会议对解放湛江市也作了具体部署：（一）粤桂边纵队各队尤其是第一、第二、第六支队要做好配合南下野战军解放湛江市的准备，随时投入战斗；（二）雷州地委和粤桂南地委要组织群众献粮、筹款、筹物，组织担架队、向导队、纠察队、汽车运输队，设立茶水供应站；（三）湛江市工委要发动群众保护工厂、桥梁、公路和建筑物，维护城市治安秩序，组建入城接管机构和做好接管的各项准备工作。

12 月　驻守西营的国民党六十二军残部企图从海上逃往海南岛。为堵截国民党军南逃，粤桂边纵队命令第二、第六支队共五个团，于 17 日夜对驻湛江市西营的国民党六十二军残部发起进攻。18 日，中国人民解放军第四野战军第四十三军一二八师三八四团从广西北海地区火速驰援，并于 19 日凌晨 3 时投入战斗，经过激战，人民解放军攻占了国民党湛江市政府和国民党六十二军军部。此时，国民党六十二军军长李宏达已带领部分官兵登上军舰仓皇逃亡。19 日，晚上 9 时许，国民党残兵放下武器投降，湛江市随即宣告解放。20 日，湛江市军事管制委员会成立，军管会主任为刘田夫。

2017 年，中国老区建设促进会决定在全国范围编纂革命老区发展史，并发出《关于编纂全国 1599 个革命老区县发展史的安排意见》，对编纂工作作出了具体安排。2018 年，广东省老区建设促进会、广东省老区建设办公室联合发出通知，对全省革命老区发展史编纂工作提出了具体要求，革命老区发展史编纂工作在全省全面铺开。

编纂革命老区发展史是促进革命老区建设和发展一项文化工程，意义重大，霞山区委、区政府高度重视，成立了《湛江市霞山区革命老区发展史》编纂委员会，区委有关领导任编纂委员会主任，为编纂工作提供了有力的领导保障。与此同时，成立了《湛江市霞山区革命老区发展史》编辑部，负责编纂具体工作。2017 年，抽调区三位老同志组成撰稿队伍，负责撰稿工作。根据上级要求，结合霞山区的实际情况，拟出编写大纲，明确撰稿方向和要求，确保编纂工作有组织、有步骤地开展，2018 年完成第一稿，同年年底对初稿进行修订，并请有关专家进行初步审核。

2020 年上半年，根据专家的意见，我们调整、补充了创作团队，聘请三名文史工作人员加入撰稿队伍。新的创作人员深入各条战线了解情况，召开有关人员座谈会，在重点单位建立资料联络员，补充收集了大量珍贵的历史资料，重新修订了撰稿大纲，编纂工作顺利推进，仅仅半年时间，完成了全书文稿的修订、撰写工作，并于年底前送专家审核定稿。

《湛江市霞山区革命老区发展史》分8个章节，第一章为霞山的经济和社会概况；第二至第五章，记载各个革命时期霞山革命斗争的光辉历程、重大革命事件、重要历史贡献；第六章为发展篇，这一章是全书的重点，主要记述霞山各个时期的发展战略、发展足迹、发展成果，反映老区的发展变化、群众生活的改善及老区人民的精神风貌；第七、第八章记述霞山革命活动时间节点，重大事件、重要人物及革命遗址、纪念设施，表达霞山人民缅怀先烈，传承红色基因，不忘初心，牢记使命，砥砺前行，不断开拓新局面的情怀。

在编纂《湛江市霞山区革命老区发展史》过程中，得到了各方面的大力支持。省、市老促会和区有关领导多次指导编纂工作，不少老同志提供了宝贵的资料，区有关部门积极配合，帮助查阅档案，收集资料，大大充实了本书的内容，在此，我们谨致以崇高的敬意和衷心的感谢！

由于编纂水平有限，经验不足，疏漏不足之处在所难免，敬请专家、读者指正。再次感谢大家对编纂工作的支持！

《湛江市霞山区革命老区发展史》编辑部

2020年12月

广东人民出版社　党政精品图书

围绕中心，服务大局，做最具高度、深度和温度的主题出版物

扫码关注更多主题出版物

中宣部主题出版重点出版物

《中华人民共和国通史》（七卷本）

· 全国第一部反映中华人民共和国70年光辉历程的多卷本通史性著作
· 中央党校、中央党史和文献研究院权威专家倾力打造

《账本里的中国》

一册册老账本，串起暖心回忆，讲述你我故事，体味民生变迁

《全国革命老区县发展史丛书·广东卷》

· 挖掘广东121个革命地区的红色记忆
· 中国老区建设促进会牵头组织

《红色广东丛书》

· 广东省委宣传部重点主题出版物
· 传承红色基因，弘扬革命精神

本书配有智能阅读助手，为您1V1定制

《湛江市霞山区革命老区发展史》阅读计划

帮助您实现"时间花得少，阅读体验好"的阅读目的

建 议 配 合 二 维 码 一 起 使 用 本 书

您可根据自己的学习需求，量身定制专属于您的阅读计划：

阅读服务方案	阅读时长指数	为您提供的资源类型	帮助您达到以下学习目的
1. 高效阅读	阅读频次 较低　每次时长 较短　总共耗费时长	总结类	快速学习和掌握红色精神。
2. 轻松阅读	阅读频次 较高　每次时长 适中　总共耗费时长	基础类	简单了解革命老区的历史。
3. 深度阅读	阅读频次 较高　每次时长 较长　总共耗费时长	拓展类	继承和发扬红色精神，推动老区发展。

针对您选择的阅读计划，您可以享受以下权益：

立刻获得的主要权益

▶ **专享本书社群服务：** 提供创造价值与私密的深度共读服务，群内分享阅读干货，发起话题探讨
▶ **1套阅读工具：** 辅助您高效阅读本书，终身拥有

每周获得的主要权益

▶ **专属热点资讯：** 16周社科文学类资讯推送，每周2次
▶ **精选好书推荐：** 16周文学社科热门好书推荐，每周1次

长期获得的主要权益

线下读书活动推荐： 精选活动，扩充知识开拓视野 不少于1次

抢兑礼品： 免费抽取实物大礼 不少于2次限时抽奖

微信扫码

添加智能阅读助手

只需三步，获取以上所有权益：

1. 微信扫描二维码；
2. 添加智能阅读助手；
3. 获取本书权益，提高读书效率。

❶ 鉴于版本更新，部分文字和界面可能会有细微调整，敬请包涵。